長崎
ハウステンボス・五島列島

MAP

付録 街歩き地図

長崎
ハウステンボス・五島列島

長崎タウン
ながさきタウン
周辺図 本書P.2-3
0 300 600m
1:30,000
N
観光・見どころ
ツアー
寺院
神社
教会
飲食店
カフェ・甘味処
ショップ
ショッピングセンター
宿泊施設
観光案内所
道の駅
ビーチ
温泉
バス停
空港
旅客船ターミナル
諫早駅
赤迫電停
岩屋橋電停
岩屋橋
南山高・中
扇町
聖フランシスコ病院
高尾小
川平IC
諫早駅
光仁会病院
山里中
P.63 浦上天主堂
平和公園
P.62
長崎本線
浦上街道
陸上競技場
城山小
西城山小
長崎大
江平中
天狗山
金比羅山
西九州新幹線
長崎バイパス
西山トンネル
宝生寺
西山高部水源池
国立長崎原爆死没者追悼平和祈念館
P.65
坂本小
穴弘法寺
立岩神社
活水高・中
長崎大病院
浦上川通り
稲佐山温泉ふくの湯
長崎西高
浦上駅
長崎合同庁舎
金比羅神社
片淵近隣公園
淵中
ハートセンター前
茂里町電停
ココウォーク茂里町
ブリックホール
水源地跡
銭座町電停
銭座町
銭座小
長崎東高・中
立山公園
P.33
稲佐山レストランITADAKI
稲佐山山頂展望台 P.28
稲佐山公園
稲佐山
長崎稲佐山スロープカー
P.29
淵神社駅
長崎スタジアムシティ P.20
淵神社
幸町
浦上川
宝町電停
長崎大
片淵中
経済学部前
シーボルト記念館 P.88
ロープウェイ前
稲佐小
稲佐橋
稲佐橋
西坂小
長崎中
上長崎小
P.28
長崎ロープウェイ
The House of 1995 P.33
稲佐岳駅
稲佐山
観光ホテル前
朝日小入口
レストラン ロータス P.32
本蓮寺
聖福寺
P.67
諏訪神社
P.86
桜馬場中
鳴滝高

Restaurant FOREST P.33
鉄板焼ダイニング 竹彩 P.92
ガーデンテラス長崎 ホテル&リゾート P.154
三菱長崎造船所 旧木型場 (長崎造船所史料館) P.78/P.80
三菱長崎造船所 ジャイアント・カンチレバークレーン P.79
P.78 三菱長崎造船所 占勝閣
三菱長崎造船所 第三船渠 P.78
三菱長崎造船所 小菅修船場跡 P.79
女神大橋 P.31
ながさき女神大橋道路
長崎港
興福寺 P.57/P.72
眼鏡橋 P.57
風頭公園 P.58
ゆめタウン夢彩都
長崎出島ワーフ P.48
崇福寺 P.57/P.72
小川凧店 (長崎凧資料館) P.59
長崎新地中華街 P.54
長崎 水辺の森公園 P.49
P.45 オランダ坂 (東山手)
P.34/P.41 孔子廟
P.23/P.27/P.40 大浦天主堂
P.42 グラバー園
万月堂 P.109
ながさき出島道路
オランダ坂トンネル
長崎南環状線
唐八景トンネル
飽の浦トンネル
木鉢トンネル
長崎IC
木鉢IC
高島、伊王島、福江島、奈留島、中通島
神崎鼻
神崎神社
西泊公園
市立図書館
長崎女子商高
諏訪小
万屋局
大音寺
風頭山
長崎玉成高
愛宕神社
愛宕教会
愛宕小
長崎女子短大
活水女子大
梅香崎中
海星高・中
長崎女子高
小島小
桜尾公園
小島中
大浦中
大浦小
石橋電停
崇福寺電停
鍋冠山
出雲近隣公園
長崎南高
西脇病院
長崎病院
国立長崎病院
田上病院
妙晃院
稲荷神社
竜王滝
星取山
唐八景公園
八景山
上戸町病院
戸町小
勝廓寺
長崎霊園
三菱重工造船所
重工記念長崎病院
飽浦小
西泊
立神
八軒家
岩瀬道町
塩浜町
飽の浦公園前
飽の浦神社前
水の浦
電機前
浪の平
小菅町
女神
金鍔
戸町切通
長崎霊園下
八景町
南高裏門前
上小島
小島
東小島
風頭山
白糸
愛宕町
上愛宕
準堤観音下
唐八景
開
出雲3
D
E
F
1
2
3
4

長崎駅周辺
ながさきえきしゅうへん
周辺図 P.2-3
0
100
200m
N
1:8,000
A
B
C
1
2
3
4
五社神社
五社神社下
にっしょうかん
西坂小
イエズス会
黙想の家
八千代町電停
岡まさはる記念
長崎平和資料館
立山
長崎
西九州新幹線
長崎本線
日本二十六聖人殉教地・記念館 P.66
聖フィリッポ教会 P.67
西坂公園
P.112
みろくや長崎駅店
NHK長崎放送局
本蓮寺
長崎街道かもめ市場すみや P.112
聖無動寺
長崎観音
P.20
長崎街道かもめ市場
アパ
長崎異邦館
定期観光バス
交通会館
パール
福済寺
P.25 NPO法人
長崎巡礼センター
P.72
東本願寺
観善寺
聖福寺
P.67
駅前
長崎駅前電停
白樺
クオーレ長崎駅前
セントヒル
ウイングポート
ビジネスロイヤル
長崎市総合観光案内所 P.39
長崎駅
JR九州
駅前東口
アネックス
正覚寺
西勝寺
駅前南口
ニュー長崎
中町公園
アンティーク喫茶&
銅八銭
P.98
P.20 アミュプラザ
長崎 新館
P.67
アミュプラザ
長崎 本館
桜町公園前
中央局
桜町
桜町通り
桜町
P.20 長崎マリオット
ホテル
桜町電停
長崎電気軌道
P.112 ルピシア 長崎店
五島町
瓊の浦公園
P.107 URBAN RESEARCH
アミュプラザ長崎店
北九州
P.101 Cafe & Bar ウミノ
202
五島町
公園
I・K
桜町
十八
34
五島町電停
親和
東横イン
いけだ
市立図書館
中央署
長崎女子
商業高
P.91
料亭御宿 坂本屋
興善町
興善町
坂本屋
長崎市夜間急病センター
P.77 高島海上交通
軍艦島上陸クルーズ
大波止場通り
エスペリア
興善町
労働局
西日本シティ
アパ
法務局
親和銀行
ドラゴンプロムナード
大波止
中央
公園
親和銀行前
親和
市役所通り
夢彩都
樺島町
公園
検察庁
大波止
親和銀行前
ゆめタウン夢彩都
抜済会
長崎病院
裁判所
やまさ海運
軍艦島上陸周遊コース P.77
大波止電停
万才町
長崎港ターミナルビル
裁判所
メルカ
つきまち
長崎港
ニューポート
県庁坂通り
山ぐち
P.111
大波止橋
文明堂総本店 P.109
ベルビュー

D
E
F
1
2
3
4
長崎中
西山神社
上西山公園
経済学部前
西山町IC
矢場下橋
片淵局
上長崎小
済生会長崎病院
上長崎小前
松森天満宮
長崎くんち
諏訪神社
西山橋
体育館
長崎公園
県立図書館
諏訪神社前
桜馬場天満神社
親和
大手橋
諏訪神社前
新大工町局
日本銀行
長崎歴史文化博物館 P.86
銀嶺 P.86
諏訪神社電停
新大工町市場
新大工町
鎮西橋
光雲寺
新大工町電停
長崎電気軌道
市役所通り
中島橋
銭屋橋
紅葉橋
阿弥陀橋
倉田水樋水源跡
上野彦馬宅跡 P.59
桃渓橋
高麗橋
桜町小
サント・ドミンゴ教会跡資料館 P.67
中島川
大井出橋
宮地嶽神社
光源寺
宮の下公園
眼鏡橋
禅林寺
長崎市役所
長崎市役所
市役所電停
亀山社中資料展示場
光永寺
古町橋
深崇寺
P.58
龍馬通り
坂本龍馬之像
麹屋町公園
松翁軒
ヴィリヤ
軒 本店
市役所電停
魚の町公園
長崎市民会館
一覧橋
三宝寺
龍馬のぶーつ像 P.59
若宮稲荷神社 P.59
長崎の猫雑貨 nagasaki-no neco P.61
すすき原橋
浄安寺
長崎市亀山社中記念館 P.58
異人堂 めがね橋店 P.108
東新橋
麹屋局
寺町通り
Cafe Bridge P.60
興福寺 P.57/P.72
魚市橋
cafe P.57
ちりんちりんアイス P.57
眼鏡橋 P.57
延命寺
中島川公園
一二三亭 P.104
料亭一力 P.91
アルコア中通り
諏訪小
袋橋
守屋 P.106
岩永梅寿軒 P.109/P.111
風頭公園 P.58
銀屋町教会
ブック船長 P.61
長照寺
展望台
茶屋 P.98
萬順製菓 P.110
ニューヨーク堂 P.57
長崎の路地裏Cafe P.60
皓台寺
長崎カフェ 一花五葉 P.101
カレーの店 夕月 P.96
ビストロ ピエ・ド・ポー P.93
D
E
F

A
B
C
1
2
3
4
エスペリア
西日本シティ
大波止場通り
アパ
大波止
ドラゴンプロムナード
元船町自治体公民館
夢彩都
P.77 高島海上交通
軍艦島上陸クルーズ
樺島町公園
ゆめタウン夢彩都
大波止
抜済会長崎病院
大波止電停
文明堂総本店
P.109
興善町
労働局
法務局
市役所通り
検察庁
裁判所
万才町
裁判所
山ぐち
P.111
大波止ターミナル
ニューポート
コンフォート
長崎港
長崎港ターミナルビル
やまさ海運
軍艦島上陸周遊コース
P.77
大波止橋
江戸町
ベルビュー
県庁坂通り
福岡
江戸町公園
P.111 高野屋
中央橋
P.107 長崎雑貨
たてまつる
玉江橋
P.51
ミュージアムショップ
(ヘトル部屋)
P.25/P.48 長崎と天草地方の
潜伏キリシタン関連遺産
インフォメーションセンター
P.49 ジェラートショップ
IL MARE
P.49 Attic
P.48 長崎出島ワーフ
出島表門橋
出島中央橋
中島川
水門
出島電停
出島表門橋
江戸町通り
出島橋
長久橋
カピタン部屋
新石倉
国指定史跡
「出島和蘭商館跡」
P.50
旧石倉
P.59 風雲児焼とり 竜馬
浜の町
十八
銅座町局
旧出島神学校
P.51 長崎内外倶楽部レストラン
長崎港
長崎税関
出島
P.107 いろはや出島本店
おらんだ坂
新地中華街電停
本石灰町
新地橋広場
長崎バスターミナル
P.94 中国料理館 会楽園
新地中華街
出島海岸通り
築町通り
P.55 泰安洋行
三栄製麺
P.55
P.55 福建
新地中華街
イオン
P.30/P.84
長崎県美術館
P.85 カフェ
ミュージアムショップ
P.85
P.54 長崎新地中華街
P.34/P.54 長崎ランタンフェスティバル
新地中華街
新地中華街
長崎水辺の森公園
P.49
P.34 湊公園
P.95 老李 長崎中華街 総本店
メディカルセンター電停
P.94 中国菜館 江山楼 中華街新館
P.55 長崎友誼商店
P.49
水辺の森のワイナリーレストラン
OPENERS
我が国鉄道発祥の地碑
梅香崎局
長崎電気軌道
長崎みなとメディカルセンター
南光寺
メディカルセンター
大浦海岸通り
ながさき出島道路
オランダ坂トンネル
P.77
シーマン商会
軍艦島ツアー
ニュータンダ
活水女子大
聖三一教会
長崎港
旧長崎英国領事館

D
E
F
1
2
3
4
P.61 長崎の猫雑貨
nagasaki-no neco S
P.108 異人堂 めがね橋店 S
P.57 elv cafe C
親和銀行前
中央公園
親和銀行前
親和
めがね橋電停
P.57
★眼鏡橋
魚市橋
S ちりんちりんアイス P.57
高原中央病院
中島川公園
袋橋
R 一二三亭 P.104
R 料亭 一力 P.91
興福寺 P.57/P.72
延命寺
S 大守屋 P.106
S 岩永梅寿軒 P.109/P.111
銀屋町教会
P.57 ニューヨーク堂 S
S ブック船長 P.61
諏訪小
長照寺
常盤橋
賑橋
アルコア中通り
しもむら産婦人科
P.98 南蛮茶屋 C
長崎カフェ 一花五葉 C P.101
C S 長崎の路地裏Cafe P.60
S 萬順製菓 P.110
皓台寺
万橋
公会堂前
佐賀
本古川通り
ベルナード観光通り
R ビストロ ピエ・ド・ポー P.93
アークイン てんねん
寺町通り
浜町アーケード電停
R カレーの店 夕月 P.96
S 鯨専門店 くらさき P.110
みずほ
カフェ オリンピック P.100 C
浜んまちアーケード
R 吉宗 本店 P.97
R 鮮肴炭焼 炙 P.103
大音寺
P.110 岩崎本舗 S 観光通り店
フォルツア
バラモン食堂 R P.103
C 珈琲富士男 P.99
発心寺
C 梅月堂本店 P.99
S 中の家旗店 P.61
浜屋 SC
浜の町
R 長崎DINING 多ら福 亜紗 P.103
崇福寺通り
P.102 R 大衆割烹 安楽子
WITH長崎
R ツル茶ん P.97
大光寺
ビクトリア・イン
観光通電停
三菱UFJ信託
浜の町
春雨通り
三幸荘
R プルミエ・クリュ P.93
十八
C 和風喫茶 志らみず P.100
P.104 雲龍亭 本店 R
思案橋電停
思案橋
思案橋局
P.104 R おにぎり専門店 かにや
R ステーキハウスおかの P.96
崇福寺 P.57/P.72
R 銀鍋 P.102
P.95 天天有 R
S 長崎ぶたまん桃太呂 浜町店 P.97
324
ながさき内科
リッチモンド
長崎電気軌道
思案橋通り
大崎神社
長崎
福砂屋 長崎本店 S P.108
小濱産婦人科
崇福寺入口
崇福寺電停
★丸山公園 P.59
オランダ坂（丸山）
楠稲荷神社
公楽荘
大徳寺公園
梅香崎神社
正覚寺
新玉橋
R 史跡料亭 花月 P.59/P.90
鳴川橋
十善会病院
梅園身代り天満宮
中の茶屋
中小島公園
★唐人屋敷跡 P.54
玉泉神社
本行寺
出島・思案橋
でじま・しあんばし
周辺図 P.2-3
0 50 100m
1:6,000
N

南山手・東山手
みなみやまて・ひがしやまて
周辺図 P.2-3
1:6,000
長崎港
常盤ターミナルビル
大浦海岸通電停
P.77 軍艦島コンシェルジュ
軍艦島上陸・周遊ツアー
国際ターミナル第2ビル
税関分室
P.46 長崎市旧香港上海銀行
長崎支店記念館
長崎近代交流史と孫文・梅屋庄吉
ミュージアム
ナガサキピース
ミュージアム
長崎港松が枝
国際ターミナル
P.49
松ヶ枝国際
ターミナル
べっ甲工芸館
中華料理
四海樓 P.94
P.87 軍艦島デジタルミュージアム
P.106 瑠璃庵
P.154 ANAクラウンプラザホテル
長崎グラバーヒル
大浦署
P.45 岩崎本舗 グラバー園店
P.155 セトレ グラバーズハウス 長崎
祈りの丘絵本美術館 P.87
須加五々道美術館
P.47 南山手地区町並み保存センター
松ヶ枝営業所前
妙行寺
大浦教会
P.106 グラスロード1571
オランダ館
P.88 長崎南山手美術館
Museum Cafe
南山手八番館 P.47
税務署
P.41 大浦天主堂 キリシタン博物館
大浦天主堂 P.23/P.27/P.40
小曽根局
旧グラバー住宅
グラバー通り
諏訪神社
ジョイフルサン
祈念坂 P.45
自由亭喫茶室 P.45
気象台
長崎伝統芸能館
小曽根
P.45 グラバー園ガーデンショップ
グラバー園 P.42
大浦展望公園
相生地獄坂 P.45
旧ウォーカー住宅
南山手レストハウス P.47
グラバースカイロード P.31
旧リンガー住宅
旧三菱第2ドックハウス
旧オルト住宅
大浦小
ホテルインディゴ長崎
グラバーストリート P.21
旧スチイル記念学校
グラバー通り
どんどん坂 P.45
プール坂 P.45
聖徳院
P.30 鍋冠山公園
展望台
鍋冠山
EIGHT FLAG P.99
モントレ
親和
P.45 オランダ坂(東山手)
梅香崎中
東山手甲十三番館 P.47
東山手十二番館
英国聖公会会堂跡
ラッセル記念館
海星高
児童センター
昭和会病院
オランダ通り
松ヶ枝橋
長崎電気軌道
大浦天主堂電停
大浦天主堂下
東山手地区町並み保存センター
長崎あじさい病院
海星中
P.47 東山手「地球館」cafe slow
P.46 東山手洋風住宅群
古写真資料館・埋蔵資料館
孔子廟 P.34/P.41
オランダ坂通り
大浦川
大浦石橋通り
松が枝公園
長崎教会
下大浦橋
石橋電停
十八
石橋
大浦局
上田町

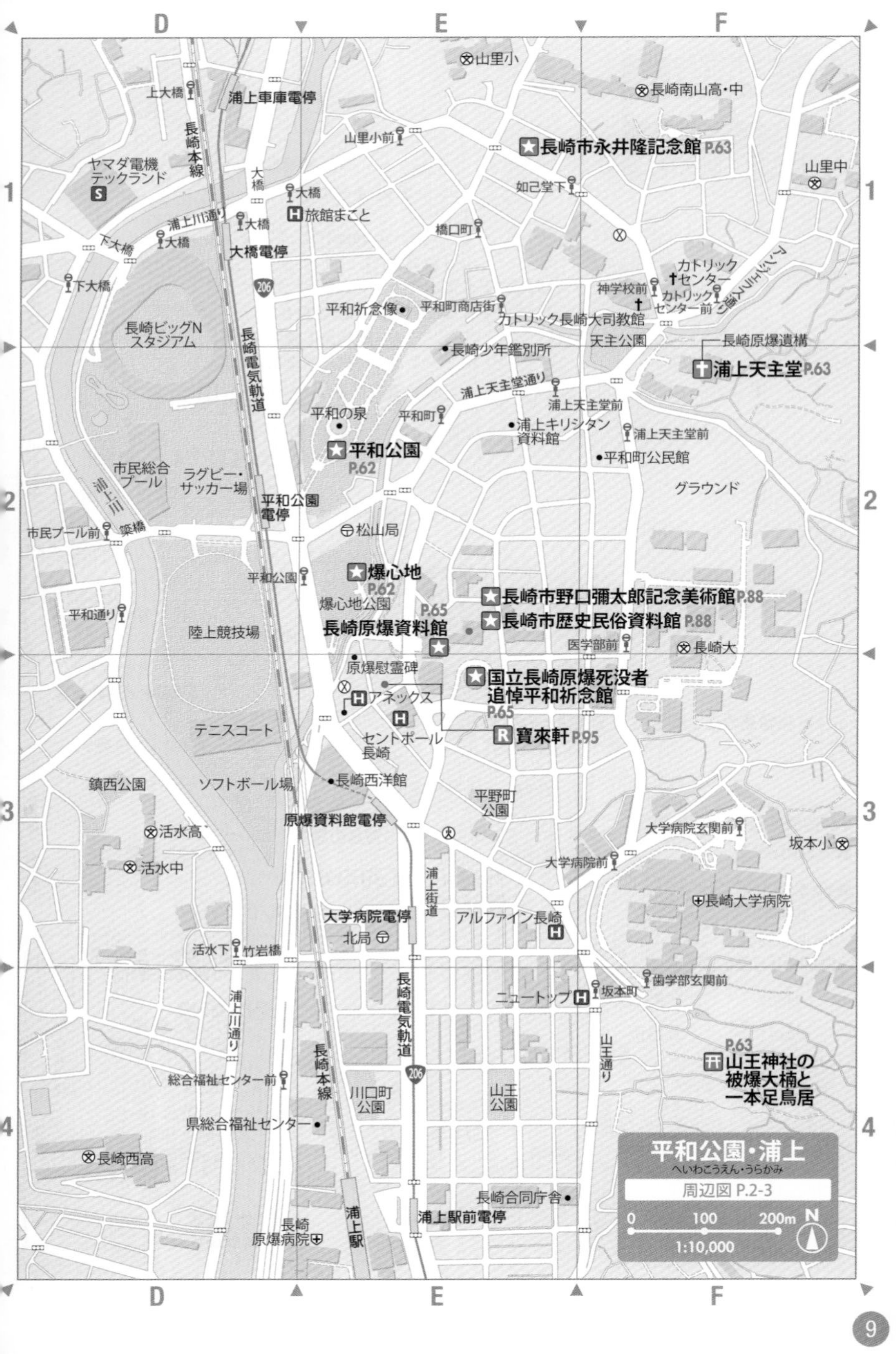
平和公園・浦上
へいわこうえん・うらかみ
周辺図 P.2-3
1:10,000
長崎市永井隆記念館 P.63
浦上天主堂 P.63
平和公園 P.62
爆心地 P.62
長崎原爆資料館 P.65
長崎市野口彌太郎記念美術館 P.88
長崎市歴史民俗資料館 P.88
国立長崎原爆死没者追悼平和祈念館 P.65
寶來軒 P.95
山王神社の被爆大楠と一本足鳥居 P.63
浦上車庫電停
大橋電停
平和公園電停
原爆資料館電停
大学病院電停
浦上駅前電停
浦上駅
長崎本線
長崎電気軌道
長崎ビッグNスタジアム
陸上競技場
長崎大学病院
長崎大
山里小
長崎南山高・中
山里中
ヤマダ電機テックランド
旅館まこと
カトリック長崎大司教館
長崎原爆遺構
浦上キリシタン資料館
平和町公民館
平和祈念像
平和の泉
長崎少年鑑別所
天主公園
松山局
爆心地公園
原爆慰霊碑
アネックス
セントポール長崎
長崎西洋館
平野町公園
アルファイン長崎
ニュートップ
北局
川口町公園
山王公園
長崎合同庁舎
県総合福祉センター
長崎原爆病院
活水高
活水中
長崎西高
鎮西公園
坂本小
テニスコート
ソフトボール場
市民総合プール
ラグビー・サッカー場
グラウンド
浦上川
浦上川通り
浦上天主堂通り
アンジェラス通り
浦上街道
山王通り
D
E
F
1
2
3
4

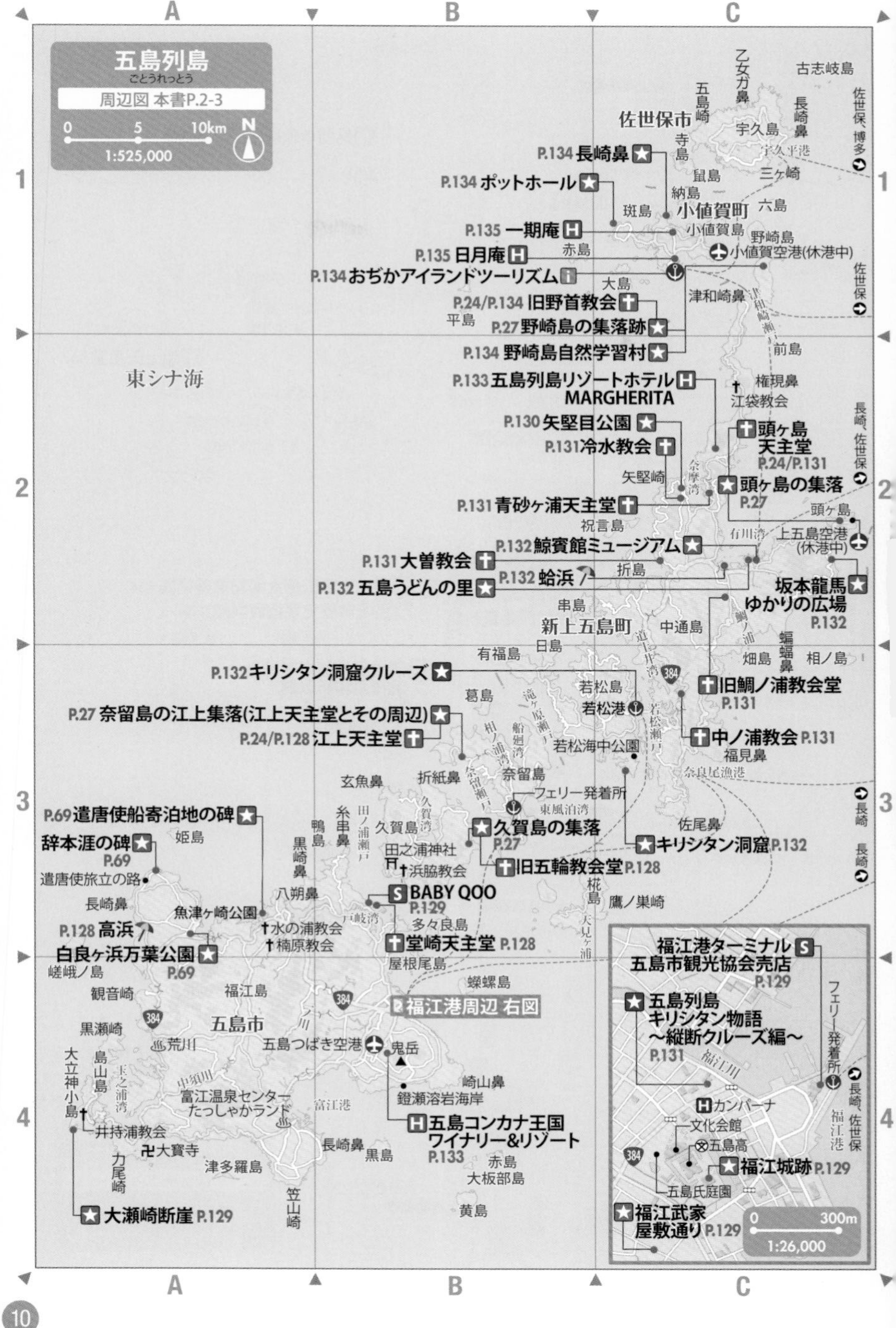

五島列島
ごとうれっとう
周辺図 本書P.2-3
0 5 10km
1:525,000
東シナ海
佐世保市
小値賀町
新上五島町
五島市
P.134 長崎鼻
P.134 ポットホール
P.135 一期庵
P.135 日月庵
P.134 おぢかアイランドツーリズム
P.24/P.134 旧野首教会
P.27 野崎島の集落跡
P.134 野崎島自然学習村
P.133 五島列島リゾートホテル MARGHERITA
P.130 矢堅目公園
P.131 冷水教会
P.131 青砂ヶ浦天主堂
頭ヶ島天主堂 P.24/P.131
頭ヶ島の集落 P.27
P.132 鯨賓館ミュージアム
P.131 大曽教会
P.132 蛤浜
P.132 五島うどんの里
坂本龍馬ゆかりの広場 P.132
P.132 キリシタン洞窟クルーズ
旧鯛ノ浦教会堂 P.131
P.27 奈留島の江上集落(江上天主堂とその周辺)
P.24/P.128 江上天主堂
中ノ浦教会 P.131
P.69 遣唐使船寄泊地の碑
辞本涯の碑 P.69
久賀島の集落 P.27
旧五輪教会堂 P.128
キリシタン洞窟 P.132
BABY QOO P.129
堂崎天主堂 P.128
P.128 高浜
白良ヶ浜万葉公園 P.69
福江港周辺 右図
五島コンカナ王国ワイナリー&リゾート P.133
大瀬崎断崖 P.129
小値賀空港(休港中)
上五島空港(休港中)
五島つばき空港
佐世保、博多
佐世保
長崎、佐世保
長崎
乙女ガ鼻
古志岐島
五島崎
長崎鼻
宇久島
宇久平港
寺島
鼠島
三ヶ崎
納島
六島
斑島
小値賀島
野崎島
赤島
大島
津和崎鼻
津和崎瀬戸
平島
前島
権現鼻
江袋教会
奈摩湾
矢堅崎
頭ヶ島
祝言島
有川湾
折島
串島
中通島
鯛ノ浦
蝙蝠鼻
畑島
相ノ島
有福島
日島
道土井湾
若松島
若松港
若松瀬戸
葛島
滝ヶ原瀬戸
相ノ浦湾
船廻湾
若松海中公園
福見鼻
奈良尾漁港
折紙鼻
奈留瀬戸
奈留島
玄魚鼻
フェリー発着所
東風泊湾
久賀湾
久賀島
佐尾鼻
鴨島
糸串鼻
田ノ浦瀬戸
姫島
黒崎鼻
田之浦神社
浜脇教会
遣唐使旅立の路
八朔鼻
椛島
鷹ノ巣崎
長崎鼻
魚津ヶ崎公園
水の浦教会
楠原教会
戸岐湾
多々良島
天見ヶ浦
嵯峨ノ島
屋根尾島
観音崎
福江島
蠑螺島
黒瀬崎
荒川
鬼岳
大立神小島
島山島
玉之浦湾
中須川
富江温泉センター たっしゃかランド
富江港
崎山鼻
鐙瀬溶岩海岸
井持浦教会
大寶寺
力尾崎
津多羅島
長崎鼻
黒島
赤島
大板部島
笠山崎
黄島
福江港ターミナル 五島市観光協会売店 P.129
五島列島キリシタン物語〜縦断クルーズ編〜 P.131
フェリー発着所
福江川
カンパーナ
文化会館
五島高
福江城跡 P.129
五島氏庭園
福江武家屋敷通り P.129
長崎、佐世保
福江港
0 300m
1:26,000

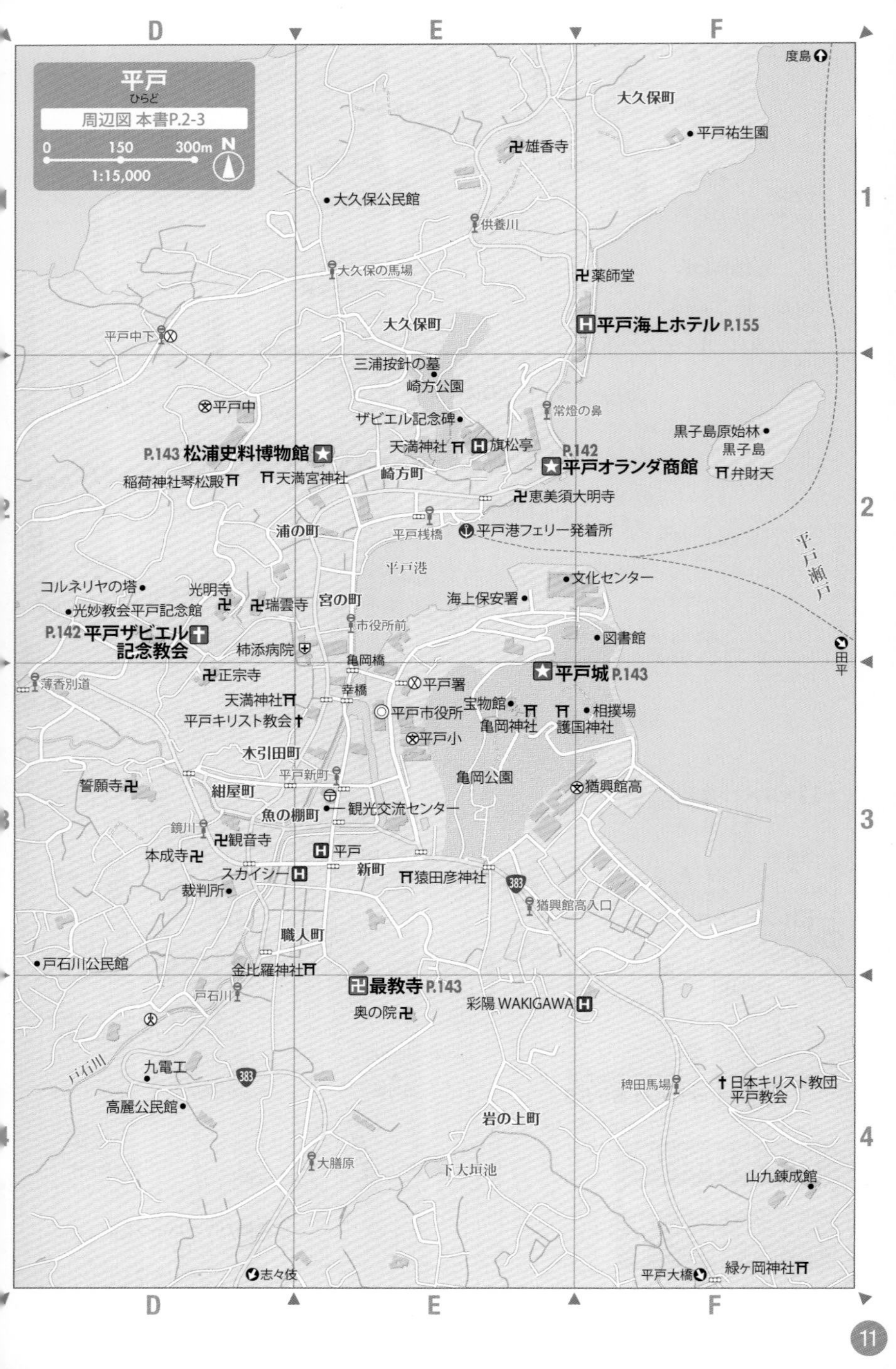
平戸
ひらど
周辺図 本書P.2-3
0
150
300m
N
1:15,000
D
E
F
1
2
3
4
度島
大久保町
平戸祐生園
雄香寺
大久保公民館
供養川
大久保の馬場
薬師堂
大久保町
平戸海上ホテル P.155
平戸中下
三浦按針の墓
崎方公園
常燈の鼻
平戸中
ザビエル記念碑
黒子島原始林
黒子島
天満神社
旗松亭
P.142
P.143 松浦史料博物館
平戸オランダ商館
弁財天
稲荷神社琴松殿
天満宮神社
崎方町
恵美須大明寺
浦の町
平戸港フェリー発着所
平戸桟橋
平戸港
平戸瀬戸
文化センター
コルネリヤの塔
光明寺
光妙教会平戸記念館
瑞雲寺
宮の町
海上保安署
市役所前
P.142 平戸ザビエル記念教会
図書館
柿添病院
田平
亀岡橋
正宗寺
平戸城 P.143
薄香別道
平戸署
幸橋
天満神社
宝物館
相撲場
平戸市役所
平戸キリスト教会
亀岡神社
護国神社
平戸小
木引田町
平戸新町
亀岡公園
誓願寺
紺屋町
猶興館高
観光交流センター
魚の棚町
鏡川
観音寺
平戸
本成寺
スカイシー
新町
猿田彦神社
383
裁判所
猶興館高入口
職人町
戸石川公民館
金比羅神社
最教寺 P.143
戸石川
彩陽 WAKIGAWA
奥の院
戸石川
九電工
383
稗田馬場
日本キリスト教団平戸教会
高麗公民館
岩の上町
大膳原
下大垣池
山九錬成館
志々伎
平戸大橋
緑ヶ岡神社

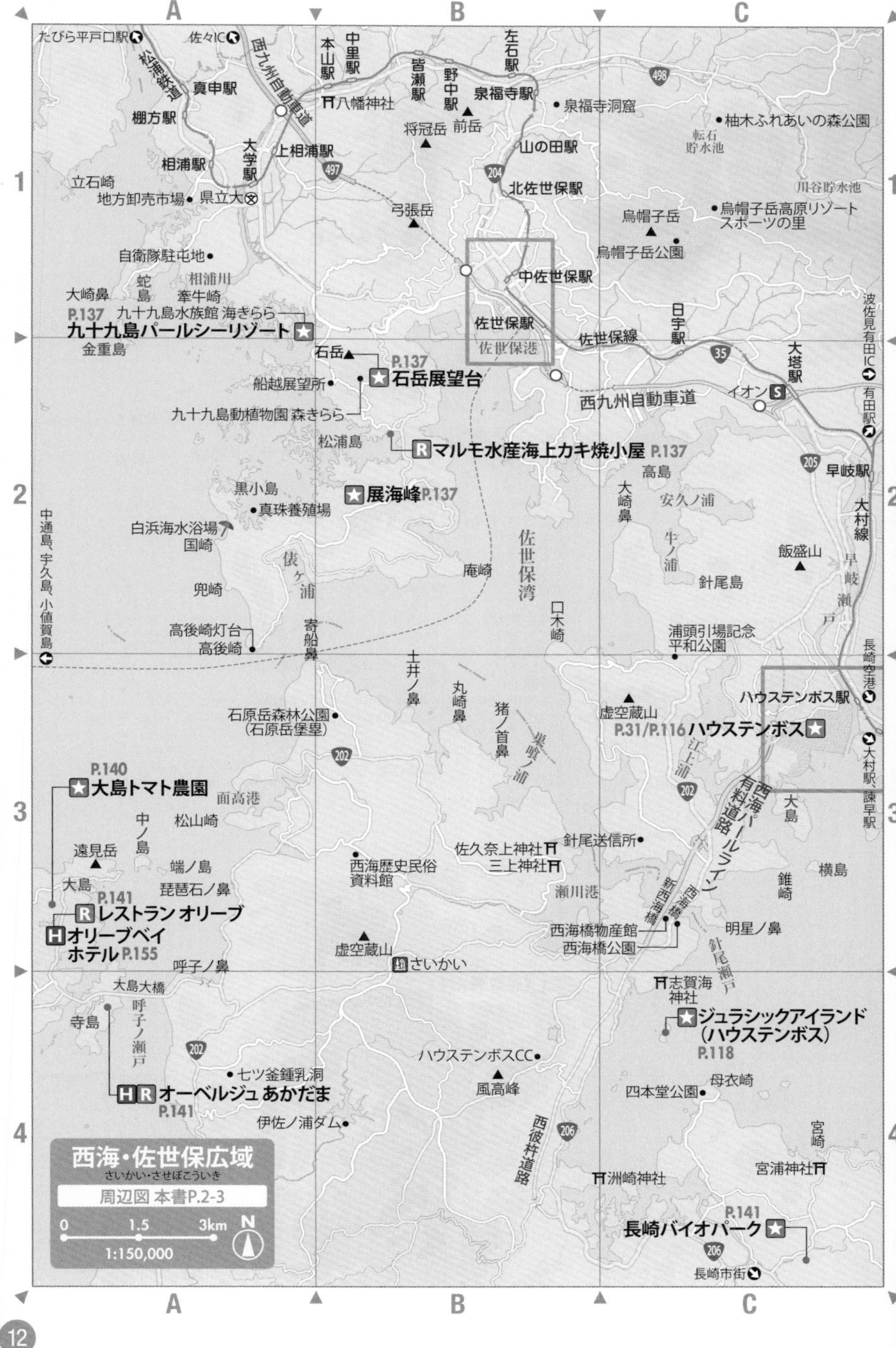
西海・佐世保広域
さいかい・させぼこういき
周辺図 本書P.2-3
1:150,000
九十九島パールシーリゾート
P.137
九十九島水族館 海きらら
石岳展望台
九十九島動植物園 森きらら
マルモ水産海上カキ焼小屋
展海峰
ハウステンボス
P.31/P.116
大島トマト農園
P.140
レストラン オリーブ
P.141
オリーブベイホテル
P.155
オーベルジュ あかだま
ジュラシックアイランド（ハウステンボス）
P.118
長崎バイオパーク
佐世保駅
中佐世保駅
北佐世保駅
山の田駅
泉福寺駅
左石駅
野中駅
皆瀬駅
中里駅
本山駅
上相浦駅
大学駅
相浦駅
棚方駅
真申駅
日宇駅
大塔駅
早岐駅
ハウステンボス駅
佐世保線
大村線
松浦鉄道
西九州自動車道
西海パールライン有料道路
西彼杵道路
佐世保湾
佐世保港
たびら平戸口駅
佐々IC
波佐見有田IC
有田駅
長崎空港
大村駅、諫早駅
長崎市街
中通島、宇久島、小値賀島
泉福寺洞窟
柚木ふれあいの森公園
烏帽子岳高原リゾートスポーツの里
烏帽子岳公園
烏帽子岳
弓張岳
将冠岳
前岳
八幡神社
県立大
地方卸売市場
自衛隊駐屯地
立石崎
大崎鼻
蛇島
相浦川
牽牛崎
金重島
石岳
船越展望所
松浦島
黒小島
真珠養殖場
白浜海水浴場
国崎
兜崎
高後崎灯台
高後崎
俵ヶ浦
寄船鼻
庵崎
口木崎
土井ノ鼻
丸崎鼻
猪ノ首鼻
東吹ノ浦
虚空蔵山
石原岳森林公園（石原岳堡塁）
高島
大崎鼻
安久ノ浦
牛ノ浦
針尾島
飯盛山
早岐瀬戸
イオン
浦頭引揚記念平和公園
江上浦
大島
面高港
中ノ島
松山崎
遠見岳
端ノ島
琵琶石ノ鼻
大島
呼子ノ鼻
大島大橋
寺島
呼子ノ瀬戸
七ツ釜鍾乳洞
伊佐ノ浦ダム
西海歴史民俗資料館
さいかい
佐久奈上神社
三上神社
針尾送信所
瀬川港
新西海橋
西海橋
西海橋物産館
西海橋公園
明星ノ鼻
錐崎
横島
針尾瀬戸
志賀海神社
ハウステンボスCC
風高峰
四本堂公園
母衣崎
宮崎
宮浦神社
洲崎神社
転石貯水池
川谷貯水池
498
497
204
35
205
202
206

佐世保中心部
させぼちゅうしんぶ
周辺図 P.12
1:15,000
海上自衛隊佐世保史料館
P.137
レストラン蜂の家
P.138
ハンバーガーショップ
ヒカリ本店
P.138
Jazz Bar&Restaurant
FLAT FIVE P.139
カレー&手作りケーキの店
ブラック P.138
レモンド・レイモンド
P.138
P.136 SASEBO軍港クルーズ
佐世保観光情報センター
佐世保中央駅
中佐世保駅
佐世保駅
佐世保市役所
佐世保合同庁舎
北佐世保駅
エレナ
武道館
成田山不動院
中央公園
交通公園
九品寺
宮地嶽神社
スポーツ広場
市立図書館
光輪院
千住病院
東本願寺
佐世保別院
佐世保市博物館島瀬美術センター
島瀬公園
玉屋
イオン
佐世保公園
ニミッツパーク
佐世保共済病院
ぽるど総本舗 本島本店
四ヶ町アーケード
松浦鉄道
西九州自動車道
佐世保川
佐世保港
米海軍佐世保基地
米軍施設
海上自衛隊
佐世保地方
総監部
市立総合病院
自衛隊佐世保病院
NHK佐世保支局
体育文化館
西海市場
戸尾市場
大智院
金子
塩浜局
西日本シティ
西海荘
アルカス
SASEBO
三浦町教会
レオプラザ
グリーン
ターミナル
東横イン
リソル
ワシントン
グランド
ファーストイン
させぼ五番街
TSUTAYA
フェリー発着所
青果市場
中央卸売市場
佐世保花市場
港湾合同庁舎
国際ターミナル
海上自衛隊
グラウンド
佐世保線
中通島、宇久島、小値賀島
佐世保みなとIC
ハウステンボス駅
長崎空港

波佐見・有田
はさみ・ありた
周辺図 本書P.2-3
1:80,000
S 深川製磁本店 P.149
有田陶磁美術館
S ARITA PORCELAIN LAB P.149
P.149 香蘭社 S
陶山神社 P.149
上有田駅
有田駅
三代橋駅
黒川駅
蔵宿駅
松浦鉄道
佐世保線
有田ダム
山辺田窯跡
源右衛門窯
窯業技術センター
赤坂球場
有田陶磁の里プラザ
ヌルヌル有田温泉
炎の博記念堂
泉山磁石場
ろくろ座
有田小
椎谷神社
蓮花石山
金山岳
有田中
有田工業高
西部公園
有田中部小
柿右衛門窯跡
佐賀県立九州陶磁文化館
大谷溜池
日ノ峯ダム
狩立ダム
百間窯跡
山内中
山内西小
曲川小
幕ノ頭
H 青望庵
有田ポーセリンパーク P.149
古木場ダム
円山公園
宗政酒造
西九州自動車道
S NISHIYAMA Gallery P.146
野々川ダム
S マルヒロ P.147
波佐見やきもの公園 P.144
園證寺
岩倉神社
セブンイレブン
根比池
猪狩池
中央小
波佐見中
波佐見町役場
大堤
教法寺
上皿山
皿山
長野入口
稗木場
三股入口
P.147 康創窯 Gallery SO
S 陶房 青 P.147
P.145 うつわ処・赤井倉
P.147 ギャラリーとっとっと
三股陶山神社
P.145 陶芸の里 中尾山交流館
ナフコ
鴻ノ巣山
鴻ノ巣公園
南小
波佐見高
はさみ温泉
セブンイレブン
大平岳
金屋神社
P.144 鬼木棚田
西有田駅
早岐駅
佐世保みなとIC
三間坂駅
武雄南IC
波佐見中心部
はさみちゅうしんぶ
周辺図 P.14上図
1:17,000
波佐見町陶芸の館 観光交流センター
P.144 波佐見やきもの公園
川棚川
西の原
西原簡易局
西ノ原
やきもの公園前
大日
東小
波佐見町
内海
西圓寺
西の原 P.148
S モンネポルト P.148
S 南創庫 P.148
S HANAわくすい P.148
R monne legui mooks P.148
石丸陶芸株式会社
東波佐見局
下内海
S 白山陶器本社 ショールーム P.145
大堤
井石
井石神社
陶山神社

D E F

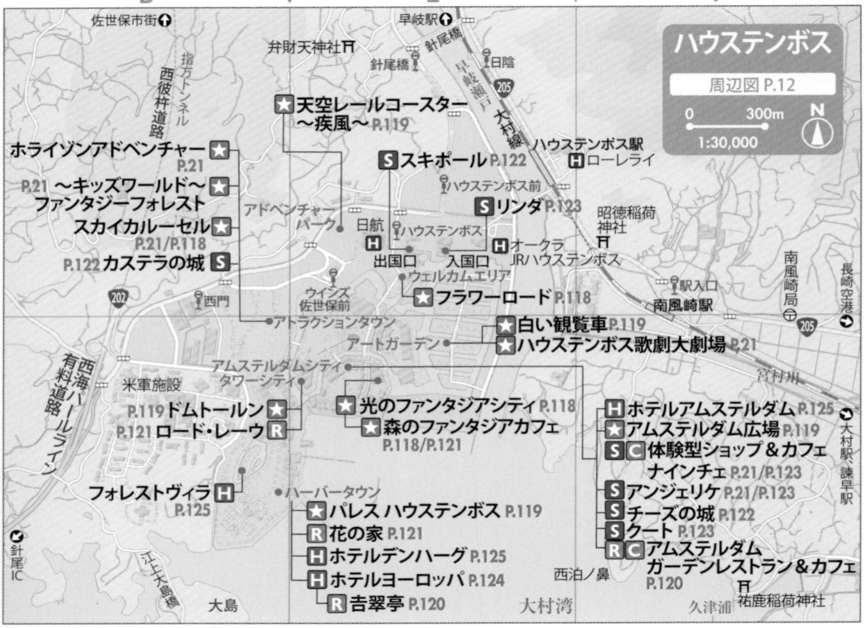

ハウステンボス
周辺図 P.12
0 300m
1:30,000
N
佐世保市街
早岐駅
弁財天神社
針尾橋
針尾橋
日陰
早岐瀬戸
205
大村線
指方トンネル
西彼杵道路
天空レールコースター～疾風～ P.119
ホライゾンアドベンチャー P.21
P.21 ～キッズワールド～ファンタジーフォレスト
スカイカルーセル P.21/P.118
P.122 カステラの城
スキポール P.122
ハウステンボス駅
ローレライ
ハウステンボス前
リンダ P.123
アドベンチャーパーク
日航
ハウステンボス
オークラJRハウステンボス
昭徳稲荷神社
出国口
入国口
ウェルカムエリア
ウイシズ佐世保前
フラワーロード P.118
駅入口
南風崎駅
南風崎局
長崎空港
202
西門
アトラクションタウン
白い観覧車 P.119
アートガーデン
ハウステンボス歌劇大劇場 P.21
205
西海パールライン有料道路
米軍施設
アムステルダムシティ
タワーシティ
宮村川
P.119 ドムトールン
P.121 ロード・レーウ
光のファンタジアシティ P.118
森のファンタジアカフェ P.118/P.121
ホテルアムステルダム P.125
アムステルダム広場 P.119
体験型ショップ＆カフェ ナインチェ P.21/P.123
大村駅、諫早駅
フォレストヴィラ P.125
ハーバータウン
パレス ハウステンボス P.119
花の家 P.121
アンジェリケ P.21/P.123
チーズの城 P.122
クート P.123
アムステルダムガーデンレストラン＆カフェ P.120
針尾IC
江上大島橋
ホテルデンハーグ P.125
ホテルヨーロッパ P.124
吉翠亭 P.120
西泊ノ鼻
大島
大村湾
久津浦
祐鹿稲荷神社

1 2

端島(軍艦島)
はしま(ぐんかんじま)
周辺図 本書P.2-3
0 300m
1:30,000
N
中ノ島
端島
高島町
65号棟 鉱員住宅 報国寮
端島神社
長崎港
30号棟 鉱員住宅
端島(軍艦島) P.76
第3見学広場
第2見学広場

飛島磯釣り公園
飛島
グラバー別邸跡
高島公園
P.80 高島炭坑(北渓井坑跡)
本町
高島海水浴場
公営一
営業所
高島中・小
禅海寺(曹洞宗)
コンニャク煉瓦の擁壁
権現山公園 展望台
しまの宿五平太
権現山公園
高島町
岩崎彌太郎之像
長崎港
高島
高島局
船舶
高島港
西海岸公園
光町
高島港
長崎市高島石炭資料館 P.80
高島ふれあい多目的運動公園
高島
たかしま
周辺図 本書P.2-3
0 300m
1:30,000
N
軍艦島が見える丘

3 4

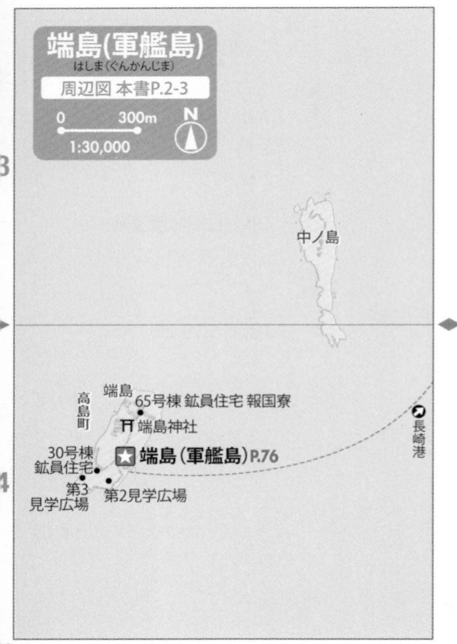

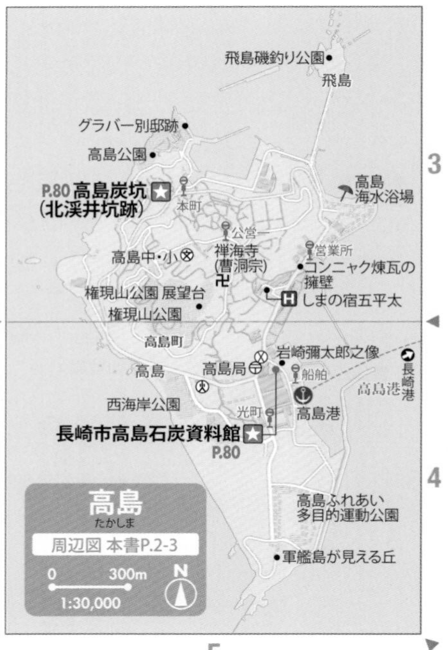

D E

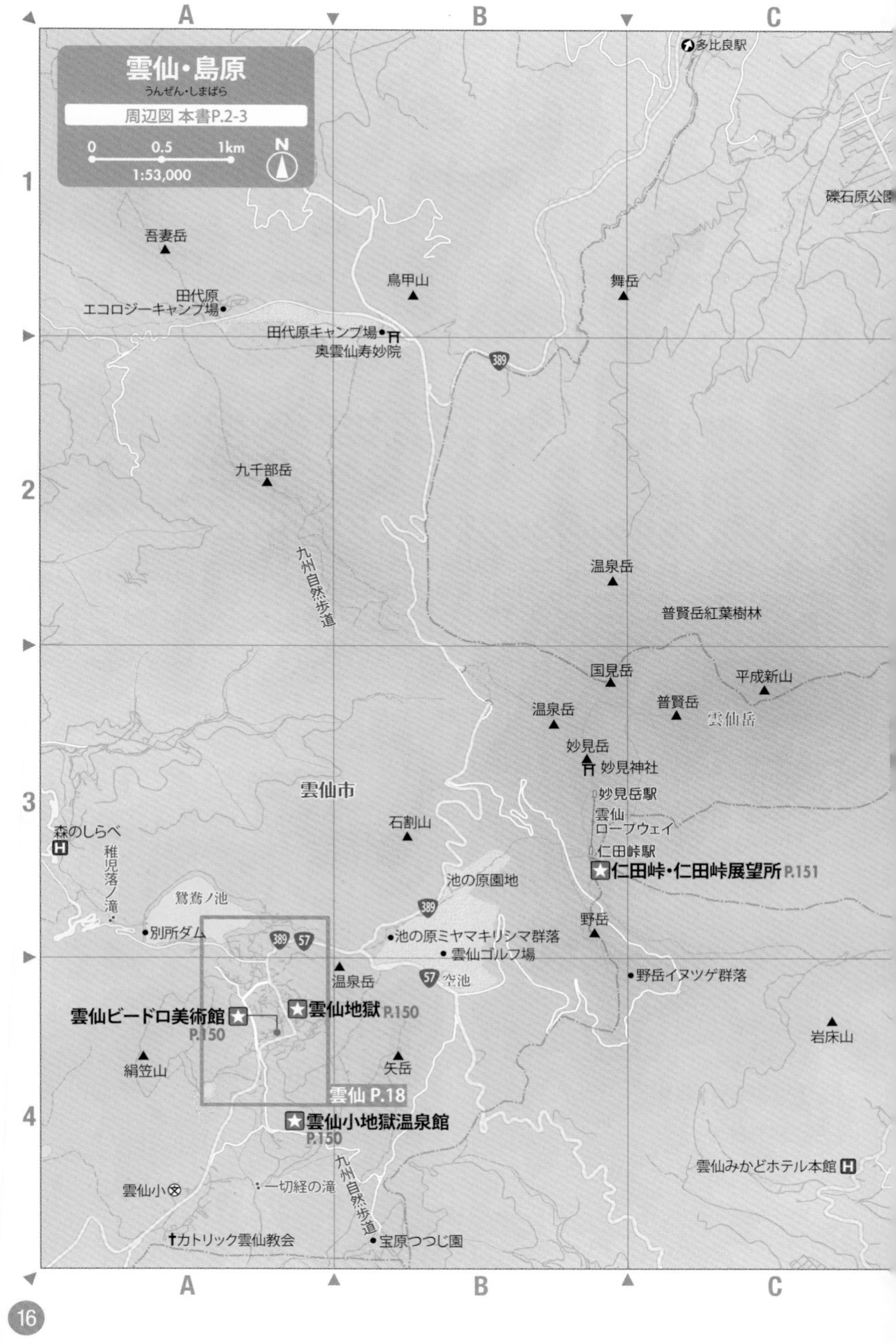
雲仙・島原
うんぜん・しまばら
周辺図 本書P.2-3
0
0.5
1km
1:53,000
N
A
B
C
1
2
3
4
多比良駅
礫石原公園
吾妻岳
田代原
エコロジーキャンプ場
鳥甲山
舞岳
田代原キャンプ場
奥雲仙寿妙院
389
九千部岳
九州自然歩道
温泉岳
普賢岳紅葉樹林
国見岳
平成新山
温泉岳
普賢岳
雲仙岳
妙見岳
妙見神社
妙見岳駅
雲仙
ロープウェイ
仁田峠駅
雲仙市
石割山
森のしらべ
稚児落ノ滝
仁田峠・仁田峠展望所 P.151
池の原園地
鶯鶯ノ池
389
野岳
別所ダム
389
57
池の原ミヤマキリシマ群落
雲仙ゴルフ場
温泉岳
57
空池
野岳イヌツゲ群落
雲仙ビードロ美術館
P.150
雲仙地獄 P.150
岩床山
絹笠山
矢岳
雲仙 P.18
雲仙小地獄温泉館
P.150
雲仙みかどホテル本館
九州自然歩道
雲仙小
一切経の滝
カトリック雲仙教会
宝原つつじ園

D
E
F
1
2
3
4
諫早駅
有明海
島原鉄道
三会ふれあい
運動広場
江里神社
生穂神社
三杉大橋
島原署
第四小
温泉熊野神社
島原高
第一中
第一小
島原商業高
塚ちゃん雲仙たまご村
島原工業高
島原駅
しまばら芝桜公園
折橋神社
島原城 P.152
島原IC
山の上カフェGarden
島原農業高
島原市役所
旧島原藩薬園跡
P.153 鯉の泳ぐまち
第二小
霊丘公園体育館駅
島原 P.19
白土湖
浜の川湧水
まゆやまトンネル
島原総合
運動公園
白山神社
妙高寺
第三小
島原船津駅
春日大社
七面山
第二中
島原東洋シティ
平成新山
ネイチャーセンター
眉山
長崎県島原病院
繁島
島原港駅
がまだすロード
フェリー
発着所
垂木台地森林公園
天狗山
ひょうたん池公園
島原港
雲仙東登山口
熊本、大牟田三池
島原外港IC
杵島
岩上山
シーサイド
島原
東洋九十九ベイ
秩父が浦公園
島原まゆやまロード
大下町
島原南IC
島原市
中央高
島原市中木場
琴平神社
第五小
第三中
貝野岳
安徳大橋
水無大橋
水無川
安中八幡神社
安中大橋
島原復興
アリーナ
大野木場砂防みらい館
中安徳IC
牡丹山
かまだすドーム
みずなし本陣ふかえ
南島原市
土石流被災家屋
島原CC
大野木場小
深江小
がまだすロード
龍照寺
小林小
南島原市街

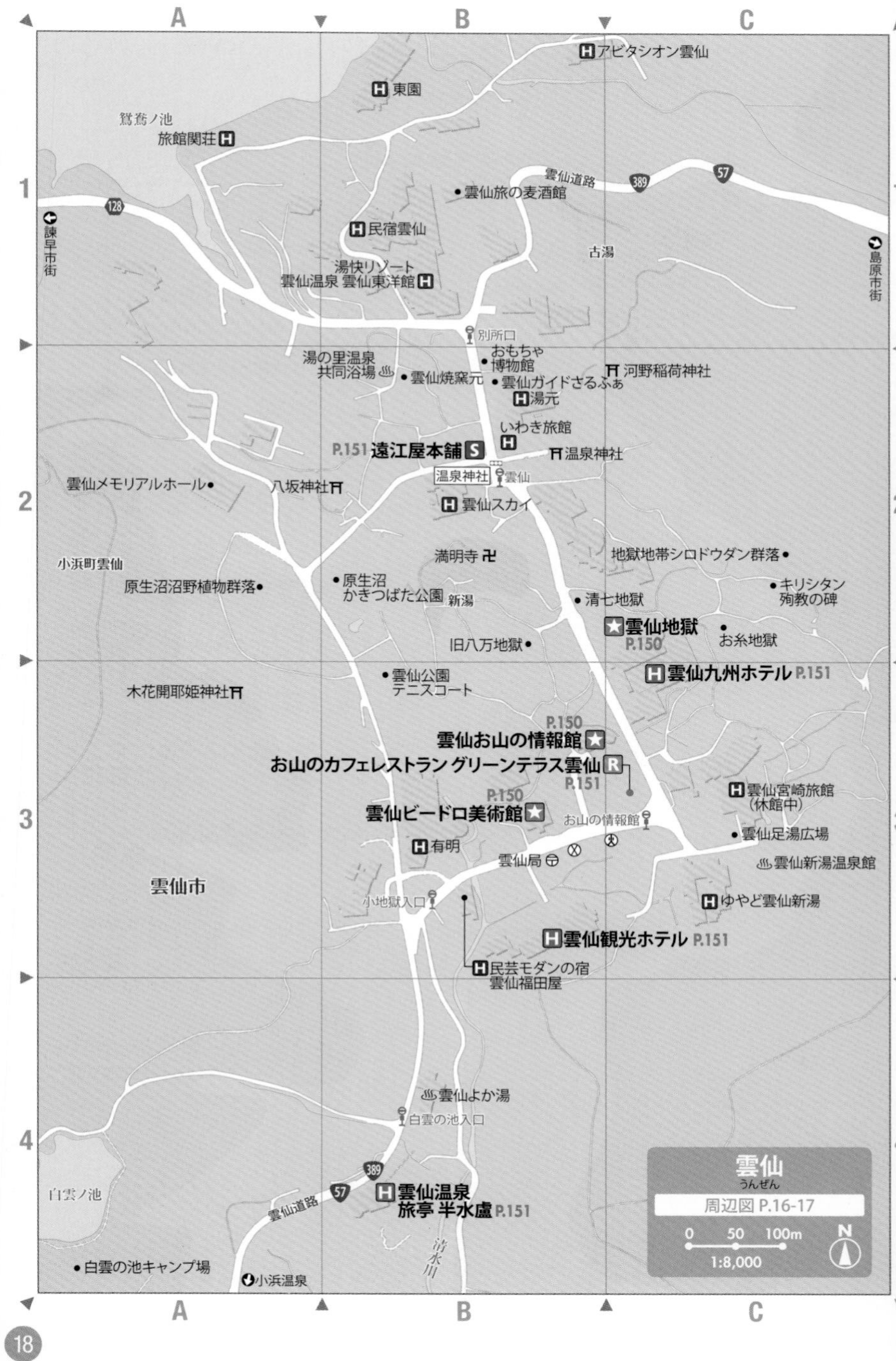

アビタシオン雲仙
東園
鴛鴦ノ池
旅館関荘
雲仙道路
389
57
雲仙旅の麦酒館
128
諫早市街
民宿雲仙
古湯
島原市街
湯快リゾート
雲仙温泉 雲仙東洋館
別所口
湯の里温泉
共同浴場
おもちゃ
博物館
河野稲荷神社
雲仙焼窯元
雲仙ガイドさるふぁ
湯元
いわき旅館
P.151 遠江屋本舗
温泉神社
温泉神社
雲仙
雲仙メモリアルホール
八坂神社
雲仙スカイ
満明寺
地獄地帯シロドウダン群落
小浜町雲仙
原生沼沼野植物群落
原生沼
かきつばた公園
新湯
清七地獄
キリシタン
殉教の碑
雲仙地獄
P.150
お糸地獄
旧八万地獄
雲仙九州ホテル P.151
雲仙公園
テニスコート
木花開耶姫神社
P.150
雲仙お山の情報館
お山のカフェレストラン グリーンテラス雲仙
P.151
雲仙宮崎旅館
(休館中)
P.150
雲仙ビードロ美術館
お山の情報館
雲仙足湯広場
有明
雲仙局
雲仙新湯温泉館
雲仙市
小地獄入口
ゆやど雲仙新湯
雲仙観光ホテル P.151
民芸モダンの宿
雲仙福田屋
雲仙よか湯
白雲の池入口
雲仙
うんぜん
周辺図 P.16-17
0 50 100m
1:8,000
N
389
白雲ノ池
57
雲仙温泉
旅亭 半水盧 P.151
雲仙道路
清水川
白雲の池キャンプ場
小浜温泉
A B C
1 2 3 4

D
E
F
1
2
3
4
島原
しまばら
周辺図 P.16-17
0
100
200m
1:10,000
N
諫早駅
田町
島原湾
城内(2)
晴雲寺前
武家屋敷前
先魁町
島原高
第一中
三の丸通り
島原街道
猛島神社
宮ノ丁
郷土資料館
第一小
武家屋敷 P.152
二の丸坂
島原鉄道
桜馬場
古丁
文化会館
片町
新田町
公民館
文化会館
島原商業高
島原駅
城内(1)
島原城跡公園
上の町
七万石坂
島原駅前
特別支援学校
観光復興記念館
P.152 島原城
北村西望記念館
中町
江戸町局
ホテル&スパ花みずき
新建
図書館
島原市役所
検察庁
裁判所
浦の川
姫松屋 本店 P.153
島原城大手門跡
大手広場
上新丁
ステーション
北原
浦ノ川
今川町
万町
大手局
萩原(1)
浄源寺
しまばら水屋敷 P.153
宗台寺
快光院
安養寺
親和
十八
高島(2)
下萩原
鯉の泳ぐまち P.153
萩原
加美町
新町(2)
商工会議所前
湧水庭園 四明荘 P.153
霊丘公民館
萩原(3)
島原港駅
善法寺
島鉄バスターミナル
光伝寺
水頭の井戸
寺町
白土町
中堀町
柴田長庚堂病院
上の原(1)
護国寺
七面堂
島原税務署
江東寺
総合運動公園入口
法義寺
ねはん像
祐徳院
耳洗公園
カトリック教会
天如塔
理性院大師堂
白土湖

とりはずして使える

MAP

付録 街歩き地図

長崎
ハウステンボス・五島列島

TAC出版
TAC PUBLISHING Group

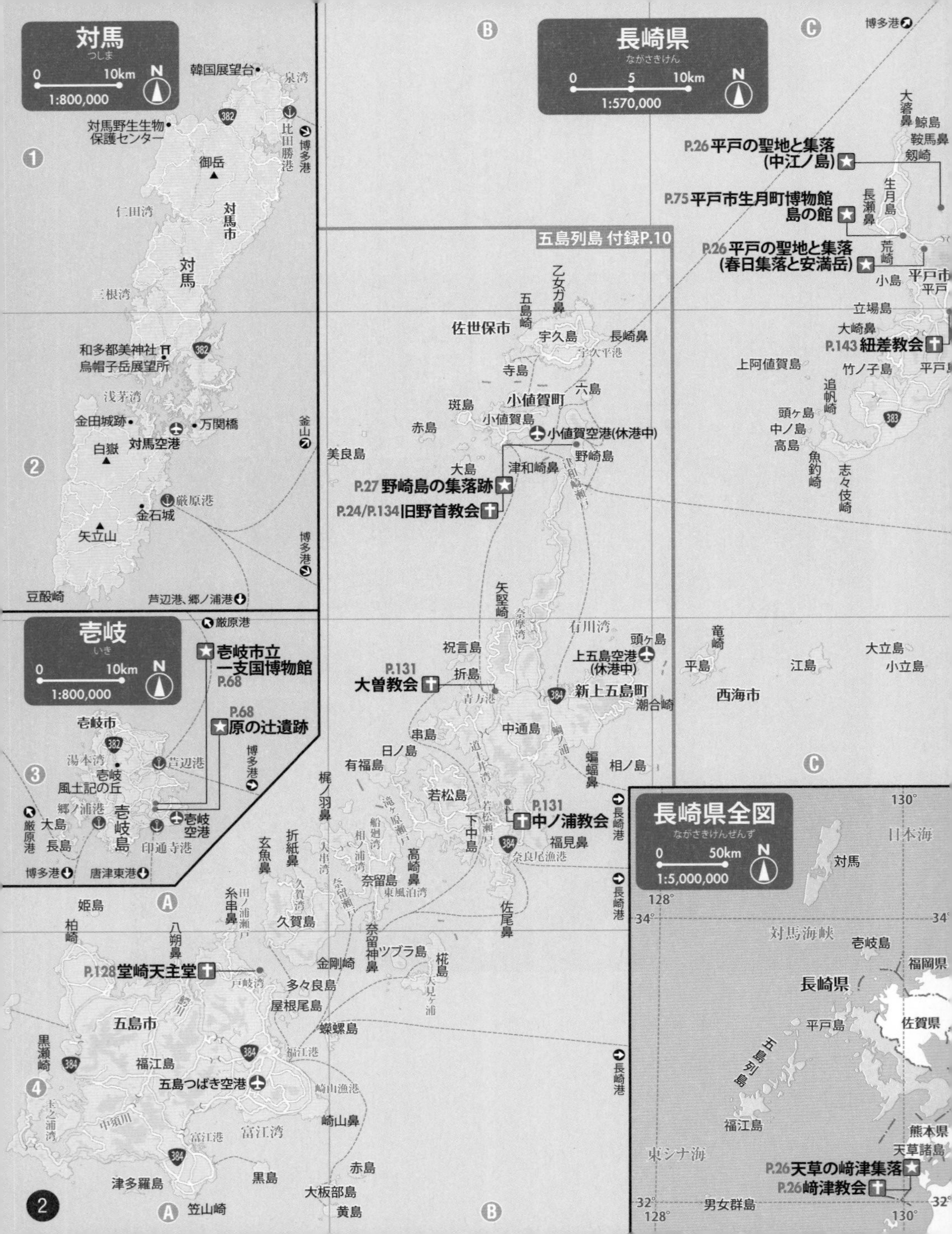

対馬
つしま
0 10km N
1:800,000
韓国展望台
泉湾
対馬野生生物保護センター
比田勝港
博多港
御岳
仁田湾
対馬市
対馬
三根湾
和多都美神社
烏帽子岳展望所
浅茅湾
金田城跡
万関橋
対馬空港
白嶽
釜山
厳原港
金石城
矢立山
博多港
豆酘崎
芦辺港、郷ノ浦港
壱岐
いき
0 10km N
1:800,000
厳原港
壱岐市立一支国博物館 P.68
P.68 原の辻遺跡
壱岐市
湯本湾
芦辺港
壱岐風土記の丘
博多港
郷ノ浦港
厳原港
大島
長島
壱岐島
壱岐空港
印通寺港
博多港
唐津東港
長崎県
ながさきけん
0 5 10km N
1:570,000
博多港
大碆鼻
鯨島
鞍馬鼻
剱崎
P.26 平戸の聖地と集落(中江ノ島)
P.75 平戸市生月町博物館 島の館
生月島
長瀬鼻
P.26 平戸の聖地と集落(春日集落と安満岳)
荒崎
小島
平戸市
平戸
立場島
大崎鼻
P.143 紐差教会
上阿値賀島
竹ノ子島
平戸島
追帆崎
頭ヶ島
中ノ島
高島
魚釣崎
志々伎崎
五島列島 付録P.10
乙女ガ鼻
五島崎
佐世保市
宇久島
長崎鼻
宇久平港
寺島
六島
斑島
小値賀町
小値賀島
赤島
小値賀空港(休港中)
美良島
野崎島
大島
津和崎鼻
P.27 野崎島の集落跡
津和崎瀬戸
P.24/P.134 旧野首教会
矢堅崎
奈摩湾
有川湾
祝言島
頭ヶ島
竜崎
上五島空港(休港中)
P.131 大曽教会
折島
平島
江島
大立島
小立島
青方港
新上五島町
西海市
潮合崎
中通島
串島
日ノ島
有福島
道土井湾
鯛ノ浦
蝙蝠鼻
相ノ島
梶ノ羽鼻
若松島
長崎港
若松瀬戸
P.131 中ノ浦教会
下中島
長崎港
福見鼻
奈良尾漁港
玄魚鼻
折紙鼻
滝ヶ原瀬戸
船廻湾
相ノ浦湾
高崎鼻
奈留島
東風泊湾
奈留瀬戸
久賀湾
田ノ浦瀬戸
糸串鼻
久賀島
姫島
柏崎
八朔鼻
佐尾鼻
長崎港
奈留神鼻
ツブラ島
金剛崎
椛島
P.128 堂崎天主堂
戸岐湾
多々良島
大見ヶ浦
屋根尾島
五島市
蠑螺島
黒瀬崎
福江港
福江島
五島つばき空港
崎山漁港
玉之浦湾
中須川
富江港
富江湾
崎山鼻
赤島
津多羅島
黒島
大板部島
笠山崎
黄島
長崎県全図
ながさきけんぜんず
0 50km N
1:5,000,000
130°
日本海
対馬
128°
34°
34°
対馬海峡
壱岐島
福岡県
長崎県
平戸島
佐賀県
五島列島
福江島
熊本県
東シナ海
天草諸島
P.26 天草の﨑津集落
P.26 﨑津教会
男女群島
32°
128°
130°
32°

福岡県
糸島市
福岡市
早良区
唐津湾
相賀崎
筑肥線
筑前深江駅
唐津港
大島
高島
虹の松原
虹ノ松原駅
浜崎駅
二文鹿家
浜玉
西唐津駅
唐津駅
和多田駅
東松浦半島
玄海町
向島
阿翁崎
仮屋湾
日比水道
黒島
鷹島
津崎鼻
雷岬
飛島
長崎鼻
大根坂湾
的山大島
横島
北山貯水池
佐賀県
唐津千々賀山田
唐津
西九州自動車道
山本駅
唐津市
唐津線
北波多
嘉瀬川
神崎市
平戸 付録P.11
たびら平戸口駅
西田平駅
田平天主堂 P.143
調川
今福
松浦
松浦駅
松浦市
山代久原
伊万里湾
伊万里港
松浦鉄道
南波多谷口
伊万里市
伊万里東府招
大川野駅
筑肥線
厳木駅
相知長部田
岩屋
浪瀬
牧瀬
小侍
多久原
多久
小城S
小城市
佐賀大和
長崎自動車道
吉野ヶ里遺跡
神埼駅
バルーンさが駅(臨)
久保田駅
鍋島駅
伊賀屋駅
佐賀駅
長崎本線
唐津線
厳木多久有料道路
多久駅
多久市
小城駅
久保田
嘉瀬南
佐賀市
瀬戸島
小島崎
北九十九島
前島
神崎鼻
焼島
佐々川
佐々町
佐々駅
佐々
北松浦半島
伊万里駅
金石原駅
有田町
武雄市
武雄北方
北方駅
大町町
江北駅
江北町
牛津駅
芦刈
芦刈南
大町駅
肥前白石駅
大野島
相浦中里
佐世保市
佐世保駅
日宇駅
佐世保中央
佐世保三川内
波佐見・有田 付録P.14上図
高橋駅
佐世保線
上有田駅
有田駅
三間坂駅
永尾駅
武雄温泉駅
南九十九島
松浦島
佐世保港
佐世保みなと
佐世保大塔
大塔駅
三河内駅
波佐見有田
西九州自動車道
武雄南
武雄JCT
肥前竜王駅
白石町
九州佐賀国際空港
早岐駅
波佐見町
嬉野
嬉野温泉駅
嬉野市
黒島の集落 P.27
黒島天主堂 P.25
高後崎
佐世保湾
P.31/P.116 ハウステンボス
ハウステンボス駅
南風崎駅
川棚町
江上
面高港
針尾送信所
針尾
肥前鹿島駅
肥前浜駅
鹿島市
肥前七浦駅
沖ノ島
肥前飯田駅
大島
小串浦
小串郷駅
川棚駅
川棚港
彼杵駅
東そのぎ
東彼杵町
大村線
長崎自動車道
小迎
寺島
西海市
千綿駅
多良駅
有明海
太良町
大浦港
肥前大浦駅
松原駅
西海・佐世保広域 付録P.12
P.112 エアポートショップ MiSoLa-海空-
竹松駅
新大村駅
諏訪駅
大村
大村市
長崎空港
大村駅
木場S
長崎県
湯江駅
長崎本線
小長井駅
松島
西彼杵半島
池島
大墓島
外海の大野集落 P.27
大野教会堂 P.23
神浦港
母子島
角力灘
大村湾
長与町
大草駅
本川内駅
長与駅
高田駅
東園駅
岩松駅
喜々津駅
西諫早駅
肥前長田駅
小江駅
東諫早駅
長里駅
帆崎
西郷駅
神代駅
多比良駅
大三東駅
島原鉄道
P.26 外海の出津集落
ド・ロ神父記念館
P.23 出津教会堂
P.87 黒崎教会
鷹島
時津町
間ノ瀬
古賀市布
長与
市布駅
諫早
諫早駅
本諫早駅
諫早市
吾妻駅
愛野駅
雲仙市
島原市
女の都
長崎バイパス
長崎多良見
道ノ尾駅
西浦上駅
長崎本線
川平
肥前古賀駅
遠藤周作文学館 P.87
三重崎
神楽島
浦上駅
現川駅
リトル・エンジェルズ P.101
千々石川
島原駅
島原
雲仙岳
島原外港
島原南
中安徳
長崎市
長崎駅
長崎港
長崎芒塚
長崎タウン 付録P.2-3
長崎
雲仙・島原 付録P.16-17
橘湾
P.150 雲仙地獄
深江川
伊王島
田上
茂木港
新戸町
国崎半島
南島原市
島原半島
高島 付録P.15右下図
高島
黒島
八郎岳
二ッ岳崎
日野江城跡
P.74 有馬キリシタン遺産記念館
中ノ島
端島(軍艦島) 付録P.15左下図
端島
長崎半島
大池
天草灘
原城跡 P.26/P.74
馬場広徳 軍艦島上陸クルーズ P.77
長崎市軍艦島資料館 P.80
観音寺
湯島
野母崎
瀬詰崎
島原湾
樺島
早崎瀬戸
D
E
F
1
2
3
4

あなただけの
プレミアムな
おとな旅へ！
ようこそ！

先人たちが築き上げてきた
独特の異国情緒を享受する

NAGASAKI HUIS TEN BOSCH
GOTO-RETTO

長崎 ハウステンボス・五島列島への旅

艶やかに「異国」が薫る
旅人が物語を紡いだ港町

オランダ坂を上り、洋館や教会を訪ね、旧グラバー邸の庭から長崎港を見る。静かな湾が空を映して美しい。湾沿いを散策し、中華街を抜け、思案橋から寺町通りを唐寺へ。この界隈どこに立っても「日本の異国」だった往時の賑わいが聞こえるようだ。ポルトガル船が平戸に入ったのは戦国時代、オランダ船は家康の頃。作家遠藤周作が「おいしい街」と呼んだ長崎の風情は、「異国」の熱い吐息が、長い時をかけて街に沁み込んだせいだ。

SIGHTSEEING

洗練された洋風建築群が長崎の歴史を物語っている

グラバー園 ➡P.42

CHURCH
禁教下でも祈り続けてきた潜伏キリシタンの心を知る
出津教会堂 ➡P.23
坂の上から見下ろす夜景。冬ならいっそうきらびやかに
SIGHTSEEING
食や祭りを通して、長崎に残る中国文化を楽しむ
長崎新地中華街 ➡P.54

外国の食文化が見事に
融合した華やかな食卓
豊かな食材を知恵と技で
至極の一品に仕上げる
GOURMET
見た目が
豪華な伝統の
卓袱(しっぽく)
料理は必食
史跡料亭 花月 ➡P.90
作り手の心が伝わってくる
繊細で美しいガラス製品
SHOPPING
おみやげの
定番・カステラ。
お店によって味も
さまざまだ
文明堂総本店 ➡P.109

白山陶器本社ショールーム
➡P.145

ハウステンボス
➡P.116

長崎タウンを離れて、
リゾートや温泉、焼物の里へ

雲仙地獄
➡P.150

CONTENTS

アート・文化

食べる

長崎ごはん

カフェ&スイーツ

ナイトスポット

買う

郊外へ

付録地図

本書のご利用にあたって

● 本書中のデータは2023年9～11月現在のものです。料金、営業時間、休業日、メニューや商品の内容などが、諸事情により変更される場合がありますので、事前にご確認ください。

● 本書に紹介したショップ、レストランなどとの個人的なトラブルに関しましては、当社では一切の責任を負いかねますので、あらかじめご了承ください。

● 営業時間、開館時間は実際に利用できる時間を示しています。ラストオーダー(LO)や最終入館の時間が決められている場合は別途表示してあります。

● 営業時間等、変更する場合がありますので、ご利用の際は公式HPなどで事前にご確認ください。

● 休業日に関しては、基本的に定休日のみを記載しており、特に記載のない場合でも年末年始、ゴールデンウィーク、夏季、旧盆、保安点検日などに休業することがあります。

● 料金は消費税込みの料金を示していますが、変更する場合がありますのでご注意ください。また、入館料などについて特記のない場合は大人料金を示しています。

● レストランの予算は利用の際の目安の料金としてご利用ください。Bが朝食、Lがランチ、Dがディナーを示しています。

● 宿泊料金に関しては、「1泊2食付」「1泊朝食付」「素泊まり」は特記のない場合1室2名で宿泊したときの1名分の料金です。曜日や季節によって異なることがありますので、ご注意ください。

● 交通表記における所要時間、最寄り駅からの所要時間は目安としてご利用ください。

● 駐車場は当該施設の専用駐車場の有無を表示しています。

● 掲載写真は取材時のもので、料理、商品などのなかにはすでに取り扱っていない場合があります。

● 予約については「要予約」(必ず予約が必要)、「望ましい」(予約をしたほうがよい)、「可」(予約ができる)、「不可」(予約ができない)と表記していますが、曜日や時間帯によって異なる場合がありますので直接ご確認ください。

● 掲載している資料および史料は、許可なく複製することを禁じます。

データの見方

- ☎ 電話番号
- 所 所在地
- 開 開館／開園／開門時間
- 営 営業時間
- 休 定休日
- 料 料金
- 交 アクセス
- P 駐車場
- 室 宿泊施設の客室数
- in チェックインの時間
- out チェックアウトの時間

地図のマーク

- ★ 観光･見どころ
- ★ ツアー
- 卍 寺院
- ⛩ 神社
- ✝ 教会
- R 飲食店
- C カフェ･甘味処
- S ショップ
- SC ショッピングセンター
- H 宿泊施設
- i 観光案内所
- 道の駅
- ビーチ
- ♨ 温泉
- バス停
- 空港
- 旅客船ターミナル

エリアと観光のポイント

長崎はこんなところです

小さな島々を多く有し、複雑な地形から海岸線の長さは北海道に次ぎ2位を誇る。南蛮貿易、軍港、造船、漁業と、海との関わりで栄えてきた街々と見どころをご紹介。

県いちばんの賑わいを誇るメインシティ

長崎市(ながさきし) ➡P.36

江戸時代に海外との貿易を許された国内唯一の港を持つ都市として繁栄。外国人居留地跡や唐寺など見どころも多い。

⇧2021年4月で長崎は開港450周年

⇧高台に建つグラバー園の建物からは長崎の街や港が見渡せる

観光のポイント グラバー園 P.42　長崎新地中華街 P.54　大浦天主堂 P.23/P.40　端島(軍艦島) P.76

島の大自然に溶け込む教会の姿が美しい

五島列島(ごとうれっとう) ➡P.126

中通島(なかどおりじま)や福江島(ふくえじま)をはじめとする五島列島は、かつて潜伏キリシタンの里であった場所。彼らが残した美しい教会が見どころ。

⇧野崎島の旧野首教会(P.24/P.134)

観光のポイント 頭ヶ島天主堂 P.24/P.131　高浜 P.128　小値賀島 P.134

九州の北に浮かぶ、貴重な自然が残る島々

壱岐・対馬(いき・つしま)

九州本島から壱岐は約20km、対馬は約130km離れた玄界灘(げんかいなだ)に浮かぶ島。古くは朝鮮半島との交流の地として重んじられた。手つかずの自然が人気で、特に対馬は独自の生態系を持つ。

⇧壱岐の筒城浜(つつきはま)は白砂のビーチ

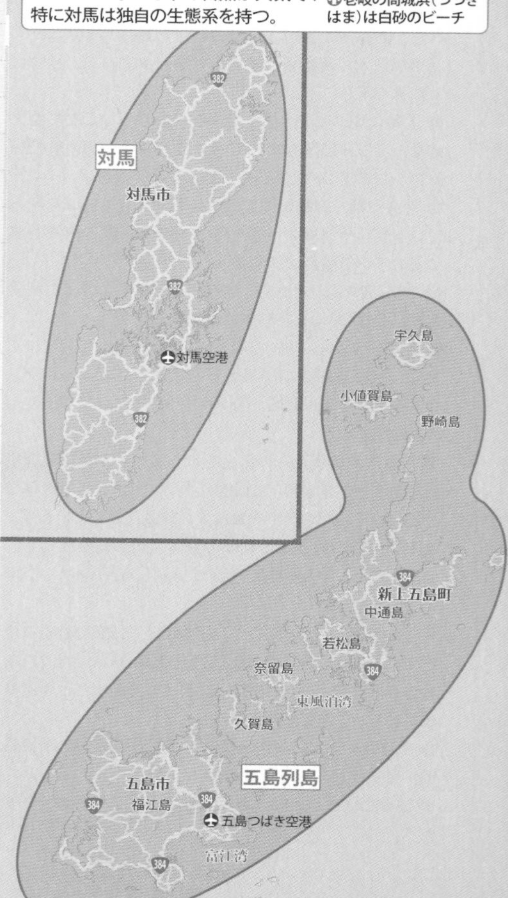

県内移動の起点となる

大村・諫早

おおむら・いさはや

大村には長崎空港があり、空路で訪れる人はまずここに降り立つ。諫早は県の中心部に位置し、鉄道の乗り換えなど陸路の重要な拠点となる。

↑空路なら長崎空港

オランダやアメリカからの文化が色濃いエリア

佐世保・ハウステンボス ➡P.116／P.136

させぼ・ハウステンボス

米海軍基地のある佐世保はアメリカンな雰囲気の港町。ハウステンボスは年中、花と光に包まれた広大なテーマパーク。

↑展望スポットから街、港、海、山が織りなす絶景を眺めてみたい

観光のポイント ハウステンボス P.21／P.116　展海峰 P.137　九十九島パールシーリゾート P.137

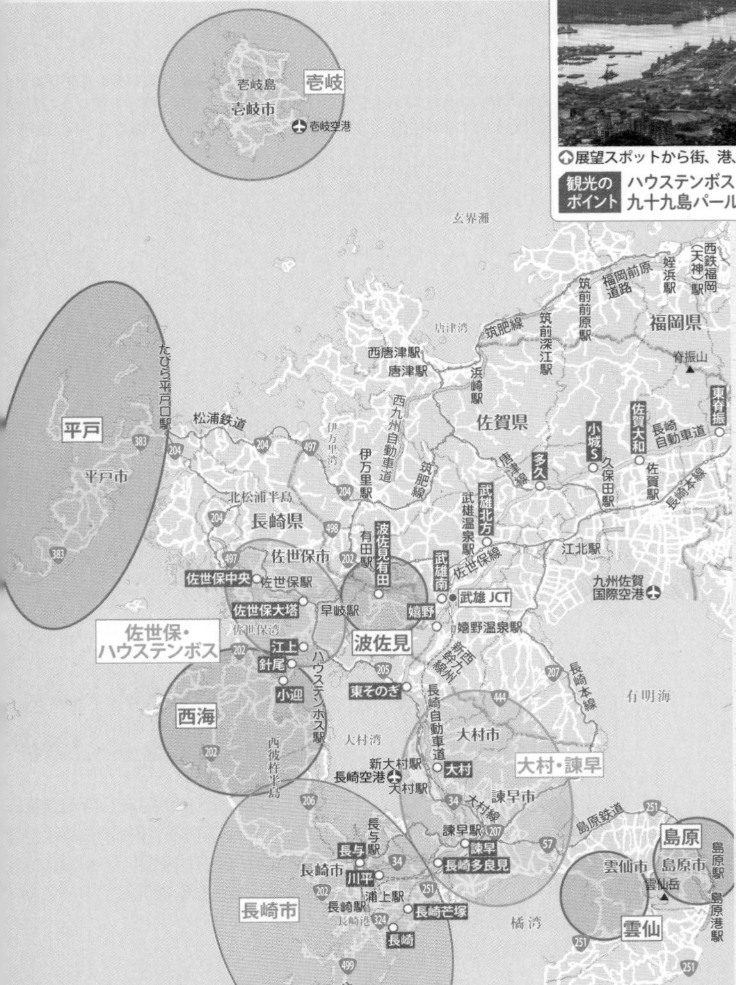

このエリアにも注目

豊富な山海の幸に注目

西海 さいかい ➡P.140

かつて南蛮貿易で栄えた

平戸 ひらど ➡P.142

←城下町、教会などさまざまな歴史の足跡が残る

焼物の窯元が立ち並ぶ

波佐見 はさみ ➡P.144

避暑地として賑わった温泉街

雲仙 うんぜん ➡P.150

城下町の雰囲気が残る

島原 しまばら ➡P.152

←雲仙には地獄と呼ばれる熱湯の噴出口がある

旬のグルメや伝統行事、季節によって異なる楽しみ

長崎トラベルカレンダー

比較的温暖な気候だが、海の近くは風が強く体感温度が下がる。雨は6〜7月に集中し、秋がベストシーズン。離島の天気は本島とは別に調べて訪れよう。

月	気候	月平均気温(℃)	月平均降水量(mm)	イベント
1月	最高気温は10℃前後、雪は積もらないが季節風が吹けば寒くなる。	7.0	64.0	第3日曜 **下崎山町ヘトマト** 五島下崎山地区の伝統行事。相撲、綱引きなどさまざまな儀式を一度に行う。
2月	春節の時期、長崎市内は賑やかになる。カキもベストシーズン。	7.9	85.7	上旬〜中旬(旧暦1月1〜15日) **長崎ランタンフェスティバル** 中国の旧正月(春節)に合わせて長崎市内数か所の会場が提灯やオブジェで飾られる。 中旬〜4月中旬 **100万本のチューリップ祭** ハウステンボス内のさまざまなスポットが色鮮やかなチューリップで彩られ、見事な景色に。
3月	徐々に暖かくなってくる。桜は3月下旬あたりから咲き始める。	10.9	132.0	下旬〜4月上旬 **風頭公園桜まつり** 坂本龍馬像が立つ風頭公園では、約350本のソメイヨシノと港の眺望を楽しめる。 下旬〜4月上旬 **立山公園さくらまつり** JR長崎駅北東の高台にある公園。約700本の桜の木があり、展望台からの眺望も良い。
4月	気温が上がり過ごしやすい。春風の時期はハタ揚げ行事が盛んに。	15.4	151.3	上旬 **長崎ハタ揚げ大会** 春の風物詩ハタ(凧)揚げ大会が長崎市唐八景公園などで行われる。揚げたハタ同士で相手の糸を切り合うハタ合戦が見もの。 下旬 **長崎帆船まつり** 日蘭交流400周年を記念して2000年から開催。長崎港に国内外から帆船が集まり、船内の一般公開や体験クルーズを行う。
5月	穏やかな気候が続く。下旬から長崎になじみ深いアジサイが咲く。	19.4	179.3	4月29日〜5月5日 **波佐見陶器まつり** 波佐見町内の窯元や商社が出店。伝統的な匠の逸品から現代的なデザインの器まで、さまざまな波佐見焼を見て、買って楽しめる。ろくろ体験なども開催。 3日 **バラモン凧上げ(こども自然公園大会)** 五島列島の福江島で子ども向けイベントを開催するほか、伝統的なバラモン凧を揚げる。
6月	雨が多いので雨具は必携。大雨になることもあるので予報に注意。	22.8	314.6	

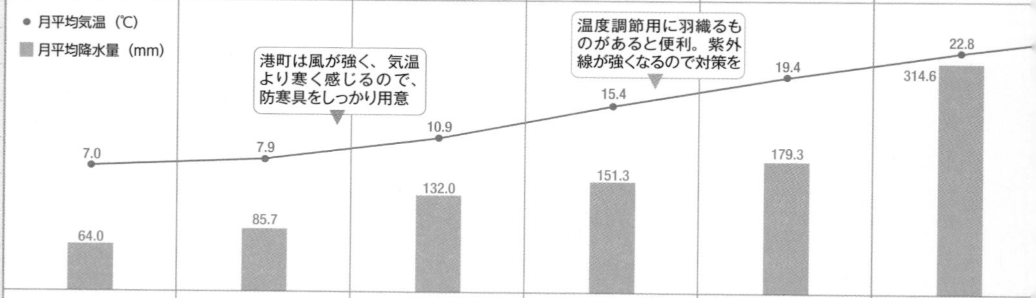

● 月平均気温(℃)
■ 月平均降水量(mm)

港町は風が強く、気温より寒く感じるので、防寒具をしっかり用意

温度調節用に羽織るものがあると便利。紫外線が強くなるので対策を

↑長崎ミカン

↑波佐見陶器まつり

↑アジサイ

- 長崎ミカン 11〜1月
- ヒラス 1〜3月
- マダイ 1〜3月
- ヒラメ 12〜2月
- 伊勢エビ 8〜3月
- 桜 3月下旬〜4月上旬
- デコポン 3〜4月
- アジサイ 5〜6月
- ビワ 5〜6月
- アジ 5〜7月
- ジャガイモ 5〜7月

長崎ランタンフェスティバル (P.34)

長崎帆船まつり

精霊流し

竹ン芸

7月

温は30℃超えするこ
も。雨が続くので湿
が高くなる。

8月

9日は原爆投下日で平和祈念の行事が多い。下旬からは台風も到来。

9月

台風による船舶や飛行機の欠航に注意。下旬になると安定し始める。

10月

雨も少なくベストシーズン。長崎を代表する「くんち」も開催される。

11月

旅のベストシーズンが続く。雲仙岳では紅葉が見頃になる。

12月

一気に寒気が訪れる。北西からの季節風が吹くと途端に冷える。

月	7月	8月	9月	10月	11月	12月
気温	26.8	27.9	24.8	19.7	14.3	9.4
降水量	314.4	195.4	188.8	85.8	85.6	60.8

クーラー対策に薄手の羽織り物を用意。夜も気温は下がりにくい

昼夜の寒暖差があるので、パーカーなどで冷え込みに備える

7月

最終土・日曜
ペーロン選手権大会
約14mの長さのペーロン舟に26人の漕ぎ手が乗り組む。往復1150mを各地区から選抜されたチームが長崎港で競争する。

最終土・日曜
ながさきみなとまつり
長崎港、長崎水辺の森公園をメイン会場に出店やステージが設置される。クライマックスは打ち上げ花火で海上に大輪の花が咲く。

8月

第1·3土·日曜
中島川夏風情～長崎夜市
眼鏡橋と中島川周辺で夜市を開催。ライトアップされた橋を見ながら夏の夜を楽しむ。

15日
精霊流し
初盆となる故人の霊を自作の船に乗せて極楽へ送り出す伝統行事。

9月

中旬
長崎居留地まつり
外国人居留地となった長崎市の東山手、南山手、大浦地区でスタンプラリーやコンサート、バザーなどさまざまなイベントを開催。

第3土曜
孔子祭
長崎市の孔子廟で学問の神として慕われる孔子の生誕を祝う。中国式の古い儀式を再現し、中国獅子舞なども行われる。

10月

7～9日
長崎くんち
諏訪神社の秋の大祭で、国の重要無形民俗文化財に指定されている。寛永11年(1634)に2人の遊女が小舞を奉納したのが始まりとされるが、中国やオランダなどの異国情緒が感じられる祭りだ。

14·15日
竹ン芸
長崎市の若宮稲荷神社で奉納される曲芸。狐面を付け、高い竹の上で技を披露。

11月

2·11月の土·日曜、祝日
九十九島かき食うカキ祭り
カキの旬に合わせて九十九島パールシーリゾートでカキ焼きのイベントが催される。

九十九島のカキ

12月

11～12月
きらきらフェスティバル
佐世保市の島瀬公園を中心に、街中がイルミネーションで彩られる。パーティやダンス大会など楽しいイベントも開催される。

上旬
皿山器替まつり
やきものの街・波佐見町で行われる器イベント。不要になった器を持ち込むと、新しい器を割引購入できる。

長崎ミカン 11～1月

ウチワエビ 10～11月

ヒラメ 12～2月

タチウオ 7～11月

梨 8～9月

トビウオ／アゴ 8～11月

伊勢エビ 8～3月

※日程は変動することがありますので、事前にHPなどでご確認ください。

プレミアム滞在モデルプラン

長崎 おとなの2泊3日

日本のどこにもない、独特の歴史が生み出したスタイルが、この街にはある。歩いて、見て、食べて、買って。その奥深い文化を享受したい。最終日はハウステンボスでプレミアムなひとときを。

坂を上った先には写真に残したくなる風景が待っている

1日目

石畳の坂道を歩き、洋館の風情に浸る

教会の建物に、古い趣深い洋館に、さまざまな歴史と物語を想う。

10:00 JR長崎駅

約20分
長崎駅前電停から長崎電気軌道1・5号系統(途中新地中華街電停で乗り換え)で13分、大浦天主堂電停下車、徒歩5分

10:20 大浦天主堂／祈念坂

約1分
グラバー園第1ゲートまで徒歩すぐ

12:00 グラバー園

約10分
グラバー園第1ゲートから東山手洋風住宅群まで徒歩10分

14:00 東山手洋風住宅群／オランダ坂

坂の上にあるグラバー園から眺める港町・長崎

南山手の坂道を上った先の教会で、ステンドグラスの美しさに心惹かれる

大浦天主堂 ➡P.23/P.40
おおうらてんしゅどう

日本で最初に殉教した6人の外国人(神父3人、修道士3人)と20人の信徒のために建てられた、世界遺産の教会。信徒発見の舞台としても知られる。

©2023 長崎の教会群情報センター

©2023 長崎の教会群情報センター

祈念坂 ➡P.45
きねんざか

大浦天主堂の裏手に位置する坂道。坂の上からは長崎港や大浦天主堂の塔を見渡すことができる。

住まいとして使われた瀟洒な洋館群を見学

グラバー園 ➡P.42
グラバーえん

かつて要人の邸宅だった洋風建築が公開されている。当時の外国人居留地の暮らしぶりを想像するのもおもしろい。

14:00 **東山手洋風住宅群／オランダ坂**

約25分
大浦海岸通電停から長崎電気軌道5号系統で14分、市役所電停下車、徒歩8分

15:30 **眼鏡橋**

約15分
市役所電停から長崎電気軌道3号系統で5分、長崎駅前電停下車。長崎バス3・4番系統に乗り換えて5分、ロープウェイ前下車、長崎ロープウェイ淵神社駅まで徒歩2分

18:50 **長崎ロープウェイ**

約10分
ロープウェイで5分、長崎ロープウェイ稲佐岳駅下車、徒歩3分

19:00 **稲佐山山頂展望台**

約15分
長崎ロープウェイ稲佐岳駅からロープウェイで5分、長崎ロープウェイ淵神社駅下車。ロープウェイ前バス停から長崎バス20・40番系統に乗り換えて5分、長崎駅前下車

20:30 **長崎駅**

プランニングのアドバイス

長崎の街歩きは、どこに行くにも急坂に出会うので、スニーカーなど歩きやすい靴が望ましい。移動は基本的に路面電車やバスなどの公共交通機関を利用するが、できるだけ歩いて、中国やオランダの文化が根づいた異文化の薫りを、街の空間から自ら感じ取りたい。山手界隈や眼鏡橋周辺を散策するなら、洋館を活用したおしゃれなカフェやレストランに出会えるはず。稲佐山の夜景を観賞するなら、山頂のレストランで食事をするのもいい。

東山手の坂道を歩き、外国人居留地の面影を感じる

東山手洋風住宅群 ➡P.46

ひがしやまてようふうじゅうたくぐん

明治20年代後半頃に賃貸住宅か社宅として建てられた洋風建築。現在は資料館やレストランとして使用されている。

オランダ坂(東山手) ➡P.45

オランダざか(ひがしやまて)

居留地の時代、外国人はみな「オランダさん」と呼ばれたため、オランダさんが通る坂はオランダ坂と呼ばれた。

日本初のアーチ型の石橋周辺をのんびり散策

眼鏡橋 ➡P.57

めがねばし

中島川には多くの石橋が架かり、なかでも有名な橋が眼鏡橋。しだれ柳や季節の花々が、河畔の散策道に風情を添える。

ロープウェイに乗ってパノラマビューを満喫する

長崎ロープウェイ ➡P.28

ながさきロープウェイ

稲佐山の山麓から山頂までを約5分で結ぶ。より間近に迫力のある夜景が楽しめる。

長崎の街を見下ろす山上からの夜景に感動

稲佐山山頂展望台 ➡P.28

いなさやまさんちょうてんぼうだい

長崎でも屈指の夜景スポット。長崎市の中心部が光に彩られる風景を見渡すことができる。併設のレストランで夜景を堪能しながらのディナーもおすすめだ。

近代化の面影と和・華・蘭の文化を追って

廃墟の島を目の当たりにし、港町・長崎で育まれた異文化にふれる。

8:50	JR長崎駅
	約10分 長崎駅前電停から長崎電気軌道1号系統で3分、大波止電停下車、ツアーの受付場所まで徒歩5分
9:00	端島(軍艦島)
	約5分 大波止電停から長崎電気軌道1号系統で1分、出島電停下車すぐ
13:00	国指定史跡「出島和蘭商館跡」
	約10分 長崎県美術館まで徒歩10分ほど
15:00	長崎県美術館／長崎出島ワーフ
	約5分 出島電停から長崎電気軌道1号系統で3分、新地中華街電停下車、長崎新地中華街北門まで徒歩2分
17:30	長崎新地中華街／思案橋周辺
	約15分 思案橋電停から長崎電気軌道1号系統で12分、長崎駅前電停下車すぐ
21:30	JR長崎駅

プランニングのアドバイス

端島(軍艦島)のツアー(P.77)は催行会社によって時間、出発地が異なるので、プランを組む際は最初に決めておきたい。長崎港ではおしゃれなカフェやレストランで食事ができる。新地中華街から思案橋までは路面電車で移動できるが、歩いてでも行ける距離だ。また、思案橋電停から南に5分ほど歩くと、卓袱(しっぽく)料理と坂本龍馬にゆかりの場所として名高い老舗・史跡料亭 花月(P.90)がある。

世界遺産 軍艦島 の廃墟を見に行く

外観が戦艦に似ていることから軍艦島と呼ばれる

端島(軍艦島) ➡P.76

はしま(ぐんかんじま)

石炭を産出する炭鉱として発展したが、昭和49年(1974)に閉山し廃墟となった。ツアーを利用すれば、上陸して見学することができる。

西洋の文化が到来した地 出島 で当時の生活を知る

国指定史跡「出島和蘭商館跡」 ➡P.50

くにしていしせき「でじまおらんだしょうかんあと」

鎖国時代にもヨーロッパとの貿易が許された唯一の場所。オランダ商館長が使用した部屋など、かつての様子を再現した建物が見学できる。

心地よい潮風を受けながら 長崎港 周辺を散策

長崎県美術館 ➡P.84

ながさきけんびじゅつかん

長崎ならではの美術品を展示。港沿いにある長崎水辺の森公園(P.49)の隣に建ち、水と緑による癒やしも感じられる。

長崎出島ワーフ ➡P.48

ながさきでじまワーフ

長崎港に面して建つ施設。テラス席のあるカフェや、海の幸が味わえる食事処など多彩なお店が集まる。夜の散策にもおすすめ。

夜の 繁華街 を歩き、名物グルメを提供するお店へ

長崎新地中華街 ➡P.54

ながさきしんちちゅうかがい

ちゃんぽんなどの長崎名物や雑貨のお店が立ち並ぶ。冬は長崎ランタンフェスティバル(P.34)の会場にも。

思案橋周辺 ➡P.104

しあんばししゅうへん

懐かしい雰囲気が漂う飲み屋街。地元で根強い人気を誇る名物グルメをいただきながら、長崎ならではの夜を楽しみたい。

ハウステンボスで過ごす大人の休日

花と光と絶景と。ハウステンボスの美を追求して、優雅な一日を過ごしたい。

7:30 長崎駅

約2時間
長崎駅からJR快速シーサイドライナーで約1時間40分、ハウステンボス駅下車、ウェルカムゲートまで徒歩10分

9:30 フラワーロード／アートガーデン

約5分
アートガーデンからドムトールンまで徒歩5分

11:00 タワーシティ

約10分
パレス ハウステンボスまで徒歩15分

12:30 ハーバータウン

約10分
アムステルダム広場まで徒歩10分

14:00 アムステルダムシティ

約5分
光のファンタジアシティまで徒歩5分

15:30 光のファンタジアシティ

約2時間
光のファンタジアシティからハウステンボス駅まで徒歩30分、JR快速シーサイドライナーで約1時間40分、長崎駅下車

20:00 長崎駅

プランニングのアドバイス

楽しみ方は千差万別。興味のあるショータイムなどは事前に時間を調べておきたい。各エリアに数多くの食事処、カフェ、ショップが用意されている。ホテルに宿泊して、夜のハウステンボスを満喫するのもおすすめ。

四季折々の花々が咲く、鮮やかな花畑に包まれる

フラワーロード ➡P.118

ウェルカムゲートから入場すると、最初に出迎えてくれるのがフラワーロード。カラフルな一面の花畑と情趣のある風車が織りなす、ハウステンボスを代表する風景だ。

アートガーデン ➡P.119

場内最大のガーデンには、季節に沿った花々が集められ、豊かな香りが漂う。特に初夏のバラの香りと景観、一面を覆う冬のイルミネーションは圧巻。

シンボルタワーから絶景を堪能する

タワーシティ ➡P.119

高さ約105mのタワー「ドムトールン」はハウステンボスのランドマーク的存在。展覧室からはイルミネーションを一望できる。

美麗な宮殿に広がるヨーロッパの美の世界へ

ハーバータウン ➡P.119

パレス ハウステンボスはオランダの宮殿を忠実に再現。オランダ・バロック式の庭園も見ものだ。ミュージアムで静かにアート鑑賞するのもおすすめ。

音楽と花に満ちた広場でグルメと買い物を楽しむ

アムステルダムシティ ➡P.119

ショーや生演奏など多彩なイベントも行われるハウステンボスの中心部。オープンカフェでの食事やおみやげ選びも楽しみ。

花と光をテーマにした新感覚アトラクションを体験

光のファンタジアシティ ➡P.118

ひかりのファンタジアシティ

花、海、宇宙など7つのテーマがあり、それぞれ最先端の音響とデジタル技術を駆使した幻想的な空間が広がる。

日常では味わえない仕掛けがたくさん

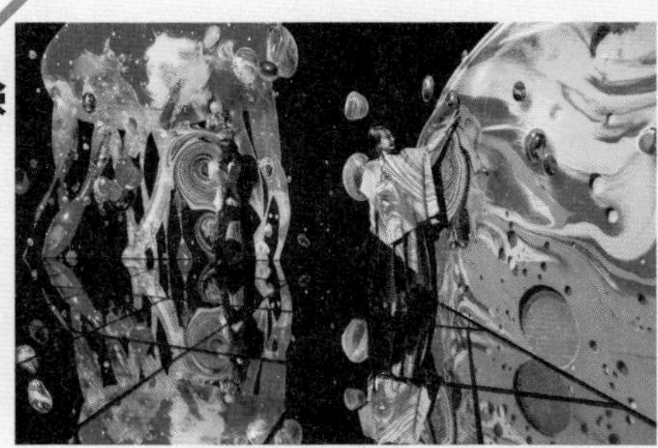

ニュース＆トピックス

長崎で今、注目を集めているスポット情報をお届け。長崎の新しいランドマークを筆頭に、新幹線開業に伴う長崎駅前の大規模開発や一大テーマパークの新アトラクションなど盛りだくさん。

長崎駅近くに新たなランドマークとなる 長崎スタジアムシティ が開業予定

ジャパネットグループが主導し、サッカースタジアムを中心とした複合施設が開業予定。オフィス、ホテル、商業施設、アリーナを併設し、長崎の活況に期待できる。

長崎スタジアムシティ
ながさきスタジアムシティ

長崎駅周辺 MAP 付録 P.2 C-3
所 長崎市幸町
交 JR長崎駅から徒歩10分　P あり

街なかに立地し、学校や仕事帰りに気軽に立ち寄れる

ホテル6階のプールで泳ぎながら観戦を楽しめる

※構想段階のため今後デザインを含め変更の可能性があります。
提供:ジャパネットホールディングス

商業施設や外資系ホテルの開業まで変貌を遂げる 長崎駅前 に大注目!

新幹線の開業に伴い、駅周辺の開発が進行。商業施設やホテルなどが続々登場し、新しい長崎駅前の姿を楽しめる。

長崎街道かもめ市場
ながさきかいどうかもめいちば

駅ナカにある長崎市内最大級のおみやげゾーン。50を超えるテナントが入り、長崎の逸品が揃う。

長崎駅周辺 MAP 付録 P.4 A-2
☎095-808-2001　所 長崎市尾上町1-67
営 8:30～20:00 休 店舗により異なる
交 JR長崎駅からすぐ　P あり(有料)

アミュプラザ長崎 新館
アミュプラザながさき しんかん

JR長崎駅ビルの商業施設がオープン。新館のテナント半分を占める43店舗が九州や長崎県内、初出店となっている。

長崎駅周辺 MAP 付録 P.4 A-2
☎095-808-2001　所 長崎市尾上町1-1
営休 10:00～20:00※店舗により異なる
交 JR長崎駅直結　P 約1500台(有料)

長崎マリオットホテル
ながさきマリオットホテル

九州初のマリオットブランドがJR長崎駅ビルの7～13階に開業予定。長崎市のランドマークである稲佐山や長崎港、市街地を望む客室を用意。

長崎駅 MAP 付録 P.4 A-2
☎095-895-9995　所 長崎市尾上町1-1
交 JR長崎駅からすぐ　P あり(有料)
室 207室

開業30周年 を迎えたハウステンボス
新しいアトラクションやショップなど楽しみが倍増!

開業30周年を迎え、新しいアトラクションやショップが続々誕生。最新の技術を駆使したアミューズメントなど、毎年変化し続けるハウステンボスに今後も目が離せない。

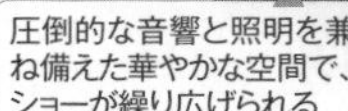

2023年3月オープン

圧倒的な音響と照明を兼ね備えた華やかな空間で、ショーが繰り広げられる

ハウステンボス ➡P.116

ハウステンボス歌劇大劇場
ハウステンボス かげきだいげきじょう

ハウステンボス歌劇団結成10周年を迎え、座席1000席を超える大劇場がオープン。

2022年12月リニューアル

かわいらしい建物は写真映えスポットのひとつ

体験型ショップ&カフェ ナインチェ
たいけんがたショップ&カフェ ナインチェ

世界最大級のミッフィー専門店。リニューアルして、ショップとカフェが一体化。

2022年12月オープン

日本初の3階建てメリーゴーラウンドからの眺望は抜群

スカイカルーセル

高さ15mのイタリア製メリーゴーラウンドが誕生。夜になるとライトアップされて幻想的に輝く。

2023年3月リニューアル

アンジェリケ

ハウステンボスオリジナルブランド「チュリエッタ」を取り扱う花と香りの専門店がオープン。

2022年7月オープン

絵本のような世界が広がり、小人になった気分で楽しめる

~キッズワールド~ファンタジーフォレスト

ロープネットやボールブランコ、トランポリンにすべり台など、たくさんの遊具が集まるキッズ向け屋内アスレチック施設。

2023年3月リニューアル

演出に合わせて座席が前後に動き出す

ホライゾンアドベンチャー

延べ2000万人が大興奮したと評判のシアターショーがリニューアル。800tもの本物の水を利用した豪快な演出は迫力満点。

歴史的建造物が立ち並ぶ 南山手地区 に高級ホテルが登場

長崎の歴史情緒あふれる南山手エリアにホテルがオープン。観光名所のグラバー園や大浦天主堂から徒歩圏内であり、赤レンガ造りの外観はひときわ目を引く。

ホテルインディゴ長崎グラバーストリート
ホテルインディゴながさきグラバーストリート

長崎駅周辺 MAP 付録 P.8 A-3

☎未定 所長崎市南山手町12-17
交大浦天主堂電停から徒歩14分
Pあり in out未定
室約70室 予算未定

2024年冬頃オープン

長崎特有の「和華蘭文化」がコンセプト

西九州新幹線 が開業で 長崎までのアクセスが便利に

長崎駅と佐賀県・武雄温泉駅を結ぶ西九州新幹線が開業。長崎県初の新幹線であり、博多駅~長崎駅間を最速1時間20分で結ぶ。白ベースにアクセントカラーの赤と黒がデザインされた車体で、長崎まで運んでくれる。

西九州新幹線
にしきゅうしゅうしんかんせん

長崎駅周辺
MAP 付録 P.4 A-1

2022年開業

西九州新幹線「かもめ」にはかもめのマークがあしらわれている

時を鎮めてたたずむ祈りの結晶

世界遺産の教会へ

弾圧と潜伏の時代を経験し、長崎・天草地方に花開いたキリスト教文化。
苦難を乗り越えてキリシタンたちが築いた荘厳な祈りの場が街に村にたたずむ。

潜伏キリシタンがおよそ250年の間 心の奥で待ち望み続けた街の教会堂

天文(てんぶん)18年(1549)に宣教師フランシスコ・ザビエルが来日し、日本各地へ伝わったキリスト教。長崎や天草地方などは布教の拠点だった。豊臣秀吉のバテレン追放令、続く江戸幕府の禁教令により各地のキリシタン集落が姿を消すなか、長崎・天草地方では密かに共同体が維持された。そこに暮らす潜伏キリシタンたちは禁教下で弾圧を恐れながらも、250年にわたり信仰を伝え続けた。特異な道を歩んだ潜伏キリシタンたちの歴史を物語る長崎・天草地方の12の資産が、平成30年(2018)7月に世界文化遺産に登録された。構成資産の集落には、キリスト教の解禁後に生まれたカトリック教会が含まれている。

正面祭壇中央には十字架のキリスト像が見える

大浦天主堂

➡P.40

おおうらてんしゅどう

南山手 MAP 付録P.8 B-2

禁教令により250年間神父不在のまま密かに信仰を守ってきた潜伏信徒が、外国人居留地に建てられた教会で信仰を告白した「信徒発見」の舞台。

大野教会堂 要事前連絡

おおのきょうかいどう

外海 MAP 本書P.3 D-3

大野は出津(しつ)や黒崎同様、潜伏キリシタンの多かった地。明治26年(1893)、ド・ロ神父が設計し私財を投じて信徒とともに現地の石を積んで建てた。独特な外壁の教会で国の重要文化財。

☎095-823-7650(長崎と天草地方の潜伏キリシタン関連遺産インフォメーションセンター)
所長崎市下大野町2619
開9:00〜17:00(堂内立入不可)
休無休 交JR長崎駅から長崎バス・板の浦行きで1時間15分、大野下車、徒歩15分
Pあり(教会敷地外)

出津教会堂 要事前連絡

しつきょうかいどう

外海 MAP 本書P.3 D-3

強い海風に耐えられるよう屋根を低くした木造平屋で、漆喰の白い外壁が美しい。平成23年(2011)に国の重要文化財指定。周辺には、ド・ロ神父に関する品が見られる記念館や、ド・ロ神父が建てた女性の自立を支援する施設を復元した旧出津救助院がある。

☎095-823-7650(長崎と天草地方の潜伏キリシタン関連遺産インフォメーションセンター)
所長崎市西出津町2633 開9:00〜17:00
休無休 交JR長崎駅から長崎バス・板の浦行きで1時間10分、出津文化村下車、徒歩10分
Pあり(教会敷地外)

五島列島

ごとうれっとう

大小140余の島々が織りなす美景

全国でも珍しい石造りの教会
愛らしい意匠の堂内も見どころ

かわいらしい椿の花模様をあしらった装飾に注目

頭ヶ島天主堂 ➡P.131

かしらがしまてんしゅどう

要事前連絡

頭ヶ島 MAP 付録P.10 C-2

迫害を逃れて島を出ていた信徒たちが、鉄川与助の設計で島の石を切り出し積み上げて建てた重厚な教会。堂内の折上げ天井や壁に花柄があしらわれ、花の御堂と呼ばれる。

江上天主堂 ➡P.128

えがみてんしゅどう

要事前連絡

奈留島 MAP 付録P.10 B-3

島の50戸余りの信徒が地引網漁で資金を捻出し、鉄川与助が大正7年(1918)に建立した木造教会の完成形。手描きの花の絵の窓ガラスや柱に信徒の祈りの結晶を見る。

旧野首教会 ➡P.134

きゅうのくびきょうかい

要事前連絡

野崎島 MAP 付録P.10 C-1

正面の屋根上には中央と両脇に城壁の物見櫓状の装飾が、さらにその左右にはユリの紋章に似た装飾が施され、中世ヨーロッパの建築を思わせる。

白壁に水色の窓枠がまるで童話のなかの教会

クリーム色の壁に水色の窓枠が印象的な日本の代表的木造教会

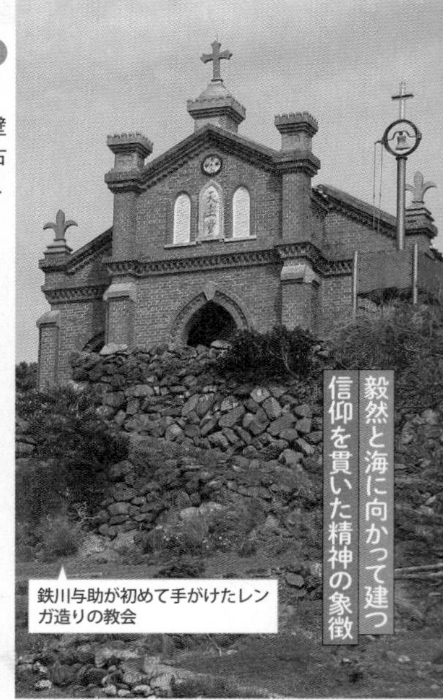

毅然と海に向かって建つ信仰を貫いた精神の象徴

鉄川与助が初めて手がけたレンガ造りの教会

さ せ ぼ
佐世保
江戸時代後期のキリシタンの潜伏地

ロマネスク様式の構成
1998年国の重要文化財に

黒島天主堂 要事前連絡
くろしまてんしゅどう

黒島 MAP 本書P.3 D-2

マルマン神父設計で明治35年(1902)築。レンガ造りの教会で完成度の高いリブ・ヴォールト天井がある。島特産の御影石や祭壇の下に敷いた1800枚の有田焼(ありたやき)タイルなど郷土色豊か。

☎095-823-7650(長崎と天草地方の潜伏キリシタン関連遺産インフォメーションセンター)
所佐世保市黒島町3333 開9:00〜16:00
休無休 交黒島港から徒歩30分 Pあり

建設資金が足りず、工事が一時中断したこともある

見学前に知っておきたい「教会」のこと

●心静かに、祈りの場所の形を胸に刻む

教会は、信者にとって大切な祈りの場であり観光施設ではないので、特に神聖な場所である祭壇には立ち入らないなど、マナーを守って見学しよう。

●理解の深まる巡礼ガイドにも注目

巡礼地の背景にある歴史やそこに生きた人々の生き様をより深く知りたい場合は、巡礼ガイドに添乗・同行が依頼できる。センターでは巡礼地の紹介も行う。

NPO法人 長崎巡礼センター
エヌピーオーほうじん ながさきじゅんれいセンター
長崎駅周辺 MAP 付録P.4 A-2
☎095-893-8763 所長崎市上野町8-1ハイツ打越101号 営9:00〜17:00 休土・日曜、祝日 料1〜10人の場合 4時間5000円〜 ※7日前までに要予約

●世界遺産関連の教会見学は事前に連絡が必要

出津教会堂(P.23)、大野教会堂(P.23)、黒島天主堂(P.25)、田平天主堂(P.143)、江上天主堂(P.24/P.128)、旧五輪教会堂(P.128)、頭ヶ島天主堂(P.24/P.131)の見学は、「長崎と天草地方の潜伏キリシタン関連遺産インフォメーションセンター」の公式サイトにて2日前までに連絡が必要。大浦天主堂(P.23/P.40)は事前連絡不要。旧野首教会(P.24/P.134)は「おぢかアイランドツーリズム」(P.134)、﨑津教会(P.26)は九州産交ツーリズムが受付窓口。

長崎と天草地方の潜伏キリシタン関連遺産インフォメーションセンター
ながさきとあまくさちほうのせんぷくキリシタンかんれんいさんインフォメーションセンター
出島・ベイエリア MAP 付録P.6 A-2
➡P.48

●長崎の教会建築を形づくった神父と建築家

明治時代初期から中期にかけ多くの教会を設計したマルク・マリー・ド・ロ神父。ゴシック様式を踏まえながらも大野教会堂のように日本の伝統工法を用いたり、土地の風土を考慮した設計が特徴だ。

同じく、多くの教会建築を手がけた建築家・鉄川与助は、曽根天主堂などを手がけたペリュー神父からリブ・ヴォールト天井の技法を学び、のちにド・ロ神父からも教会建築の技法を学んだ。

マルク・マリー・ド・ロ
写真提供:ド・ロ神父記念館

鉄川とド・ロ神父が携わった教会は、どれも信者が献金したことはもちろん、工事にも献身的に参加している。長崎の信仰の深さを物語っているようだ。

12の構成資産で世界遺産を知る

長崎と天草地方の潜伏キリシタン関連遺産

世界遺産「長崎と天草地方の潜伏キリシタン関連遺産」は12の資産で構成されている。ひとつひとつの資産を知ることで、世界遺産の歴史と価値が見えてくる。

平戸の聖地と集落（中江ノ島）3
平戸の聖地と集落（春日集落と安満岳）2
平戸
宇久島
平戸島
小値賀島
8 野崎島の集落跡
黒島の集落 7
五島列島
中通島
9 頭ヶ島の集落
西海
若松島
外海の大野集落 6
福江島
五島
11 奈留島の江上集落（江上天主堂とその周辺）
10 久賀島の集落

長い「潜伏」の歴史と文化を伝える12の資産

世界遺産を構成する12の資産は、長崎・熊本県の8市町に点在している。キリシタンが潜伏するきっかけとなる事件が起きた「原城跡」、潜伏した10の「集落」、潜伏が終わる転機を生んだ「大浦天主堂」で構成され、キリシタンの潜伏の始まりから2世紀におよぶ潜伏生活、潜伏の終焉までの歴史を伝えている。平戸（ひらど）や天草、五島列島（ごとうれっとう）などにあった集落では、地元の仏教徒らに紛れて共同社会を築いたり、身近な物を拝む対象としたりして、独自の祈りの文化を育んだ。解禁となった明治時代には、それぞれの集落に続々と教会が建てられている。

1 原城跡 ➡P.74
はらじょうあと

島原 MAP 本書P.3F-4

「潜伏」の始まりとなった地

島原・天草一揆の舞台地。この事件を機に幕府は鎖国政策をとり、キリシタンの潜伏が始まった。

⇧キリシタンたちが籠城した原城。本丸跡などの遺構が保存されている

2 平戸の聖地と集落（春日集落と安満岳）
ひらどのせいちとしゅうらく（かすがしゅうらくとやすまんだけ）

平戸 MAP 本書P.2C-1

山岳信仰を取り入れた潜伏集落

春日集落の潜伏キリシタンは山岳仏教の聖地・安満岳を信仰対象とした。解禁後もカトリックに復帰せず独自の信仰を続けた。

⇧春日集落拠点施設「かたりな」では集落の住民が語り部となって、潜伏キリシタンの歴史をわかりやすく伝えてくれる

3 平戸の聖地と集落（中江ノ島）
ひらどのせいちとしゅうらく（なかえのしま）

平戸 MAP 本書P.2C-1

迫害の歴史を伝える無人島

中江ノ島は禁教時代の初期にキリシタンが処刑された殉教地。春日集落の人々が聖地として崇め、島で聖水を汲む行事も行った。

⇧元和8年（1622）、神父を助けた生月島や平戸島の信徒らが処刑された

4 天草の﨑津集落
あまくさのさきつしゅうらく

天草（熊本県） MAP 本書P.2C-4

漁村ならではの祈りを捧げた

潜伏時代、大黒天や恵比寿神、アワビの貝殻の内側の模様をキリスト教の信仰対象に見立てるなど、漁村特有の信仰形態が見られた。

集落内にある教会

﨑津教会 要事前連絡

☎096-300-5535（九州産交ツーリズム）
所熊本県天草市河浦町﨑津539
開9:00〜17:00 休無休 交九州自動車道・松橋ICから車で2時間30分 Pあり

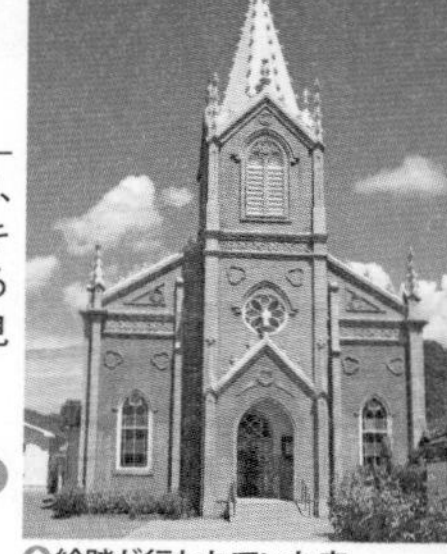

⇧絵踏が行われていた庄屋役宅跡地に建設。昭和9年（1934）再建

5 外海の出津集落
そとめのしつしゅうらく

長崎市内 MAP 本書P.3D-3

シンボリックな教会が建つ

集落の人々はキリスト教の禁教下でも聖画を密かに拝むことで信仰を維持した。解禁後に教会堂を建てたド・ロ神父の記念館、聖画を隠していた屋敷跡が残る。

⇧集落を見下ろす高台に建てられた出津教会堂

集落内にある教会 出津教会堂 ➡P.23

6 外海の大野集落
そとめのおおのしゅうらく

長崎市内 MAP 本書P.3 D-3

神社が祈りの場だった

集落の神社の氏子を装い、信仰対象を密かに神社に祀ってキリストへの祈りを捧げた。解禁後には、神社の近くに教会堂を建設している。

集落内にある教会
大野教会堂 ➡ P.23

独特の建築様式を持つ教会堂。現在は、年に一度の記念ミサのみに利用される

祭壇の下には有田焼のタイルを敷いている

7 黒島の集落
くろしまのしゅうらく

佐世保 MAP 本書P.3 D-2

潜伏キリシタンが島を開拓

平戸藩の牧場跡を利用した島の開発地に、外海などの潜伏キリシタンたちが移住して開拓し、各地に集落を形成した。現在も島民の約8割がカトリック教徒だ。

集落内にある教会
黒島天主堂 ➡ P.25

キリシタン集落があった野首に残る教会

8 野崎島の集落跡
のざきじまのしゅうらくあと

五島列島 MAP 付録P.10 C-1

神道の島へ移住した信徒たち

沖ノ神嶋神社の神官と氏子のみが暮らす島へ移住したキリシタンらは、氏子として信仰をカモフラージュし、密かに共同体を築いた。現在はほぼ無人。

集落内にある教会
旧野首教会 ➡ P.24

9 頭ヶ島の集落
かしらがしまのしゅうらく

五島列島 MAP 付録P.10 C-2

病人の療養する島に紛れて潜伏

潜伏キリシタンらは人々が寄りつかない病人の療養地だった島を移住先にし、仏教徒を装いながら密かに信仰を続けた。頭ヶ島天主堂の近くには、潜伏キリシタンの指導者屋敷(仮の聖堂)跡が残る。

集落内にある教会
頭ヶ島天主堂 ➡ P.24

地元で産出される砂岩で造られた頭ヶ島天主堂

10 久賀島の集落
ひさかじまのしゅうらく

五島列島 MAP 付録P.10 B-3

開拓移民となり仏教徒と共生した

五島藩の開拓移民政策を利用して外海(そとめ)の潜伏キリシタンらが島に移住。農業・漁業で仏教徒の島民らと互助関係を保って暮らした。潜伏キリシタンの墓地が残る。

集落内にある教会
旧五輪教会堂 ➡ P.128

島で最初に建てられた浜脇教会を移築した

11 奈留島の江上集落(江上天主堂とその周辺)
なるしまのえがみしゅうらく(えがみてんしゅどうとそのしゅうへん)

五島列島 MAP 付録P.10 B-3

仏教集落から離れた谷間へ開拓移住

仏教徒の島民集落から隔絶した地に潜伏キリシタン集落を開拓した。解禁後に建てられた江上天主堂は、在来の建築様式と洋風建築が融合した美しい教会建築。

集落内にある教会
江上天主堂 ➡ P.24

日本人の大工棟梁が建設した木造教会

12 大浦天主堂 ➡ P.23
おおうらてんしゅどう

長崎市内 MAP 付録P.8 B-2

劇的な信徒発見の地

16世紀に長崎で殉教した日本二十六聖人に捧げられた教会

開国で来日した宣教師と潜伏キリシタンが出会った「信徒発見」の地。これが「潜伏」終焉のきっかけとなった。

光の芸術を追いかけて

長崎 夜絶景スペシャル

長崎駅

ベイエリア

光の渦のきらめきを眼下に一望
展望台の空間も"光のアート"

ここから見ています

稲佐山山頂展望台

いなさやまさんちょうてんぼうだい

稲佐山 MAP 付録P.2 C-4

標高333mの稲佐山山頂に建つ、ガラス張りの円形状の建物。LEDを床に敷きつめた4階屋上が展望スペースとなり、幻想的な光のアートのなか、長崎の夜景を360度楽しめる。2階には展望レストラン(P.33)も。

☎095-822-8888(長崎市コールセンター「あじさいコール」) 所長崎市稲佐町稲佐山山頂
開8:00~22:00 交長崎ロープウェイ・稲佐岳駅から徒歩3分 Pあり(20分無料、以降30分100円)

(お役立ちinformation)

長崎ロープウェイ

ながさきロープウェイ

稲佐山 MAP 付録P.2 C-4

山麓にある淵神社駅と稲佐山山頂の稲佐岳駅を、全長1090m約5分で結んでいる。ゴンドラのデザインは世界的工業デザイナー・奥山清行氏が率いる会社が担当。360度のパノラマビューが楽しめる。

☎095-861-3640 所長崎市淵町8-1
営9:00~22:00(15~20分間隔で運行) 休6月上旬~7月上旬に定期整備のため運休予定 料往復1250円

◯日中は長崎市街が一望。夜は幻想的な光の中を空中散歩

変化に富む地形を持つ長崎は、夜景の美しさも格別。
近年の夜景サミットでは、香港やモナコと並び、「世界新三大夜景」に認定された。
なかでも稲佐山からのビューは感動の連続だ。

稲佐山は街いちばんの夜景スポット。すり鉢状の街を俯瞰できる展望台から満喫できる

➡展望台から望む夜景は、旅のクライマックスのひとつ

長崎稲佐山スロープカー

ながさきいなさやまスロープカー

稲佐山 MAP 付録P.2 C-4

☎095-861-7742(稲佐山公園管理事務所) 所長崎市大浜町1200(中腹) 営9:00〜22:00 休点検日、悪天候時 料片道300円、往復500円

ガラス張りの車内。支柱は森をイメージしている

稲佐山山頂展望台へのアクセス方法

●バス+ロープウェイ	●バス+長崎稲佐山スロープカー	●車
バス停長崎駅前	バス停長崎駅前	長崎駅前
長崎バス3、4番系統 下大橋・小江原・相川行きで5分／160円	長崎バス5番系統 稲佐山行きで13分／190円	1.2km／4分
バス停ロープウェイ前	バス停稲佐山公園	
徒歩2分	徒歩2分	国道206号 宝町交差点
長崎ロープウェイ淵神社駅	長崎稲佐山スロープカー中腹駅	
ロープウェイで5分	スロープカーで8分	
長崎ロープウェイ稲佐岳駅	長崎稲佐山スロープカー山頂駅	5km／15分
徒歩3分	徒歩3分	
稲佐山山頂展望台	稲佐山山頂展望台	稲佐山山頂展望台

光に照らされた水面と
きらめく長崎港を見渡す

ここから見ています

鍋冠山公園

なべかんむりやまこうえん

南山手周辺 MAP 付録P.8A-4

稲佐山の対岸にある標高169mの鍋冠山の公園内にも展望台がある。女神大橋や港の夜景がより間近に。

所 長崎市出雲2-144-1
交 JR長崎駅から車で12分

グラバー園の第2ゲートから南に10分ほど歩くと到着

美術館の屋上庭園で
贅沢な夜景観賞

ここから見ています

長崎県美術館 ➡P.84

ながさきけんびじゅつかん

出島・ベイエリア MAP 付録P.6A-3

20時まで一般開放されている美術館屋上から、女神大橋や稲佐山のイルミネーションが一望できる。

長崎港の夜景を眺めながら、優雅なひとときを過ごせる

きらびやかにライトアップ
夜の美しさもまた格別

ホテルに宿泊して、幻想的な場内をゆっくり散策するのも一興

ハウステンボス ➡P.116

ハウステンボス MAP 付録P.12 C-3／P.15上図

ガーデンに流れる青い光の波や、カラフルにライトアップされた建物など、世界最大1300万球のイルミネーションは圧巻。ステージショーやプロジェクションマッピングなども催され、さらに盛り上がる。

ここから見ています

グラバースカイロード

南山手 MAP 付録P.8 C-3

南山手の斜面地の交通手段である斜行エレベーターからは、稲佐山などの夜景が楽しめる。23:30まで運行。

所 長崎市上田町～相生町
交 石橋電停から徒歩2分

手軽に楽しめる
迫力満点の夜景

坂道の多い街ならではの設備で、旅の移動にも大いに役立つ

夜景観賞のポイント

● 日没前に到着を！

日没後の20分ほどは「トワイライトタイム」と呼ばれ、夕景から夜景へと変わる空、きらめきを増す街の明かりがロマンティック。日没前には着いていたい。

● 上着を持っていくと安心

展望台の屋上はフルオープンの空間。山頂なので夜間は冷えやすい。各季節とも上着やストールなどを持っていこう。

● 雨上がりも美しい

空気が澄んだ雨上がりは、光の渦がいっそうきれいに見える。天候や状況を見ながら判断を。

ここから見ています

女神大橋

めがみおおはし

長崎市内 MAP 付録P.3 F-4

長崎港に架かる全長1289mの橋から望む、市街地の夜景も素晴らしい。歩きながら眺めが楽しめる歩道も完備。

所 長崎市木鉢町～戸町
交 JR長崎駅から戸町側の駐車場まで車で15分

↑優雅な姿からヴィーナスウィングとも呼ばれる

水面に映る光と
重厚な建築物に注目

手前には造船所のクレーン、奥には長崎市の中心部が見える

特集●夜景

さんざめく光に包まれて食と酒を味わう幸せな宵

素敵な夜景と愉しむ特別なディナー

日中散策した長崎の街並みや港も、明かりが灯れば幻想的な姿に様変わり。
大切な人と光のアートを見渡しながら、長崎グルメも満喫する夜は、プレミアムな長崎旅に欠かせない。

1

予約 可
予算 Ⓛ1320円 Ⓓ1980円

感動的に美しい夜景に包まれ
長崎の名物料理に舌鼓

レストラン ロータス

稲佐山 MAP 付録P.2 C-4

南国リゾートの雰囲気漂うホテル内にある展望レストラン。地元の魚介類をはじめ、旬の素材の味を生かしたバラエティに富んだ和洋の料理を取り揃えている。トルコライスなどの長崎名物も充実。特にくずし卓袱龍馬御膳は、気軽に卓袱料理が味わえると観光客にも人気。

2

☎095-862-5555
(ホテルアマンディ)
所長崎市曙町39-38 ホテルアマンディ内
営11:00～22:00(LO21:00)
休火曜 交JR長崎駅から車で10分
Pあり

3

1.バリ風の開放感あふれる店内。落ち着けるテーブル席のほか、カップルシートも備える 2.きらきら光る一大パノラマに思わず感動。店内はロマンティックな雰囲気 3.14品目が並ぶ長崎和牛付きくずし卓袱龍馬御膳6600円。長崎和牛陶板焼きなしは4950円で用意

予約 可
予算 Ⓛ2200円～ Ⓓ6600円～

きらめく港を眺めながら
五感が喜ぶ創作料理を

Restaurant FOREST

レストラン フォレスト

稲佐山 MAP 付録P.3 D-4

大人の夜景リゾートと評判のホテル(P.154)内にある一流店。メニューはコース料理のみで、長崎の旬を一皿に表現。地の食材、特に野菜をソースの軸とした料理が味わえる。見た目にも美しく、まるでアートのよう。ワインとのマリアージュも楽しみだ。

1.料理、雰囲気、サービスともに素晴らしく、特別な一日を演出してくれる　2.野菜が主役。目でも舌でも楽しませてくれる

☎095-864-7777
所長崎市秋月町2-3 ガーデンテラス長崎ホテル&リゾート内 グランドテラス棟2F　営11:00～14:00(LO) 17:00～21:00(LO)　休無休
交JR長崎駅から車で10分　Pあり

長崎の特選素材を鉄板焼で
バーとしての利用もおすすめ

予約 望ましい
予算 Ⓓ7260円～

The House of 1995

ザ ハウス オブ ナインティーンナインティファイブ

稲佐山 MAP 付録P.2 C-4

長崎が誇る特選素材を鉄板焼スタイルで。全国和牛能力共進会で日本一に輝いた実績を持つ長崎和牛をはじめ、伊勢エビやアワビなどの海鮮が目の前で焼き上げられていく、贅沢なエンターテインメントを楽しもう。記念日の粋なサプライズも好評。

1.プロポーズ成功率も高い、ロマンティックな空間　2.日本一の誉れ高い長崎和牛をはじめ、伊勢エビなど自慢の海鮮がズラリ

☎095-861-0055(ルークプラザホテル)
所長崎市江の浦町17-15 ルークプラザホテル4F　営2部制17:30～19:30 19:30～21:30　休無休　交JR長崎駅から車で7分　Pあり

世界新三大夜景を一望で
きる展望台のレストラン

予約 可
予算 Ⓛ3700円～ Ⓓ3800円～

稲佐山レストラン ITADAKI

いなさやまレストラン イタダキ

稲佐山 MAP 付録P.2 C-4

全面ガラス張りの窓に面した席からは、世界新三大夜景に選ばれた壮大なパノラマを一望。旬の食材を大切にし、厳選した長崎食材で作るシェフこだわりのコースはここでしか味わえない贅沢な逸品。

1.長崎県産牛や鮮魚を使用した長崎食材が主役の季節限定コース　2.夜景が楽しめるようあえて照明を落とした、上質な大人の雰囲気

☎050-3317-0100
所長崎市稲佐町364 稲佐山展望台2F
営11:30～14:00(LO) 17:00～20:30(LO)　休第2火曜　交JR長崎駅から車で20分　Pあり

眼鏡橋で有名な中島川。中島川公園も、おもな会場のひとつ

↑多産な豚は富の象徴。おめでたいモチーフ

↑縁結びの神様、月下老人や三国志の英雄など、人型のオブジェは迫力満点

中華街を中心にいっそう華やかさと賑わいが増す冬の風物詩

長崎ランタンフェスティバル

旧暦元日～15日

MAP 付録P.6 C-3（長崎新地中華街）

さまざまな形と色のランタンが街をあでやかに彩り、豪華絢爛な催し物が人々を楽しませてくれる。中国文化が早くから根付いた長崎ならではのお祭りは、冬に長崎へ旅をするなら必ず訪れたい。

新地中華街が発祥の春節(旧正月)祝い 長崎の冬を彩るきらびやかな光の祭典

春節と呼ばれる旧暦の正月を祝すお祭り。長崎新地中華街(P.54)、中央公園、唐人屋敷跡(P.54)、興福寺(P.57)、浜んまち、孔子廟と6つの会場を中心に周辺一帯で1万5000個ものランタンが灯され、龍や干支、中国の神様や偉人などをモチーフにしたカラフルなオブジェが飾られる。また、獅子舞や龍踊り、皇帝パレードなども華やかに催され、観客を魅了。初日夕方の点灯式と並び、人気を博している。

☎095-822-8888(長崎市コールセンター「あじさいコール」)
会場 湊公園、長崎孔子廟、唐人屋敷跡、中島川公園、浜んまちなど長崎市内各所
HP www.at-nagasaki.jp/festival/lantern/

湊公園

みなとこうえん

長崎新地中華街周辺 MAP 付録P.6 C-3

新地中華街・湊公園がメイン会場。巨大なオブジェも園内に設置される。

所 長崎市新地町1500-1
交 長崎新地ターミナルバス停から徒歩2分

↑中国式の提灯は、赤、黄、桃色と色鮮やか

↑お正月のフェスティバルとあって、干支も定番のモチーフだ

見どころはコチラ

● 孔子廟 ➡P.41

こうしびょう

東山手 MAP 付録P.8 C-2

ランタンが灯り、いつもよりいっそう幻想的。中国の楽器や変面ショーなどの演目も催される。

● 龍踊り

じゃおどり

唐人服を着た龍衆が20mもの龍を操り、龍は巨体をくねらせて踊る。

WALKING & SIGHTSEEING Nagasaki

歩く・観る

長崎はかつてアジアの異国だった

街のいたるところに石畳の坂道があり、
瀟洒な教会の尖塔が見える。
洋館が並ぶエキゾチックな街並み。
きらびやかな夜の景色も魅力だ。
キリシタンの苦難の歴史や、
被爆の記憶に思いを馳せながら、
港町・長崎の今を歩きたい。

エリアと観光のポイント
長崎はこんな街です

まずは行ってみたいエリアを決めて、心に残る、自分だけの街歩きへ出かけよう!
エリア間の移動は、路面電車を軸にして、徒歩での移動をうまく取り入れたい。

洋館や教会、坂が異国情緒を醸す
南山手・東山手 ➡P.40
みなみやまて・ひがしやまて

南山手は外国人居留地として栄え、教会や邸宅、洋館が残る。東山手のオランダ坂など、情趣あふれる道も多い。

観光のポイント 世界遺産のグラバー園や大浦天主堂をメインに周辺を巡りたい

西洋の雰囲気が漂う、見どころが多い

新旧の港町の移り変わりを感じる
出島・ベイエリア ➡P.48
でじま・ベイエリア

出島は鎖国時代の貿易窓口としての姿が復元されている。長崎港に出ると商業施設や美術館があり海を見ながら散策できる。

観光のポイント 出島の復元施設を見学し、ベイエリアのレストランなどで休憩

長崎出島ワーフや長崎県美術館に注目

名物グルメを楽しむチャイナタウン
長崎新地中華街 ➡P.54
ながさきしんちちゅうかがい

鮮やかな中華門をくぐると約40軒の中国料理店や雑貨屋が立ち並び、狭いエリアながら中華エッセンスが凝縮している。

観光のポイント ちゃんぽんや皿うどんを食べたり、中華まんのテイクアウトがおすすめ

約100mの道が交差した十字路が中華街

個性豊かな歴史ある街並みを歩く
眼鏡橋・寺町・思案橋 ➡P.56
めがねばし・てらまち・しあんばし

眼鏡橋の周辺は風情ある街並みが続き、その東には龍馬ゆかりのスポット、東南に鮮やかな唐寺が並ぶ寺町がある。買い物やグルメなら繁華街の浜町(はまのまち)や思案橋(しあんばし)へ。

観光のポイント 興福寺や長崎市亀山社中記念館など歴史スポットが点在

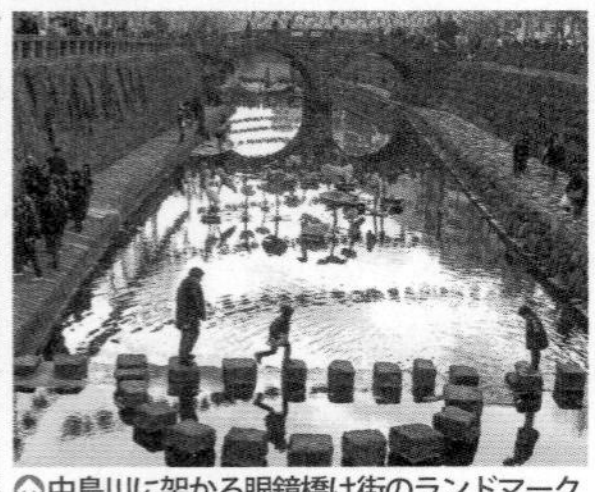
中島川に架かる眼鏡橋は街のランドマーク

戦争の悲劇を語り継ぐ祈念の地
平和公園・浦上 ➡P.62
へいわこうえん・うらかみ

原爆の爆心地となったエリアで、平和を願う平和公園をはじめ、原爆の恐ろしさを伝える資料館や遺構が点在する。平和について改めて思いをめぐらせたい。

観光のポイント 被爆の真実を伝える原爆資料館や平和祈念像のある平和公園へ

平和祈念像は平和を願う長崎のシンボル

旅の起点となるターミナル駅
長崎駅周辺 ➡P.66
ながさきえきしゅうへん

JR長崎駅が市内各エリアへの起点となる。大きな駅ビルが隣接し、最後のおみやげ選びに重宝する。

日本二十六聖人の殉教地

観光のポイント 路面電車にはここで乗り換え。駅隣接のアミュプラザ長崎が便利

港と山々が織りなすきらめく夜景
稲佐山 ➡P.28
いなさやま

標高333mの低山ながら、地形の妙で世界新三大夜景にも選ばれた。山沿いの家々の光が立体的で美しい。

夜景は山頂の展望台へ

観光のポイント 山頂へはタクシーのほか、道中も楽しいロープウェイでアクセス

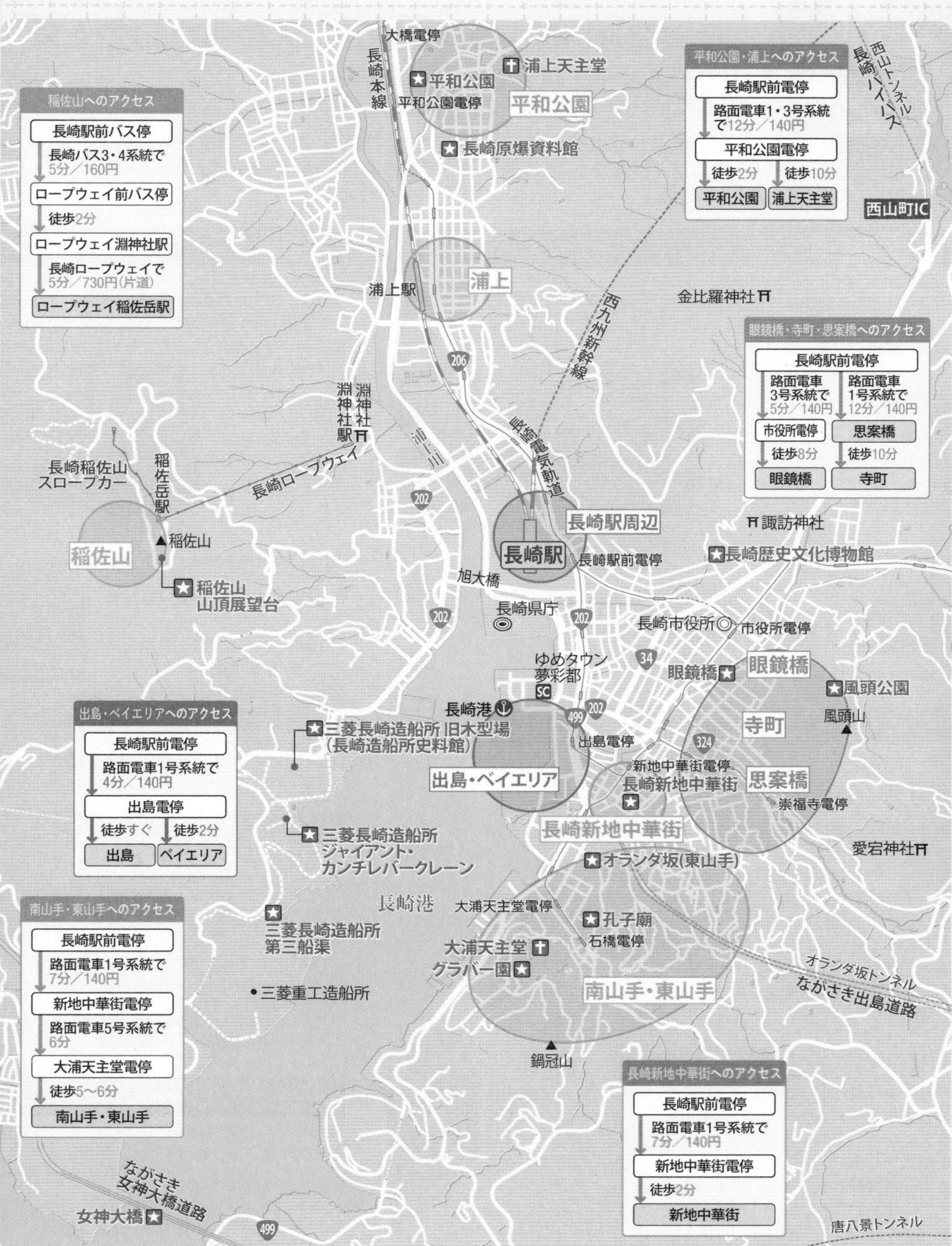

稲佐山へのアクセス
長崎駅前バス停
長崎バス3・4系統で
5分／160円
ロープウェイ前バス停
徒歩2分
ロープウェイ淵神社駅
長崎ロープウェイで
5分／730円(片道)
ロープウェイ稲佐岳駅
平和公園・浦上へのアクセス
長崎駅前電停
路面電車1・3号系統
で12分／140円
平和公園電停
徒歩2分
徒歩10分
平和公園
浦上天主堂
眼鏡橋・寺町・思案橋へのアクセス
長崎駅前電停
路面電車
3号系統で
5分／140円
路面電車
1号系統で
12分／140円
市役所電停
思案橋
徒歩8分
徒歩10分
眼鏡橋
寺町
出島・ベイエリアへのアクセス
長崎駅前電停
路面電車1号系統で
4分／140円
出島電停
徒歩すぐ
徒歩2分
出島
ベイエリア
南山手・東山手へのアクセス
長崎駅前電停
路面電車1号系統で
7分／140円
新地中華街電停
路面電車5号系統で
6分
大浦天主堂電停
徒歩5〜6分
南山手・東山手
長崎新地中華街へのアクセス
長崎駅前電停
路面電車1号系統で
7分／140円
新地中華街電停
徒歩2分
新地中華街
大橋電停
長崎本線
平和公園
浦上天主堂
平和公園電停
平和公園
長崎原爆資料館
西山トンネル
長崎バイパス
西山町IC
浦上駅
浦上
金比羅神社
西九州新幹線
206
淵神社駅
浦上川
長崎電気軌道
長崎稲佐山スロープカー
稲佐岳駅
長崎ロープウェイ
202
稲佐山
稲佐山
稲佐山山頂展望台
長崎駅周辺
長崎駅
長崎駅前電停
諏訪神社
長崎歴史文化博物館
旭大橋
長崎県庁
202
長崎市役所
市役所電停
34
ゆめタウン夢彩都
SC
眼鏡橋
眼鏡橋
風頭公園
風頭山
長崎港
499
202
三菱長崎造船所 旧木型場(長崎造船所史料館)
出島電停
324
寺町
新地中華街電停
長崎新地中華街
思案橋
出島・ベイエリア
崇福寺電停
長崎新地中華街
三菱長崎造船所ジャイアント・カンチレバークレーン
オランダ坂(東山手)
愛宕神社
長崎港
大浦天主堂電停
孔子廟
三菱長崎造船所第三船渠
石橋電停
大浦天主堂
グラバー園
オランダ坂トンネル
ながさき出島道路
三菱重工造船所
南山手・東山手
鍋冠山
ながさき女神大橋道路
女神大橋
499
唐八景トンネル

公共交通機関を乗りこなして、スムーズにアクセス

長崎市内を移動する

旅の拠点は西九州新幹線が開通したJR長崎駅。ここから路面電車かバスに乗って、各エリアに向かう。旅の強い味方でもある1日乗車券は手に入れておきたい。

路面電車

路面電車を利用すれば、市内の主な見どころは網羅できる。本数も多くて便利なので、積極的に乗車してみよう。

路面電車のルート

市内観光に欠かせない長崎電気軌道の路面電車は、1・3・4・5号の4本の系統があり、1回の乗車運賃は140円。

行き先と主要区間

系統番号	運行区間	所要時間	運行間隔
1号系統	赤迫～出島～新地中華街～崇福寺	36分	5分
3号系統	赤迫～桜町～市役所～蛍茶屋	33分	7～9分
4号系統	崇福寺～市役所～蛍茶屋	17分	朝・夕のみ
5号系統	石橋～新地中華街～蛍茶屋	24分	9分

乗り方や降り方、乗り継ぎ方法

●乗り降り　進行方向の後方または中央の扉から乗車し、前方の扉から降車する。整理券はなく、運賃は直接運賃箱に投入する。全国相互利用交通系ICカード(10種類利用可能)の場合は、乗車時に入口のカードリーダーにタッチし、降車時に運転席横のカードリーダーにタッチする。

●乗り継ぎ　新地中華街電停、市役所電停、長崎駅前電停、西浜町電停で乗り換える場合は、2回目の運賃は不要。全国相互利用交通系ICカードのみの制度で、乗り降り時にカードリーダーにタッチするだけで適用される。同系統および区間が重複する場合は利用できない。※長崎電気軌道HPで要確認

お得なチケットを探す

一日中乗り降り自由になる一日乗車券(600円)が、長崎駅構内の観光案内所や主要ホテルなどで購入できる(車内では販売されていない)。スマートフォンにアプリ(無料)をダウンロードして購入するモバイル乗車券(一日券600円、24時間券700円)もある。24時間券はスマートフォンでのみ販売。

路線バス

長崎市内を走るのは長崎県営バスと長崎バスの2社。初乗り料金は一部区間を除いて160円で、稲佐山方面や風頭山方面ほか、市内の主要エリアを網羅している。世界遺産に登録された出津教会堂(P.23)などがあるエリアへ向かうには、長崎駅前から長崎バス・板の浦行きに乗車。

長崎市内観光1日乗車券

市内指定区間が1日乗り降り自由になる乗車券。観光案内所などで購入できる。区間外乗車の場合は、別途運賃が必要。

☎095-826-1112(長崎バス総合サービスセンター)
料500円、小学生以下250円
購入場所 長崎駅構内の観光案内所、新地総合サービスセンター、ココウォークバスセンターなど

ガイド付きで楽しい観光バスツアー

長崎よかとこコース

ガイドの解説付きで、長崎の風土や歴史により深くふれられる。平和公園や出島、グラバー園などを巡る。長崎駅前の長崎市総合観光案内所で受付、出発。要予約。

☎095-814-8501(長崎バス観光旅行センター)
運行時間 毎日運行10:10発、12:10発の2便
所要時間 4時間55分　料4290円(施設入場料込み)、高校生3650円、中学生3335円、子供2075円

観光タクシー

地元に詳しい乗務員がていねいに案内してくれる観光タクシーもおすすめ。要予約。

●問い合わせ先
シティキャブ長崎　☎095-828-1010
長崎ラッキータクシー　☎095-844-1188
光富個人タクシー　☎090-8407-6903

路面電車と周辺路線図

1 3
赤迫
住吉
昭和町通
千歳町
若葉町
長崎大学
岩屋橋
浦上車庫
大橋
平和公園
原爆資料館
大学病院
浦上駅前
茂里町
銭座町
宝町
八千代町
長崎駅前
五島町
大波止
出島
新地中華街
メディカルセンター
大浦海岸通
大浦天主堂
石橋
5
桜町
市役所
諏訪神社
新大工町
新中川町
蛍茶屋
3 5 4
めがね橋
浜町アーケード
西浜町
観光通
思案橋
崇福寺
4 1

長崎本線（長与支線）
西浦上駅
諫早駅
長崎本線（新線）
長崎本線
浦上天主堂
平和公園
浦上駅
諫早駅
西九州新幹線
浦上川
長崎駅
長崎港
大浦天主堂
グラバー園

JR長崎駅からは歩道橋を通って路面電車に乗り換える（エレベーターもある）

斜行エレベーター「グラバースカイロード」(P.31)は、石橋電停からグラバー園(P.42)へのアクセスに便利

聖福寺(P.67)の鬼瓦塀

お役立ちinformation

観光情報

観光案内所ではパンフレットなど散策に役立つ情報が入手できる。長崎をより深く知りたい人には街歩きツアーもおすすめだ。

長崎市総合観光案内所
ながさきしそうごうかんこうあんないじょ
長崎駅 MAP 付録P.4 A-2

情報収集に便利な長崎駅構内の観光案内所。スタッフも常駐。
所長崎市尾上町1-60(JR長崎駅構内)
営8:00～19:00 休無休

長崎駅構内にあるので、立ち寄りやすい。路面電車の一日乗車券も販売している

地元ガイドのまち歩きツアー

長崎さるく
ながさきさるく

「さるく」とは、まちをぶらぶら歩くという意味の長崎弁。地元ガイドや、まち歩き団体が実施するまち歩きツアーを用意。食事付きなど豊富なコースから選べる。
☎095-811-0369(長崎さるく受付)
営9:00～17:30 所要時間 料コースによって異なる(HPで確認)https://saruku.nagasaki-visit.or.jp/

居留地路地裏さんぽ

龍馬像の前で記念撮影も

歴史を伝える、洋館、坂道、港の光景

みなみやまて・ひがしやまて

南山手・東山手

街歩きのポイント

- 世界遺産に登録されている大浦天主堂を見学する
- 洋館や孔子廟など和洋中の文化が入り交じる妙を感じる
- 長崎らしい美しい坂道を歩きつつ街並みを見下ろす

界隈に多い坂道を上りつつ散策すれば、歴史を物語る洋風住宅の姿を今も見かけることができる。地形と異国文化がかたちづくる叙情的な風景を満喫する。

大浦天主堂の正面入口のマリア像は、日本の潜伏キリシタン発見を記念してフランスから贈られ、「日本の聖母」として設置されたもの

大浦天主堂とグラバー園を中心に周辺の坂道を上ったり下りたり

室町末期から南蛮貿易の舞台である港町として栄えた長崎。特に南山手・東山手地区は、鎖国から開国に至ると外国人居留地として整備され、イギリス、フランス、アメリカ、ロシアなどの領事館や洋館が立ち並ぶエキゾチックな街だった。今も随所にかつての姿が残り、人気の観光名所である大浦天主堂(おおうらてんしゅどう)や洋風住宅群もこの界隈に集まる、長崎を代表するエリアだ。石畳の坂道から望む、洋館や教会や港。異国情緒あふれる街を歩けば、歴史が紡ぐ物語が見えてくる。

➲東山手にあるオランダ坂は、長崎でも代表的な坂道のひとつ

大浦天主堂

おおうらてんしゅどう

世界遺産

南山手 MAP 付録P.8 B-2

日本最古の現存するカトリック教会 ステンドグラスが素晴らしい

江戸幕府が鎖国政策を改め開国した4年後、安政(あんせい)5年(1858)の日仏修好通商条約に基づき、居留地に住むフランス人のために、宣教師のフューレ、プティジャン両神父によって文久(ぶんきゅう)3年(1863)に司祭館が建造され、元治(げんじ)2年(1865)には献堂式を催行。建築様式は3本の塔を持つゴシック風の構造で、正面中央はバロック風、外壁はなまこ壁だったが、その後大規模な増改築を行って、明治12年(1879)、外壁をレンガにするなどゴシック建築となった。天主堂は長崎西坂の丘で殉教した二十六聖人(P.66)に捧げられた教会であることから、正面はその丘に向けられている。しかし、フランス寺と呼ばれたこの天主堂はやがて新しい歴史の舞台と化すことになる。天主堂が完成した直後、見物の一団が浦上から訪れて、自分たちがキリシタンであることをそっと神父に告白した。これが長崎のキリシタン発見だ。浦上に続いて、長崎地方一帯の潜伏キリシタンも続々と姿を現すが、3000余の信徒が流刑となった。これを浦上四番崩れ(うらかみよんばんくずれ)、と呼ぶ(P.75)。現在、天主堂を訪れる観光客にとって最大の魅力は、聖堂内のステンドグラスだろう(P.22)。特に、正面祭壇中央の奥にある十字架のキリスト像が素晴らしい。幅約1.5m、高さ約3m。キリストの右に聖母マリア、左に使徒ヨハネ、十字架の下にはマグダラのマリアがひざまづく。

☎095-823-2628 所長崎市南山手町5-3 開8:30～18:00 11～2月8:30～17:30 ※受付は各30分前まで 休無休 料1000円 交大浦天主堂電停から徒歩5分 Pなし

オランダ坂や孔子廟がある

東山手

ひがしやまて

MAP 付録P.8

外国人居留地の造成期に造られた官庁や教会などが坂道に立ち並び、「坂の街・長崎」の景色が楽しめる。

坂の上に見どころが多数

南山手

みなみやまて

MAP 付録P.8

世界遺産の大浦天主堂や旧グラバー住宅などの文化財が多数。坂の上から海の見える名物坂道も必見。

出島
長崎電気軌道
大浦海岸通り
旧長崎英国領事館
⊗活水女子大
P.45 オランダ坂(東山手)
東山手甲十三番館 P.47
EIGHT FLAG P.99
大浦海岸通電停
松ヶ枝橋
松ヶ枝駐車場
オランダ通り
英国聖公会会堂跡
軍艦島コンシェルジュ 軍艦島上陸・周遊ツアー P.77
昭和会病院
松ヶ枝国際ターミナル
⊗海星高
P.46 長崎市旧香港上海銀行 長崎支店記念館 長崎近代交流史と孫文・梅屋庄吉ミュージアム
大浦天主堂下
中華料理 四海樓 P.94
大浦天主堂電停
長崎港
長崎港松が枝国際ターミナル P.49
P.87 軍艦島デジタルミュージアム
P.47 東山手「地球館」cafe slow
P.106 瑠璃庵
P.46 東山手洋風住宅群
ANAクラウンプラザホテル長崎グラバーヒル P.154
古写真資料館・埋蔵資料館
⊗海星中
大浦署前
岩崎本舗 グラバー園店 P.45
P.155 セトレ グラバーズハウス 長崎
大浦川
大浦石橋通り
孔子廟
P.106 グラスロード1571
祈りの丘絵本美術館 P.87
東山手地区町並み保存センター
松ヶ枝営業所前
大浦教会
南山手地区町並み保存センター P.47
長崎南山手美術館 P.88
Museum Cafe 南山手八番館 P.47
長崎教会
グラバー園入口
下大浦橋
第1ゲート
グラバー通り
諏訪神社
石橋電停
大浦天主堂
石橋
税務署前
大浦天主堂キリシタン博物館
祈念坂 P.45
相生地獄坂 P.45
グラバー園 P.42
気象台
小曽根
南山手レストハウス P.47
P.31 グラバースカイロード
どんどん坂 P.45
プール坂 P.45
第2ゲート
グラバー園入口
0 100m

立ち寄りスポット

大浦天主堂 キリシタン博物館

おおうらてんしゅどう キリシタンはくぶつかん

大浦天主堂敷地内にある旧長崎大司教館と、日本人司祭育成を目的に設立された旧羅典神学校(きゅうらてんしんがっこう)をリニューアルし、博物館として2018年にオープン。伝来、弾圧、潜伏などキリスト教信仰の歴史を伝える資料が約130点展示されている。

南山手 MAP 付録P.8 B-2

☎095-801-0707 所長崎市南山手町5-3
開8:30〜18:00 11〜2月8:30〜17:30
※受付は各30分前まで 休無休
料1000円(大浦天主堂の拝観料込)
交大浦天主堂電停から徒歩5分 Pなし

孔子廟

こうしびょう

東山手 MAP 付録P.8 C-2

中国の思想家、孔子を祀る霊廟 本格的中国様式は日本で唯一

明治26年(1893)、華僑によって建造。本国の総本山並みの壮麗な伝統美を誇る。併設の中国歴代博物館では、北京の故宮博物院(こきゅうはくぶついん)提供の宮廷文化財を展示している。

☎095-824-4022 所長崎市大浦町10-36
開9:30〜18:00(入館は〜17:30) 休無休
料660円 交大浦天主堂電停から徒歩3分 Pなし

孔子像や72賢人石像はじめ、琉璃瓦や青白石製欄干ほかの建材は中国から取り寄せられた

孔子像に参拝。『論語』で知られる約2500年前の中国の思想家

極彩色に彩られた華麗な廟宇。現在の廟宇は修復を重ね昭和58年(1983)に完成。中国の歴史や美意識にふれる

園内一の見どころである旧グラバー住宅は、現存する日本最古の木造洋風建築で築150年以上。バンガロー風の外観が興味深い

©グラバー園所蔵

日本近代化のキーパーソン グラバーの秘密に迫る

グラバー園

グラバーえん

幕末〜明治期のハイカラな空気漂う 9つの美しい洋風建築が集合

昭和49年(1974)の開園より、多くの観光客を集めてきたグラバー園。開港まもない長崎にやってきたトーマス・B・グラバーが文久(ぶんきゅう)3年(1863)に建設した旧グラバー住宅など当時からある建物に加え、市内に点在していた6つの洋風建築を移築・復元し、現在9つの建物が立ち並んでいる。園内3カ所にある幸福をもたらすというハートストーンや、期間限定で行われる夜間開園など、何度も訪れたい魅力にあふれている。平成27年(2015)に旧グラバー住宅が世界文化遺産登録され、その後2021年には3年に及ぶ耐震保存修理工事が完了し、室内展示も大幅にリニューアルされた。

南山手 MAP 付録P.8 B-3

☎095-822-8223 所長崎市南山手町8-1
開8:00〜18:00(入園は〜17:40)
※夜間開園についてはHPで要確認 休無休
料620円 交大浦天主堂電停から徒歩7分 Pなし
※現在、各建物の耐震保存修理工事の影響に伴い、見学可能範囲が一部変更

観光のポイント

- 世界遺産に登録された旧グラバー住宅などの洋風建築
- 建物を讃えるように咲く、色鮮やかな季節の花々
- 居留地の外国商人も眺めた高台から一望する長崎港の絶景

➲3つのハートストーンのうち、1カ所は長崎伝統芸能館への道中にある

➲『蝶々夫人』を演じた日本が誇るプリマドンナ、三浦環(みうらたまき)の像

日本の近代化に貢献した
スコットランド人商人が暮らした邸宅

旧グラバー住宅

きゅうグラバーじゅうたく

見晴らしのよい南山手の丘には、かつて外国人居留地が築かれていた。現在でもたたずむ瀟洒な雰囲気の洋風住宅は、幕末・明治期に長崎へやってきたスコットランド人商人トーマス・グラバーが親子2代で暮らした邸宅だ。館の主トーマス・B・グラバーが25歳の折に建造。現存する木造洋風建築としては日本最古のものとして、国指定の重要文化財となっている。窓が多く風通しの良いバンガロー様式のベランダに、日本の伝統技法の土壁や日本瓦を用いた和洋折衷の造りが特徴だ。グラバーは日本の特産品のお茶や生糸などを輸出するほか、日本に西洋の近代技術を導入したり、日本人の留学支援を行うなど、日本の近代産業の発展に多大な功績をもたらした。

古写真をもとに当時のお茶会の様子を再現した部屋

温室はたくさん光が差し込み、邸内でも特に華やかなスポット

古写真をもとに再現した部屋。衝立は古写真に映っていた当時のものを展示

庭の花壇前は、人気の写真スポットとなっている

大浦天主堂にも行くなら第1ゲートを利用

トーマス・B・グラバー

トーマス・ブレーク・グラバー

天保9年(1838)～明治44年(1911)

旧グラバー住宅に立つ像

グラバーは波乱の人生を生きた。ロマンに満ちた、といってもいい。スコットランドに生まれて、安政6年(1859)上海の「ジャーディン・マセソン商会」に入り、そのまま訪日したのが21歳。23歳で長崎代理人として独立、グラバー商会を設立した。貿易商人として、幕末の日本で活躍し、多くの西洋技術を日本へ紹介するほか、大阪財界の重鎮となる五代友厚らなど日本人留学生の渡欧にも手を貸している。日本の産業革命における功績も大きく、薩摩藩と共同で日本で最初の洋式ドックを建設したりした。前後して、のちに三菱を創始する土佐出身の岩崎彌太郎とも知り合い、深いつながりを持つこととなる(P.81)。日本で初めて蒸気機関を導入し、佐賀藩と共同で炭鉱の開発を行った(P.80)。東京へ出ると、鹿鳴館の社交界にもデビュー。多彩な生涯を73歳で終えた。

日本では珍しい
重厚感のある木骨石造

旧リンガー住宅
きゅうリンガーじゅうたく

木材と石材が調和した木骨石造という日本には珍しいスタイルの建築物。三方をベランダで囲まれた南欧風バンガロー形式で、開放的ながらも重厚さを備えた美しさで国指定重要文化財。

↑貿易やホテル業などさまざまな事業を行ったイギリス人の一家が住んだ

↑石柱が並び回廊状の空間をつくる。玄関の噴水一基も重要文化財

大浦天主堂を手がけた建築家
小山秀之進が施工

旧オルト住宅
きゅうオルトじゅうたく

石柱が並ぶベランダの中央にポーチを配した幕末洋風建築の傑作。

※建物の保存修理工事実施に伴い、令和7年11月(予定)まで見学不可

瓦屋根や庇などに
和風テイストが感じられる住宅

旧ウォーカー住宅
きゅうウォーカーじゅうたく

明治中期に大浦天主堂そばに建てられたものを園内へ移築復元。イギリス出身のロバート・ネール・ウォーカーの息子ロバート・ウォーカー二世が購入し、暮らした。

→写真を参考に生活の雰囲気を再現

各階とも正面にベランダがある
木造2階建ての洋風建築

旧三菱第2ドックハウス
きゅうみつびしだいにドックハウス

明治期の典型的な洋風建築で、昭和47年(1972)に当時の三菱造船株式会社より長崎市が寄贈を受け園内へ移築復元された。ドックハウスとは、船が造船所に入って修理している間に船員が宿泊する施設のこと。

→園内で最も高いところに位置するベランダから見た長崎港

伝統の祭り、長崎くんちを
映像で体験

長崎伝統芸能館
ながさきでんとうげいのうかん

380年余の歴史を誇る「長崎くんち」に奉納する踊りの龍や豪華な飾りを展示。園内散策の休憩時に立ち寄りたいショップも併設。

立ち寄りスポット

明治レトロを感じる喫茶室

自由亭喫茶室

じゆうていきっさしつ

南山手 MAP 付録P.8 B-2

明治11年(1878)に日本人シェフ草野丈吉が開業した西洋料理店「旧自由亭」跡が、現在喫茶室として営業中。

☎095-822-8223 所長崎市南山手町8-1 グラバー園内 営9:30〜17:15(LO16:45) 休交Pグラバー園に準ずる

「喫茶室」の響きがぴったりなレトロな空間

大人気のカステラセット

グラバー園オリジナルのおみやげ

グラバー園 ガーデンショップ

グラバーえん ガーデンショップ

南山手 MAP 付録P.8 A-2

長崎のお土産や園内限定オリジナル商品など、様々な商品が揃う。特に園内の建物をモチーフにしたグッズがおすすめ。

所長崎市南山手町8-1 グラバー園内 営休交Pグラバー園に準ずる

グラバー園限定オリジナルコイン型ネックレス3300円

グラバー園ガラスヘアゴム715円

ナガサキレタートリップ(レターセット)550円

伝統の角煮まんをバーガーに

岩崎本舗 グラバー園店

いわさきほんぽ グラバーえんてん

南山手 MAP 付録P.8 B-2

「グラバー園」「大浦天主堂」へ続く坂の途中にある。長崎和牛100％使用で人気の白バーガーは抜群の食感。

☎095-811-0111 所長崎市南山手町2-6 営8:45〜18:15 休無休 交大浦天主堂電停から徒歩2分 Pなし

ふわっとした皮とジューシーな肉！白バーガー702円

南山手・東山手にある石畳の坂、レトロ坂

海を望む坂道や、雨の音が響く坂道。一歩一歩上れば昔と今が見えてくる。

遠く海が見える坂

祈念坂

きねんざか

大浦天主堂などの裏手にある。坂の上から海と教会の塔が望める。

南山手 MAP 付録P.8 B-2

心臓破りの長い急坂

相生地獄坂

あいおいじごくざか

グラバー園第2ゲート方面に上る坂道。グラバースカイロード(P.31)と並行。

南山手 MAP 付録P.8 B-3

坂は今も永遠の夏休みのまま

プール坂

プールざか

昔、坂の脇に今は閉校した小学校のプールがあったためこう呼ばれた。

南山手 MAP 付録P.8 A-4

数軒の洋館が今も残る

どんどん坂

どんどんざか

雨が降ると石畳の側溝を水がドンドンと音をたてて流れる。

南山手 MAP 付録P.8 A-3

オランダさんが通る坂

オランダ坂(東山手)

オランダざか(ひがしやまて)

東洋人以外の「オランダさん」が往来した居留地の坂がこう呼ばれた。今は主に碑が立つ東山手の坂をいう。

東山手 MAP 付録P.8 C-1

石橋電停の近くにあるオランダ坂

長崎市内の石造り洋館としては、最大級の建物

長崎市旧香港上海銀行 長崎支店記念館 長崎近代交流史と 孫文・梅屋庄吉ミュージアム

ながさきしきゅうほんこんしゃんはいぎんこう ながさきしてんきねんかん ながさききんだいこうりゅうしとそんぶん・うめやしょうきちミュージアム

貿易を支えた英国の銀行

明治37年(1904)竣工の石造りの洋館で、国指定重要文化財。長崎近代交流史と孫文・梅屋庄吉ミュージアムが併設され、近代の海外交流史や中国との深い関わりが学べる。

南山手 MAP 付録P.8 B-1
☎095-827-8746
所長崎市松が枝町4-27
開9:00〜17:00
休第3月曜(祝日の場合は翌日) 料300円
交大浦天主堂電停から徒歩3分 Pなし

明治の長崎で歴史を紡いだ人々の建物たち

「オランダ坂」から洋館めぐり

「オランダ坂」とは、かつてオランダ人などが歩いた坂という意味で、居留地周辺の坂はすべてこう呼ばれた。開港直後に開いた外資銀行や外国人のための賃貸住宅などは現在、修理や復元保存され、資料館やカフェとして活用。外国人居留地の記憶を今に伝える。

東山手洋風住宅群

ひがしやまてようふうじゅうたくぐん

東山手の町並みの貴重な存在

7棟は明治20年代後半頃に建築された。社宅や賃貸住宅として建てられたと推定され、こうした住宅の遺構群は全国的にも稀だ。

東山手 MAP 付録P.8 C-2
☎095-820-0069(東山手地区町並み保存センター) 所長崎市東山手町6-25
開9:00〜17:00 休月曜(祝日の場合は開館) 料無料(古写真資料館・埋蔵資料館は100円) 交石橋電停から徒歩5分 Pなし

昭和後期に保存修理され、現在6棟は資料館やカフェとして公開

古写真資料館・埋蔵資料館

明治中期に建築された4棟を資料館として開放

東山手地区町並み保存センター

東山手地区の資料をパネルやビデオで展示する

南山手レストハウス
みなみやまてレストハウス

居留地時代の住宅で休憩

石造りの外壁で外国人居留地初期の特徴的な住宅。門から長崎港が望める。館内では居留地の歴史のパネルを展示。

南山手 MAP 付録P.8 B-3

☎095-829-2896 所長崎市南山手町7-5
開9:00〜17:00 休無休 料無料
交石橋電停からグラバースカイロードを利用して徒歩5分 Pなし

⇧グラバー園に近接。木柱と石壁を併用
写真提供:長崎市教育委員会

⇧2階は会議室および研修室として利用できる

南山手地区町並み保存センター
みなみやまてちくまちなみほぞんセンター

南山手の町並み保存の拠点

明治中期に英国人ウィルソン・ウォーカーが建てた質の高い住宅。昭和後期に移築・復原され、居留地時代のジオラマや資料が展示されている。

南山手 MAP 付録P.8 B-2

☎095-824-5341 所長崎市南山手町4-33
開9:00〜17:00 休月曜(祝日の場合は翌日)
料無料(会議室及び研修室利用は有料)
交大浦天主堂電停から徒歩6分 Pなし

洋館カフェでひと休み

国際交流と地域・観光の拠点
東山手「地球館」cafe slow
ひがしやまて「ちきゅうかん」カフェ スロー

東山手 MAP 付録P.8 C-2

2022年12月にリニューアルオープン。国籍を問わず、さまざまな人が坂の途中でゆっくり、のんびりできるカフェ。

☎095-822-7966 所長崎市東山手町6-25
営11:00〜16:00(金・土曜は17:00〜20:00も開館) 休月・水曜 交石橋電停から徒歩3分 Pなし

⇨自家製ベリーソースを使った長崎居留地パフェ650円

⇧洋風建築に瓦屋根という和洋折衷が長崎らしい

居留地の面影が残る
東山手甲十三番館
ひがしやまてこうじゅうさんばんかん

東山手 MAP 付録P.8 C-1

フランス領事館だったこともある瀟洒な洋館。1階のカフェスペースも素敵な雰囲気。

☎095-829-1013 所長崎市東山手町3-1 営10:00〜16:00
休月曜(祝日の場合は翌日)
交大浦海岸通電停から徒歩4分
Pなし

⇧オランダ坂の上り口にある洋館

⇦居留地セット550円。カステラアイス付き

美術品を鑑賞しながらコーヒータイム
Museum Cafe 南山手八番館
ミュージアム カフェ みなみやまてはちばんかん

⇨幕末コーヒー800円。江戸時代の波佐見焼の器でいただく

南山手 MAP 付録P.8 B-2

長崎ゆかりの美術品を所蔵する長崎南山手美術館(P.88)の1階にある、落ち着いた雰囲気のカフェ(カフェのみの利用も可能)。

☎095-870-7192
(長崎南山手美術館)
所長崎市南山手町4-3
営10:00〜16:00 休木曜、毎月16日 交大浦天主堂電停から徒歩5分 Pなし

⇨窓から長崎港が望める。壁には絵画が飾られた明るい店内

変貌を続けるウォーターフロント

出島・ベイエリア

でじま・ベイエリア

鎖国時代に西欧に開かれた日本の唯一の窓となった出島は、19世紀初頭の姿を見せている。周辺のベイエリアには、楽しい商業施設や水辺の公園が広がる。

街歩きのポイント

- 長崎の歴史と文化に思いを馳せつつ、出島と港を巡る
- 魅力的な飲食スポットが多い長崎出島ワーフで、ぜひ食事を
- 長崎水辺の森公園では、潮風を感じながら時を忘れて憩う

夜の散歩や食事も楽しめるスポット

鎖国時代の復元と最先端スポット 出島と港には旬の文化が集う

江戸幕府の鎖国政策のもと、200年以上にわたり西洋との唯一の交流の場だった出島だが、平成12年(2000)から19世紀の館を次々と復元し、一帯が往時の面影に。それを取り巻くベイエリアには、洗練された飲食スポットが集まる複合商業施設や緑の公園が広がるなど、旅を彩る憩いのスポットが勢揃いする。

⇧復元され、当時の様子を伝える出島の街並み

教会堂の情報収集はコチラで

世界文化遺産「長崎と天草地方の潜伏キリシタン関連遺産」の情報発信を行う教会群の総合窓口。

長崎と天草地方の潜伏キリシタン関連遺産インフォメーションセンター

ながさきとあまくさちほうのせんぷくキリシタンかんれんいさんインフォメーションセンター

MAP 付録P.6A-2

☎095-823-7650
所長崎市出島町1-1-205(出島ワーフ2階)
営9:30〜17:30 休無休
交出島電停から徒歩2分 Pなし

⇨教会や関連地域にまつわるパンフレット、書籍、パネル展示、DVD閲覧を用意

長崎出島ワーフ

ながさきでじまワーフ

MAP 付録P.6A-2

ウッドデッキに個性的な店が集合 潮風が吹くテラスで憩い、遊ぶ

長崎港に面する2階建ての複合商業施設。ウッドデッキの広場に沿って、地物海鮮が評判の和食店、街伝統の洋食店、コーヒーの名店、アウトドアショップなど約20軒が並ぶ。食事をしながら港や稲佐山(いなさやま)の眺めを楽しんだり、テラス席で潮風に吹かれたりと、大人の自分癒やしが充実。ロマンティックな夜景も心に残る。

☎095-828-3939
(長崎出島ワーフ管理事務所)
所長崎市出島町1-1 開休店舗により異なる
交出島電停から徒歩2分
P提携駐車場利用

運河と緑地など港町の自然が調和し、野外劇場なども配した公園は、建築・環境デザイン部門のグッドデザイン金賞を受賞。旅の間にゆったりくつろげる場所だ

長崎水辺の森公園

ながさきみずべのもりこうえん

MAP 付録P.6A-3

運河と緑が心地よい広大な公園で 地元っ子のようにのんびりくつろぐ

長崎港の南側に広がる街最大の癒やしスポット。約7.6haもの敷地に、大地の広場、水の庭園、水辺のプロムナードなど、テーマ別のゾーンが広がり、その間を全長約900mの運河がめぐる。「月の舞台」や「森の劇場」など野外劇場も点在。港と稲佐山(いなさやま)の眺めも素晴らしく、船の汽笛が旅情をかきたてる。

☎095-818-8550(管理事務所)
所長崎市常盤町22-17 開休入園自由
交メディカルセンター／大浦海岸通電停から徒歩3分
Pあり(有料)

公園は運河と緑地を介して、県屈指のミュージアム、長崎県美術館(P.84)とつながる

国際的な大型客船もよく見受けられ、華やかなムードが漂う

長崎港 松が枝国際ターミナル

ながさきこうまつがえこくさいターミナル

MAP 付録P.8A-1

屋上に芝生広場がある造りが評判 クルーズ客船を迎える海の玄関

国内外のクルーズ客船の寄港地として、平成22年(2010)にオープン。大地と一体化するような建物形状で、屋上を芝生で緑化して通行可能にするなど、地球環境と景観に配慮した構造を持つ。イベント向けのホールも充実。

☎095-895-9512(松が枝ターミナル管理事務所)
所長崎市松ヶ枝町7-16
開9:00～18:00(イベントにより変更あり)
休無休 交大浦海岸通電停から徒歩3分 Pあり

大型クルーズ船入港時は外国人旅行者も多い

屋上の芝生広場に加え、太陽光発電も行うなど、エコに配慮したターミナル

立ち寄りスポット

Attic

アティック

長崎港の眺めを楽しみながら、本格的なカプチーノとエスプレッソが楽しめる。食事メニューも。

MAP 付録P.6A-2

☎095-820-2366 所長崎市出島町1-1 長崎出島ワーフ1F 美術館側 営11:00～22:00 休水曜 交出島電停から徒歩2分 P提携駐車場利用

龍馬のラテアート450円～も好評

広い屋内席に加え、テラス席もある

ジェラートショップ IL MARE

ジェラートショップ イル マーレ

12種類のフレーバーが揃うジェラート、カルアやカンパリリキュールを使用した大人のかき氷も楽しめる。

MAP 付録P.6A-2

☎095-826-1653 所長崎市出島町1-1 長崎出島ワーフ1F 営11:00～21:30 休不定休 交出島電停から徒歩2分 Pなし

ミルクセーキ600円。散策のおともにぴったり

潮風が心地よい広いテラス席でジェラートブレイクを

水辺の森のワイナリーレストラン OPENERS

みずべのもりのワイナリーレストラン オープナーズ

長崎水辺の森公園内にあり、プチバカンス気分で地元食材を使った料理と街ゆかりのワインが満喫できる。

MAP 付録P.6B-4

☎095-811-6222 所長崎市常磐町1-15 営11:00～15:00(LO14:30) 17:00～21:00(LO20:30) 休火曜 交メディカルセンター電停から徒歩1分 Pなし

パスタやピザなどイタリアンメニューが特に充実

自然に包まれた開放的な雰囲気で、居心地がよい

19世紀初頭の街並みを復元したエリア

西洋文化の入口「出島」を復元

和・蘭が出会った出島 でじま

コーヒーや香辛料といった食、染料で発展する工芸や自然科学に医学などの学問。新しい文化がいち早く到来した出島の魅力を満喫。

観光のポイント

- 鎖国時代に唯一ヨーロッパに開かれた出島の暮らしを考える
- 海に造成された人工島。当時の技術と規模に驚く
- 復元された街を歩いて、江戸時代にタイムスリップ

江戸時代の日本の最先端エリア 文化も学問も技術もここから始まった

鎖国時代、ヨーロッパとの貿易を唯一許された出島には、コーヒーや香辛料といった新しい食文化や、自然科学や医学、化学といった進んだ蘭学など、さまざまな西洋文化が持ち込まれた。出島は国の史跡に指定され、現在も復元整備が進められている。オランダ商館長の事務所兼住居だったカピタン部屋などの復元建造物や現存するなかでは日本最古のプロテスタント神学校など明治時代のオリジナルの洋館を公開、当時を偲ばせる見どころも多く、人気となっている。

↑周囲は埋め立てられ、扇形の島の形は識別できないが、護岸の石垣が見られる場所もある

↑出島を訪れた日本の役人や大名の接待にも使用された

→出島のなかで最も大きな建物のカピタン部屋。オランダ商館長の住まいで、当時の暮らしぶりを垣間見る。和洋折衷の内装にも注目だ

国指定史跡「出島和蘭商館跡」

くにしていしせき「でじまおらんだしょうかんあと」

MAP 付録P.6 B-2

☎095-821-7200(出島総合案内所)
所 長崎市出島町6-1
開 8:00～21:00(入場は～20:40)
休 無休 料 520円 交 出島電停から徒歩4分
P なし

↑平成29年(2017)に完成した出島表門橋。かつての出入口だった石橋が撤去されてから約130年ぶりの架橋となった

注目ポイント

今も続く出島の復元

出島の復元は段階的に進められている。第1期(2000年)ではヘトル部屋など5棟を復元。第2期(2006年)にカピタン部屋など5棟を復元。第3期(2016年)には、出島の中央エリアに筆者蘭人部屋や、銅蔵、十四番蔵などが復元された。

旧出島神学校
きゅうでじましんがっこう

明治11年(1878)に建造された、現存する日本最古のキリスト教(プロテスタント)の神学校の建物。

カピタン部屋
カピタンべや

オランダ商館長が使用していたカピタン部屋は、出島で最大の建物。シャンデリアに畳敷きの和洋ミックスがユニークで、商館長の引き継ぎを再現した17.5畳の間や大広間、涼み所などを公開。

銅蔵
どうぐら

当時、出島の主要輸出品であった銅を通じて、当時の日本と世界のつながりを紹介。蔵内では銅を保管していた様子を再現している。

水門
すいもん

西洋と日本の文化・学術・貿易品が最初に出入りした象徴的な場所。2つの通り口のうち向かって右側は輸入用、左側が輸出用に使われていたという。

ミニ出島
ミニでじま

文政3年(1820)頃に川原慶賀が描いたとされる『長崎出島之図』を参考に再現。園内の模型は昭和51年(1976)に制作された15分の1サイズで、2012年から地元高校生の手で一部が修復されている。かつての様子を想像しながら、原寸の出島と比較するのも楽しい。

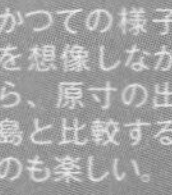

筆者蘭人部屋
ひっしゃらんじんべや

オランダ商館員の住居で、書記官が数人住んでいた。現在は出島が日本や世界とつながっていた様子を展示している。

拝礼筆者蘭人部屋
はいれいひっしゃらんじんべや

オランダ人の首席事務員の住居を復元し、出島から日本全国へと広まった蘭学について紹介。二挺天符台時計などの和時計も見どころ。

二番蔵
にばんぐら

輸入品である染料の蘇(そ)を主に収納していた蔵で、1階では「貿易と文化の交流」をテーマに、出島に輸出入された貿易品を紹介。

鑑賞後はエキゾチックな文化にふれられるお店へ

ミュージアムショップ(ヘトル部屋)
ミュージアムショップ(ヘトルべや)

MAP 付録P.6 B-2

当時、外国人に喜ばれた輸出品モチーフの雑貨

オランダ商館の商館長次席をヘトルと呼んだのが名前の由来。1階には「出島」をモチーフにした出島限定商品が買えるミュージアムショップがある。

営9:00〜18:00

↓からかみ木版カードセット(上)と唐紙マグカップ(下)

長崎内外倶楽部レストラン
ながさきないがいくらぶレストラン

MAP 付録P.6 B-2

歴史ある建物で食事を堪能

明治36年(1903)、長崎に在留する外国人と日本人の社交場として建てられた洋館。当時の面影を残すレトロな空間で長崎の地元食材を使った料理が味わえる。

営11:00〜18:00(HP要確認)
予算 L1200円〜

↓トルコライスなど、ご当地メニューが揃う

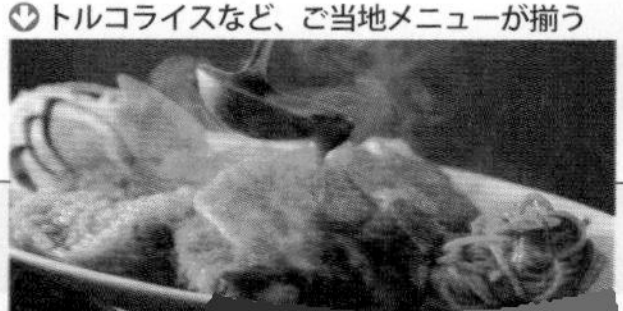

↑明治の英国式洋風建築

↑改修を重ね、今も現役

歴史

鎖国中の日本にあって、人工島218年間の歴史が生んだもの

日欧異文化交流の舞台、出島

ポルトガル人が隔離され、オランダ商館が閉鎖されるまで

復元整備事業が進行している出島。このヨーロッパとの唯一の窓口で、異国文化があふれる人工島の物語を読んでみる。

オランダ人が「国立の監獄」と嘆いた扇形の人工島が完成

出島は、寛永13年(1636)に、幕府が「出島町人」と呼ばれる25人の有力町人に命じて造らせた扇形の人工島で、荷揚げ場を含む総面積は3969坪(約1.5ha)。長崎江戸町とたった1本の橋でつながり、出入りは厳しく監視されていて、オランダ人は「国立監獄」と揶揄したとか。

出島築造の当初の目的はポルトガル人によるキリスト教の布教を防ぐためだったが、第4次鎖国令によってポルトガル人が追放されたため、そのあとに平戸にあったオランダ商館を移転させた。以来、安政6年(1859)に欧米諸国に長崎、横浜、函館の港が開かれるまでの218年間、国内唯一の"ヨーロッパへの窓口"としての役目を果たした。

↑出島絵師の川原慶賀(かわはらけいが)が描いた『長崎出島之図』。1820年代の作品といわれる〈長崎大学附属図書館経済学部分館所蔵〉

→『唐蘭館絵巻 商品計量図』。オランダ船が出島沖に停泊すると乗組員の点呼や物品の検査を実施した〈長崎歴史文化博物館収蔵〉

暇な時間はビリヤードで遊び 遊女(傾城)以外の女性は滞在禁止

島は町人から借り入れており、年間の賃貸料は銀55貫目だった。島内に滞在したのはオランダ東インド会社のいわば社員だった。甲比丹(商館長)の住宅をはじめ、乙名部屋や阿蘭陀通詞の部屋、土蔵などが並び、菜園や家畜の飼育場、娯楽スペースなどもあった。

女性の滞在は基本的に禁止だが、高札に「傾城之外女入事」とあって、長崎の遊女の出入りは許されていた。娯楽としては、森島中良が書いた西洋知識の啓蒙書『紅毛雑話』には出島でのバドミントンに似た遊びが紹介されている。ビリヤードも余暇のひとつ。

←オランダ人が出島に隔離されたように、唐人は元禄2年(1689)に設置された唐人屋敷(唐人屋敷跡P.54)に居住させられ、出入りを制限された。『唐人屋敷の図』〈長崎大学附属図書館経済学部分館所蔵〉

→宝暦年間(1751〜64)に描かれた出島のオランダ商館の図。平戸のオランダ商館は寛永18年(1641)に出島に移転を命じられた。『阿蘭陀商館の図』〈長崎大学附属図書館経済学部分館所蔵〉

オランダからの積荷は水門から ラクダも輸入されたことがある

オランダ船の積荷は出島の水門で荷揚げされた。その輸入品はさまざまだったが、メインの中国産生糸をはじめ、砂糖、白檀、麝香、象牙、水銀、鮫皮、更紗、サフラン、ガラス、遠眼鏡、外科道具、洋書など多岐にわたった。ほかにオランダ人が長崎にもたらしたものとしては世界の珍しい動物などがある。ラクダも運ばれてきたことがあり、見世物として人気を博した。日本からの輸出品として最も求められたのは銀や金、棹銅だったが、ほかに樟脳、陶磁器、塗物、屏風、蒔絵、醤油、鯨髭などが好まれた。

長崎の画家・成瀬石痴(なるせせきち)による水彩画『鳴滝塾舎之図』〈長崎大学附属図書館経済学部分館所蔵〉

オランダ商館医として着任した 3人が残した貴重な功績の数々

出島のオランダ商館には歴史的に貴重な足跡を残した人物が多い。特に医療関連での人材が目立つ。

元禄3年(1690)に来日した商館医ケンペルはドイツ人医師・博物学者で、『日本誌』で知られる。江戸城では徳川綱吉から不老長寿薬などについて質問を受けたという。ツュンベリーはスウェーデンの植物学者で、安永4~5年(1775~76)に出島に滞在。日本各地で植物を採集し、『日本植物誌』などを刊行している。ドイツ人医師で博物学者だったシーボルトが商館医として出島に着任したのは文政6年(1823)で、開校した鳴滝塾で医学や博物学を教え、多くの人材を輩出。帰国後『日本』『日本植物誌』などを著した。

シーボルトは幕府天文方高橋景保(たかはしかげやす)から国禁の日本全図を贈られていた〈国立国会図書館所蔵〉

シーボルト事件

文政11年(1828)、海外持ち出しが禁止されていた日本地図などがシーボルトの荷物から発見され、尋問を受ける。翌年、国外退去処分となったが、安政6年(1859)に再来日した。(シーボルト記念館P.88)

解体新書

杉田玄白や前野良沢らが苦難の末、安永3年(1774)にオランダ語版『ターヘル・アナトミア』を翻訳し、本文4巻と付図1巻として刊行した。

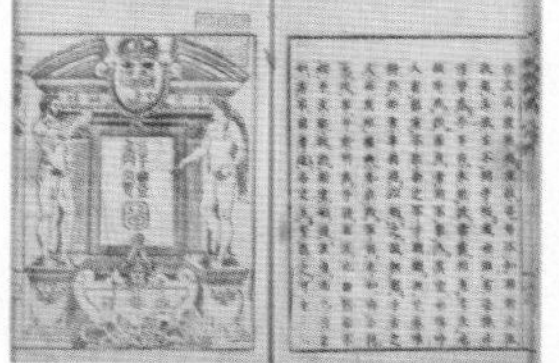

平賀源内(ひらがげんない)に蘭画を学んだ小田野直武(おだのなおたけ)が図を描いた〈国立国会図書館所蔵〉

紅毛文化

スペイン人、ポルトガル人に比べて髪色の薄いオランダ人を紅毛人と呼び、オランダ人がもたらした文化を紅毛文化と呼んだ。皮革を加工した金唐革や更紗、食関連では肉類や乳製品を楽しむようになり、こうした舶来物を好む「蘭癖」といわれる大名や趣味人も出現した。

『唐蘭館絵巻 調理室図』。江戸時代後期、オランダ屋敷で豚が解体される様子〈長崎歴史文化博物館収蔵〉

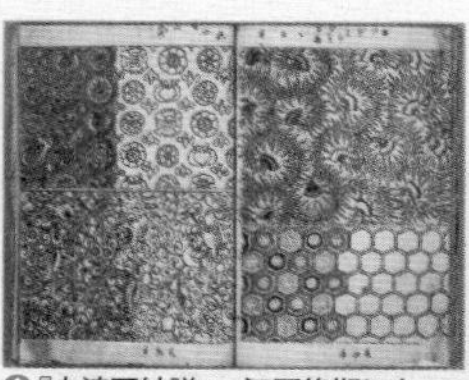

『古渡更紗譜』。江戸後期にもたらされたヨーロッパの更紗のデザイン〈国立国会図書館所蔵〉

『VOCマーク入染付平皿』。オランダ東インド会社(VOC)のマークを記した肥前磁器。オランダ商館からの注文により製作された〈長崎大学附属図書館経済学部分館所蔵〉

華僑の文化が受け継がれる繁華街へ

長崎新地中華街

ながさきしんちゅうかがい

横浜、神戸と並ぶ三大中華街のひとつだが、長崎は鎖国中も一部外国との交易を続けていただけに歴史が長い。長崎特有の中国料理が味わえるのも魅力。

街歩きのポイント

- 長崎・中国文化の出会いが生み出したちゃんぽんが食べられる
- おやつやおみやげにちょうどいいテイクアウト軽食が充実
- ランタンフェスティバル中は提灯が続く幻想的な通りになる

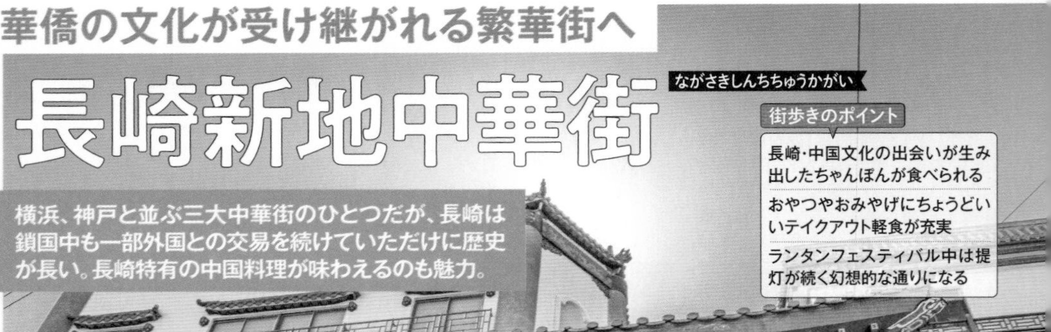

北門前には新地橋広場があり、記念撮影しやすい

青龍、白虎、朱雀、玄武と東西南北4基の中華門が守護

元禄11年(1698)の大火後、唐人屋敷前の海を埋め立てて造られたため新地中華街と呼ばれる。東西南北の門を結ぶ十字路の石畳は、長崎の姉妹都市でもあり、この地に暮らす華僑の人々の主な出身地でもある福建省の協力により造られたもの。エリア内には、料理店、食材・雑貨店など、約40の店が集まり、ちゃんぽん、皿うどん、ハトシなど、長崎ナイズされた中国料理が味わえる。

MAP 付録P.6 C-3

交新地中華街電停から徒歩2分(北門まで)

➡毎年9月下旬に開催される中秋節。多くの満月灯籠と呼ばれる提灯が下がる

冬の一大イベントに注目

旧正月の時期、街を無数の提灯が彩り、パレードなどが催される。中国式のランタンがきらめき、街が華やぐ。

長崎ランタンフェスティバル

ながさきランタンフェスティバル

➡P.34

ひと足延ばして歴史スポットへ

唐人屋敷跡

とうじんやしきあと

元禄2年(1689)に造られた中国人居住区。19世紀初頭には約9400坪もの広さを誇った。現在は四堂と周囲の堀の一部が残る。

MAP 付録P.7 D-4

☎095-822-8888(長崎市コールセンター「あじさいコール」) 所長崎市館内町

開休料見学自由

交新地中華街電停から徒歩7分 Pなし

⬆明治元年(1868)創建の福建会館

⬆福建会館内の孫文像

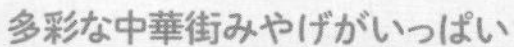

多彩な中華街みやげがいっぱい
泰安洋行 Ⓐ
たいあんようこう
MAP 付録P.6 C-3

中華食材やかわいい雑貨がズラリ。人気のソフトクリームは杏仁から味覇（ウェイパァー）味までバリエーション豊か。

☎095-821-3455 所長崎市新地町10-15 2F
営10:00～19:00 休不定休
交新地中華街電停から徒歩1分 Pなし

金ブタ
かわいい表情に癒やされる金ブタの貯金箱。ストラップの取り扱いもあり
大2800円
小900円

↑チャイナドレスやドラゴンが賑やかに飾られている

←厳選した雑貨や飲茶が揃う。2階の茶房も人気

↑ソフト各種400円～。写真は杏仁の風味がとろ～りなめらかな、杏仁ソフト

昔ながらの手作りの味に舌つづみ
福建 Ⓑ
ふくけん
MAP 付録P.6 C-3

ほぼすべてのお菓子や麺類、点心などをていねいに自社で手作り。中華食材や雑貨なども多数揃っている。

☎095-824-5290 所長崎市新地町10-12 営10:00～20:00
休1月1日 交新地中華街電停から徒歩2分 Pなし

4個540円
ごま団子
モチッとした団子に自家製の濃厚な黒ごま餡がギッシリ

5本入り400円
よりより
固すぎず軽い口当たりが人気

中華街のテイクアウト

食べ歩いて おみやげ買って

角煮まんじゅうや焼き小籠包などの点心に、よりよりや月餅、中華菓子といったテイクアウトグルメが揃う。チャイナテイストの雑貨にも注目。

皿うどんには欠かせない名脇役
三栄製麺 Ⓒ
さんえいせいめん
MAP 付録P.6 C-3

長崎独自の本場の味にこだわって創業70年。スパイスが効いた辛めの金蝶ソースは大中小の3サイズ展開。

☎095-821-6357 所長崎市新地町10-12
営7:00～19:00 休無休
交新地中華街電停から徒歩3分 Pなし

1本250円(小)
金蝶ソース
皿うどんにアクセントを加える、絶妙な辛口ソース

3780円
長崎ちゃんぽん皿うどん詰め合わせセット
それぞれ2食入りが3個と金蝶ソース。本場の味をお持ち帰り

やわらか角煮がとろ～り
長崎友誼商店 Ⓓ
ながさきゆうぎしょうてん
MAP 付録P.6 C-3

食べ歩きに人気の角煮まんは、香辛料を効かせた本格的な味。2種類から選べるほか、肉まんなどもある。

☎095-823-9137 所長崎市新地町10-9
営10:00～19:00(角煮まんの販売は～16:00)
休不定休 交新地中華街電停から徒歩1分
Pなし

1個400円

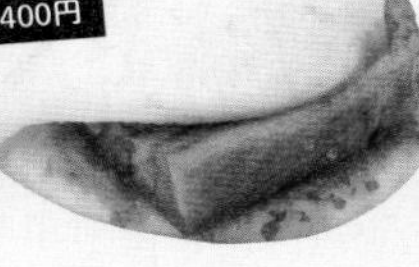

角煮まん
やわらか角煮にふかふかの生地がベストマッチ

川沿いの散策路からのどかな寺町へ

めがねばし・てらまち・しあんばし

眼鏡橋・寺町・思案橋

眼鏡橋など多くの石橋が架かる中島川沿いの遊歩道は、四季折々の花が咲く絶好の散歩道。さらに江戸中期から続く商店街や異国情緒が漂う寺町界隈まで。

街歩きのポイント

- 長崎市のランドマークのひとつ眼鏡橋の風景を眺める
- 川沿いを歩きながらモダンなセンスのショップでお買い物
- 中国らしい意匠が興味深い唐寺が集まる寺町を歩く

↑眼鏡橋の撮影は、隣の袋橋、もしくは橋下に下りて袋橋方向から撮ると眼鏡のように写る

鎖国時代に花開いた中島川の石橋群と唐寺

鎖国時代、唯一の貿易港だった長崎。唐船を中心に水運として利用された中島川には、興福寺(こうふくじ)が参拝者のために架設した眼鏡橋(めがねばし)を皮切りに、中国伝統の架橋技術を駆使した石橋が次々と架けられた。

400年近い歴史を誇る石橋群も昭和57年(1982)の長崎大水害で、眼鏡橋のほか2橋が半壊、6橋が流失した。眼鏡橋、袋橋(ふくろばし)、桃渓橋(ももたにばし)以外は原型に忠実に新しく架け直された。復旧の際には、洪水防止にバイパス水路が設けられ、護岸工事で埋め込まれたハートストーンなども話題を呼んでいる。

↑夜は思案橋周辺のお店に出かけるのもいい

眼鏡橋
めがねばし

眼鏡橋 MAP 付録P.7 E-1

川面に映る姿が眼鏡に見える日本初の石造りアーチ橋

日本最古のアーチ型石橋。寛永(かんえい)11年(1634)、興福寺2代目住職の唐僧・黙子如定(もくすにょじょう)禅師によって架けられた。橋長22m、幅3.65m、高さ5.46mで、川面に映る姿が眼鏡に見えることからその名がある。しだれ柳が揺れる河畔には遊歩道が整備され、ライトアップされて風情を醸す夜の散策もおすすめ。

☎095-822-8888(長崎市コールセンター「あじさいコール」) 所長崎市魚の町・栄町と諏訪町・古川町の間 開休料見学自由 交市役所電停から徒歩8分 Pなし

注目ポイント

皇居にある二重橋のモデルになった

眼鏡橋は、江戸の日本(にっぽん)橋(ばし)、岩国の錦帯橋(きんたいきょう)と並ぶ日本三橋のひとつとして、皇居のお濠に架かる二重橋のロールモデルになった。

さわると恋が叶うと噂の「ハートストーン」

眼鏡橋と魚市橋の左川岸の石垣にさわると願い事が叶うというハート形の石が埋め込まれている。特に「i」の形の石が隣り合うハートストーンは訪れる男女に大人気。

中島川に架かる橋の名前の由来がおもしろい

丸山遊廓へ向かう武士たちが編笠で顔を隠して渡ったという「編笠橋」や、行こうか戻ろか思案した「思案橋」、罪人が市中引き回しの最後に渡った「阿弥陀橋」など命名が意味深。

名物グルメ

ちりんちりんアイス

MAP 付録P.7 E-1

市内の観光スポットで見かける昔懐かしい屋台のアイス1個300円(変動の場合あり)。

崇福寺
そうふくじ

寺町 MAP 付録P.7 F-3

建築、仏像、意匠など中国情緒を伝える唐寺

寛永(かんえい)6年(1629)に福建省出身の商人が中心となって創立した寺。竜宮城を思わせる朱色の三門が印象的で、大雄宝殿と第一峰門は国宝。

本殿にあたる大雄宝殿は日中の建築様式が調和

☎095-823-2645 所長崎市鍛冶屋町7-5 開8:00〜17:00 休無休 料300円 交崇福寺電停から徒歩5分 Pあり

興福寺
こうふくじ

寺町 MAP 付録P.7 F-1

中国南方建築物が並ぶ日本最古の唐寺

在留唐人がキリシタンでないことの証しと航海安全の神を祀る寺として元和(げんな)6年(1620)に創建した日本最古の唐寺。眼鏡橋を架設した黙子如定(もくすにょじょう)や隠元(いんげん)禅師が住持を務めた。庫裏(くり)では庭を眺めながら抹茶がいただける。

☎095-822-1076 所長崎市寺町4-32 開8:00〜17:00 休無休 料300円 交市役所電停から徒歩8分 Pあり

本堂の大雄宝殿(右)は国の重要文化財

たびたび修復された鐘鼓楼は和風の建築様式

朱色の山門により「あか寺」として親しまれている

立ち寄りスポット

elv cafe
エルヴ カフェ

眼鏡橋のほとりに建つカフェ。自家製スパイスのカレーや天然酵母のチーズベーグルランチが人気。

眼鏡橋周辺 MAP 付録P.7 E-1

☎095-823-5118 所長崎市栄町6-16 営12:00〜18:00 休月曜、第2日曜 交めがね橋電停からすぐ Pなし

自家製スパイスが人気のカレーライス。ドリンク付セットで1600円

ニューヨーク堂
ニューヨークどう

手焼きしたカステラに、昭和12年(1937)創業来人気のアイスをサンド。チョコやビワなどフレーバーは7種類。

眼鏡橋周辺 MAP 付録P.7 E-1

☎095-822-4875 所長崎市古川町3-17 営11:00〜17:00 休不定休 交めがね橋電停から徒歩5分 Pなし

カリッとした食感のザラメがアクセント

↑展望台に立つ坂本龍馬之像。全身長3.2m、腕を組んで長崎港を見つめる。公園はハタ揚げや桜の名所

風頭公園

かざがしらこうえん

龍馬像も見つめる長崎市街を一望

坂本龍馬之像が立つ展望台からは長崎港や長崎市街が一望できる。司馬遼太郎の『竜馬がゆく』文学碑、日本初の商業写真家・上野彦馬の墓がある。

風頭山 MAP 付録P.5 F-4

☎095-822-8888（長崎市コールセンター「あじさいコール」） 所長崎市伊良林3 開休料入園自由 交風頭山バス停から徒歩5分 Pなし

↑夜景も美しいビュースポットとして人気

世界へ開かれた長崎港が一望できる 坂本龍馬の歩いた道

龍馬が長崎の拠点としたのが風頭山・伊良林界隈。
急坂や階段が続く龍馬通りには龍馬ゆかりの史跡が点在する。

龍馬と長崎の出会い

元治元年（1864）に勝海舟に同行して長崎入りした龍馬。翌年、薩摩藩の援助を得て風頭山の中腹にあたる亀山に「亀山社中」を設立。のちに〝海援隊〟と改名し、英国商人・グラバーらと貿易を行うほか、政治的・軍事的な組織として薩長同盟締結の橋渡しにもなり、慶応3年（1867）、京都で暗殺されるまで世界へ進出することを夢見ていた。

長崎市亀山社中記念館

ながさきしかめやましゃちゅうきねんかん

日本初の商社跡

龍馬とその同志が薩摩藩などの援助を受けて結成した日本初の商社といわれる「亀山社中」跡と今に伝わる建物。幕末の建物の雰囲気を再現し、隠し部屋や龍馬ゆかりの品々を展示している。

伊良林 MAP 付録P.5 F-3

☎095-823-3400 所長崎市伊良林2-7-24
開9:00～17:00（入館は～16:45） 休無休
料310円 交市役所電停から徒歩15分 Pなし

↑長崎港や長崎奉行所が眺望できる情報収集の適地であった

↓龍馬の紋服、ブーツ、ピストル、刀などを展示

龍馬通り

りょうまどおり

長崎を象徴する坂道風景

寺町通りから亀山社中記念館を通り風頭公園へ至る道。345段の石段と坂道が続く。

寺町 MAP 付録P.5 F-3

所長崎市寺町～風頭町
交新大工町電停から徒歩7分

→龍馬や亀山社中にちなんだ川柳や標識が点在している

若宮稲荷神社
わかみやいなりじんじゃ

⬆毎年10月の14・15日に奉納される「竹ン芸」で有名

龍馬も参拝した勤皇稲荷

楠木正成（くすのきまさしげ）を祀り、幕末に来崎した諸藩の志士が参詣したため「勤皇稲荷」の別名がある。70もの鳥居が導く境内には龍馬像と坂本龍馬神社が建立されている。

⬇開運・諸行成就を願う龍馬御守り

伊良林 MAP 付録P.5 F-3

☎095-822-5270 所長崎市伊良林2-10-2
開休料境内自由 交新大工町電停から徒歩12分 Pなし

立ち寄りスポット

龍馬好きが集う名物店
風雲児焼とり 竜馬
ふううんじやきとり りょうま

長崎新地中華街周辺
MAP 付録P.6 C-2

店内には所狭しと龍馬の写真や像など、ファンにはたまらない焼鳥店。

☎095-821-9766
所長崎市銅座町2-21 西浜ビル2F
営17:15〜23:00 休日曜
交新地中華街電停から徒歩1分
Pなし

⬆竜馬セット1750円

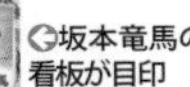

⬅坂本竜馬の看板が目印

明治40年創業のハタ専門店
小川凧店（長崎凧資料館）
おがわはたてん（ながさきはたしりょうかん）

風頭山 MAP 付録P.3 D-1

長崎凧の専門店で、凧に関するさまざまな資料も展示。長崎独特の美しい絵柄の凧はおみやげにも人気。

⬆龍馬像が立つ風頭公園近くに位置する

☎095-823-1928
所長崎市風頭町11-2
営9:00〜17:00 休無休
交風頭山バス停から徒歩4分 Pあり

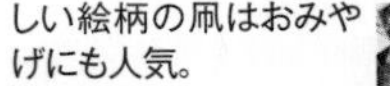

➡製作風景も見学できる

龍馬になりきるモニュメント

かつての花街に立つ銅像やブーツに肘置き机など、龍馬と同じポーズで記念撮影できる斬新なモニュメントが点在する。

龍馬がつけた刀傷が残る
史跡料亭 花月 ➡P.90
しせきりょうてい かげつ

創業約380年の卓袱（しっぽく）料理の料亭。龍馬がつけた刀傷が残る広間や直筆の書などの資料も見学できる。

思案橋周辺 MAP 付録P.7 E-4

⬇国際人の文化サロンだった

正装した龍馬像
丸山公園
まるやまこうえん

公園にはかつて花街丸山を闊歩する龍馬をイメージした銅像が立つ。

思案橋周辺
MAP 付録P.7 E-3

所長崎市寄合町1
交思案橋電停から徒歩3分

⬆ピストルと懐中時計を持つ龍馬像

⬆彦馬の父・俊之丞がこの地に別荘を構えた

龍馬を撮影した写真館跡
上野彦馬宅跡
うえのひこまたくあと

有名な龍馬の肖像を撮影した日本初のカメラマン・上野彦馬の撮影局跡。

伊良林周辺
MAP 付録P.5 F-2

所長崎市伊勢町4
交新大工町電停から徒歩3分

龍馬のトレードマーク
龍馬のぶーつ像
りょうまのぶーつぞう

サイズ60㎝のブーツを履いて舵をとれる記念撮影に人気のスポット。

伊良林 MAP 付録P.5 F-3

所長崎市伊良林
交市役所電停から徒歩20分

⬆亀山社中跡のすぐ近く。長崎の街並みが眼下に広がる

散策途中に立ち寄りたい

眼鏡橋・寺町・思案橋周辺 ちょっと気になるお店

ローカルな雰囲気の商店が多いエリアだが、近年は現代的なセンスを生かした店も登場。洗練されたおみやげを手に入れることができる。

◐◐長崎の猫雑貨
nagasaki-no neco(→P6
で購入できるオリジナ
猫雑貨。のし袋Eぶ
330円(右)、猫舌神社
きーホルダー1045円(左

カステラの老舗店が営む
お洒落な喫茶

松翁軒 喫茶セヴィリヤ

しょうおうけん きっさセヴィリヤ

眼鏡橋周辺 MAP 付録P.5 D-3

松翁軒本店(→P108)の2階に立地する喫茶。長崎名物のカステラやミルクセーキを堪能できる。明治から伝わるチョコラーテは濃厚でしっとりとした味わい。窓からは路面電車が走る様子を眺めることができ、ゆったりとした時間を過ごせる。

☎095-822-0410
所長崎市魚の町3-19
営11:00〜17:00 休無休
交市役所電停からすぐ Pあり

◐松翁軒カステラセット(ドリンク付き)850円。職人が一枚ずつ丁寧に焼き上げる

◐ミルクセーキ900円。カステラと同じ厳選した卵と牛乳を使用

予約 可
予算 Ⓛ550円〜

◐30日前から1日前までの座席のネット予約も可

おすすめメニュー
五三焼カステラセット 1150円
松翁軒カステラセット 850円
ミルクセーキ 900円

◐ポップコーンの甘い香りが漂う店内

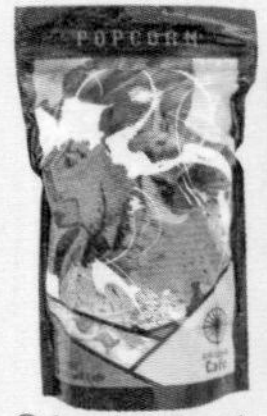

◐おつまみ系のポップコーンは13種類以上。そのうち島原の薬草を使った薬草ポップコーンは3種類あり、594円〜

◐赤いパッケージ(右)はスイーツ系のポップコーンで6種類以上、黄色のパッケージ(左)はプレミアムスイーツ系のポップコーンで2種類以上を用意

おすすめメニュー
ポップコーン 袋入り594円〜
厚焼きパンケーキ(アイストッピング) 648円

築100年の町家を改築した
カフェでポップコーンを

長崎の路地裏Cafe

ながさきのろじうらカフェ

眼鏡橋周辺 MAP 付録P.7 E-1

懐かしい雰囲気の商店街にある町家カフェ。1階はオリジナリティあふれるポップコーンが並ぶ販売店、2階は喫茶スペース。和紙のドリップで淹れる特注のマンデリンコーヒーや、長崎県産の薬草で作ったスムージーなどこだわりメニューが豊富。

☎095-895-8997
所長崎市古川町5-15
営10:00〜19:00 休不定休
交めがね橋電停から徒歩5分
Pなし

◐ステンドグラスの光がやさしく降り注ぐ店内

予約 可
予算 ⓁⒹ540円〜

↑名物の桃かすてらをモチーフにした飾り。桃カステラ 飾り2200円

↑観光地や名物がおはじきに。中の家旗店オリジナル。ながさき風物おはじき2750円

↑手ぬぐいをベースに作られた桃かすてら豆トートバッグ1540円

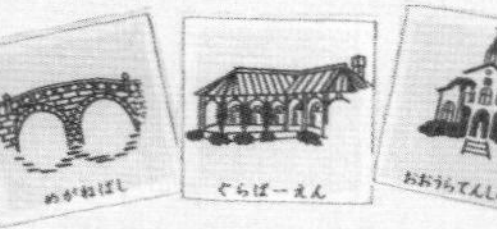

↑長崎の観光地がコースターに。ながさきぶらぶらコースター各385円

長崎の和雑貨ならここ
大正10年創業の染物屋

中の家旗店

なかのやはたてん

寺町周辺 MAP 付録P.7 E-2

大漁旗や手ぬぐい、法被など、伝統ある引き染めで製造する店。四季折々の和雑貨や長崎みやげも人気。長崎名物の桃かすてらをモチーフにした手ぬぐいや雑貨の種類も豊富。旅の思い出を探してみては。

☎095-822-0059
所 長崎市鍛冶屋町1-11 営 9:00～18:30 日曜、祝日10:30～17:30 休 無休
交 思案橋電停から徒歩3分 P なし

↑長崎をモチーフにした普段の生活でも使えるものが揃う

幸運をひっかけてくると噂の
「尾曲がり猫」がモチーフ

長崎の猫雑貨 nagasaki-no neco

ながさきのねこざっか ナガサキノネコ

眼鏡橋周辺 MAP 付録P.7 E-1

長崎に古くから住み着く「尾曲がり猫」をモチーフにした猫雑貨店。7～8割はこのお店のオリジナル商品で、ステーショナリーからアパレルまで、見ているだけでほっこり和める猫アイテムが揃う。

☎095-823-0887
所 長崎市栄町6-7 服部ビル1F
営 11:00～17:00 休 不定休
交 めがね橋電停から徒歩2分 P なし

↑眼鏡橋のすぐ近く。黒い尾曲がり猫のイラストが目印

↑全国の猫好きを中心に、県内外のお客が訪れる人気店

←マグカップ各1760円。黒猫、ハチワレ猫、トラ柄など、全7種類をラインナップ

↑猫の額を模したネコデコ箸置きは各1232円。長崎の波佐見焼製

→尾曲がり手ぬぐい1430円。ちょっとした心遣いとして渡すプレゼントにぴったり

→ミャスキングテープ550円。全部で5種類あり、どの柄もかわいい

長崎の魅力、歴史、風物を
追求した郷土の本がずらり

ブック船長

ブックせんちょう

眼鏡橋周辺 MAP 付録P.7 E-1

地元出版社「長崎文献社」がプロデュース。長崎にまつわる人物史、町歩き本、キリスト教や原爆関連本など「長崎を深く知る」ための本が並ぶ。長崎の古写真、ポストカードなどの雑貨はおみやげにぴったり。

☎095-895-9180
所 長崎市古川町3-16
営 10:30～18:15 休 無休
交 めがね橋電停から徒歩3分 P なし

→浜町からほど近い、アルコア中通りの商店街の一角にある本屋さん

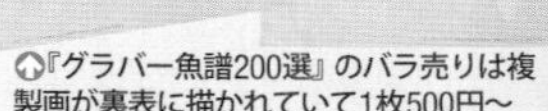
↑『グラバー魚譜200選』のバラ売りは複製画が裏表に描かれていて1枚500円～

→長崎県出身のイラストレーター岡本典子さんのポストカード200円

↓意外な歴史やエピソードまで知ることができる観光客に人気の『長崎遊学』1冊880円～

↑船をデザインした4つの木製屋台に長崎関連の歴史書、偉人伝、雑誌など約400種類の本を陳列、販売している

恒久平和と核廃絶を願う祈りの地を歩く

平和公園・浦上

へいわこうえん・うらかみ

西洋文化が花開いた美しい港町は、第二次世界大戦時、原爆投下により壊滅的な被害を受けた。その現実を伝え、恒久平和を願うのも、この街の使命だ。

青銅製の「平和祈念像」は長崎県出身の彫刻家・北村西望氏の作

街歩きのポイント

- 原爆投下から今に至る街の歴史を平和公園や資料館で学ぼう
- 浦上天主堂や山王神社など、遺構が残る信仰の場も巡ろう
- 自身も被爆しながら被災者救援にあたった永井博士の生涯を知る

悪魔の兵器が降り注いだ爆心地 今も世界に平和を呼びかける

昭和20年(1945)8月9日、長崎上空に侵入したアメリカ軍機は原子爆弾を投下。浦上松山町の地上約500mで炸裂し、同年末までに15万人の市民が死傷、街は灰墟と化した。平和公園・浦上エリアには、その惨禍を伝える資料館や遺構が点在。苦難を乗り越えて不死鳥のように蘇った街の軌跡と平和への願いをたどれる。

↑平和公園にある噴水「平和の泉」の水形は、平和の象徴・鳩の羽ばたきをかたどる

爆心地

ばくしんち

平和公園 MAP 付録P.9 E-2

原爆が炸裂した上空を示し黒御影石の標柱がそびえる

アメリカ軍が投下した原子爆弾は、長崎市松山町の上空約500mで炸裂。民家や工場が密集する街は一瞬にして破壊された。落下の中心地に標柱が立つ。

☎095-822-8888(長崎市コールセンター「あじさいコール」) 所長崎市松山町 開休料見学自由 交平和公園電停から徒歩2分 Pなし

↓標柱の周囲は、炸裂の様子を示すように同心円状の広場となっている

平和公園

へいわこうえん

平和公園 MAP 付録P.9 E-2

青銅製の平和祈念像が犠牲者を悼み、平和を祈る

昭和26年(1951)に、世界平和と文化交流を記念して造成。約15.7haもの広大な敷地内に平和を祈るモニュメントが点在する。恒久平和の象徴「平和祈念像」は北側の丘にあり、天を指す右手は原爆の脅威を示し、水平に伸びた左手は平和を、閉じた瞼は戦争犠牲者の冥福を祈る姿を表している。

☎095-822-8888(長崎市コールセンター「あじさいコール」) 所長崎市松山町 開休料見学自由 交平和公園電停から徒歩2分 Pあり(有料)

→昭和57年(1982)建立の「折り鶴の塔」には平和を願う折り鶴が掲げられる

浦上天主堂

うらかみてんしゅどう

平和公園周辺 MAP 付録P.9 F-2

信仰の深さと被爆の歴史を伝える廃墟から蘇ったカトリック教会

明治政府によるキリスト教禁制の解消後、大正4年(1915)、鐘楼の双塔は未完成のまま、破堂した。信徒らが30年以上をかけて教会堂を建設し、鐘楼の双塔も大正14年(1925)に完成。その20年後、原爆投下により、一部の壁を残して全壊。当時堂内にいた司祭2名と24人ほどの信徒は全員死亡した。戦後、信徒による再建運動が進められ、昭和34年(1959)、同じ場所に同様の構造で再建された。

↑大正時代の姿を蘇らせた外観の赤レンガ造りは、昭和55年(1980)の改修工事で完成。翌年、ローマ法王が訪れてミサを捧げた

↑爆心地に近かった天主堂の惨状を被爆遺構が物語る

☎095-844-1777
所長崎市本尾町1-79
開9:00〜17:00 休無休 料無料
交平和公園電停から徒歩10分
Pなし

長崎市永井隆記念館

ながさきしながいたかしきねんかん

平和公園周辺 MAP 付録P.9 E-1

重病の床で執筆を続けた医師が残した原爆の脅威と平和への祈り

長崎医科大学の放射線医師・永井隆博士は被爆後も白血病のため、病床に伏しながら平和を訴える小説や随筆を著した。その生涯と作品などを展示。

☎095-844-3496 所長崎市上野町22-6
開9:00〜17:00 休無休 料100円
交大橋電停から徒歩10分 Pなし

↑永井博士が私財を投じて設立した図書室「うちらの本箱」が前身となっている

→博士の妻・緑夫人は、原爆投下で死亡。ロザリオが遺された

↑1階に博士の生涯に関する展示、2階に図書室が

山王神社の被爆大楠と一本足鳥居

さんのうじんじゃのひばくおおくすのきといっぽんあしとりい

浦上駅周辺 MAP 付録P.9 F-4

奇跡的に残った一本足鳥居と被爆後を生き抜く楠の大樹

寛永15年(1638)創建の神社。爆心地から南東約1kmの高台に位置し、原爆投下によって社殿は全壊。鳥居は4基あったが、ひとつの鳥居の片方の柱だけが奇跡的に残り、今も同じ地に立つ。被爆の損傷が激しかった大楠もたくましく蘇り、緑の葉を茂らせている。

↑黒焦げ状態から復活した2本の楠が境内入口にそびえ、参拝者に生命力を伝える

☎095-844-1415
所長崎市坂本2-6-56
開休料見学自由 交浦上駅前電停から徒歩10分 Pなし

↑片側の柱と笠石半分が残り、地元では「片足鳥居」と呼ばれる。社殿は戦後に再建

「異国」から受けた攻撃

長崎から発信する平和への願い

8月6日の広島に続いて、わずか3日後に投下された原爆。この許されない人類の犯罪は永劫にわたって語り継がれる。

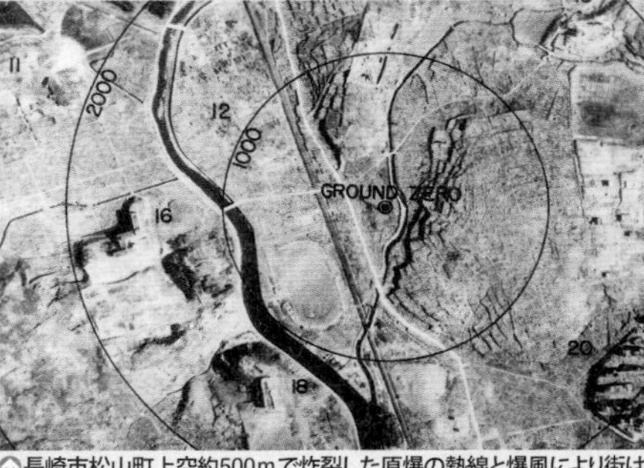

↑長崎市松山町上空約500mで炸裂した原爆の熱線と爆風により街は廃墟となった(写真下)。上の写真は投下前の同じ地点の航空写真で、投下2日前に米軍が撮影

小倉は曇天だったのでB29は第2目標の長崎へと向かった

B29ボックスカーが長崎市に飛来したのは昭和20年(1945)8月9日のことだった。ファットマンと称されるプルトニウム型の原子爆弾を投下し、午前11時02分、松山町の上空約500mで炸裂。すさまじい閃光と熱線・爆風で街はほぼ壊滅した。広島に続き繰り返された惨劇で爆心地から半径2km以内に建つ家屋の約80%が焼失・倒壊した。当時の市の推定人口は約24万人だったが、この原爆で死者は7万3884人、負傷者は7万4909人におよんだとされる。ただその全容は現在も不明だ。終戦はその6日後の8月15日だった。

↑浦上天主堂遺壁の上にある像

原爆への認識を新たにする機会が多数用意されている

松山町上空で爆発した原爆により、爆心地の地表温度は3000～4000℃に達したといわれる。そこには現在、高さ6.6mの「原子爆弾落下中心地碑」が立つ。政府は昭和24年(1949)に長崎国際文化都市建設法を制定。被爆50周年の事業として1996年に開館した長崎原爆資料館では、惨状を物語る多くの資料が展示されている。なかには、被爆した浦上天主堂(うらかみてんしゅどう)の再現造形による側壁も見られる。平成15年(2003)には原爆犠牲者を追悼する「国立長崎原爆死没者追悼平和祈念館」も設立。原爆への認識は常に持っていたい。

←↑双塔の高さ26mと東洋一の壮大さを誇っていた浦上天主堂(P.63)は、鐘楼ドームが落下し、わずかに側壁を残すだけとなった

↑大伽藍が次々と炎上、2日間燃え続け、国宝の建造物などが灰となった福済寺(P.72)。中国文化を受け継ぐ長崎の代表的な文化財だった

↑かつては浦上キリシタンの檀那寺だった聖徳寺は、爆風で本堂が崩壊。この寺を寮としていた三菱兵器製作所関係者も死亡した

こちらも訪れたい

国立長崎原爆死没者追悼平和祈念館

こくりつながさきげんばくしぼつしゃついとうへいわきねんかん

平和公園周辺 MAP 付録P.9 E-3

原爆死没者を追悼し、恒久平和を祈る

長崎原爆資料館に隣接。被爆者の名前や遺影、体験記、証言映像などを公開し、被爆関連の図書も閲覧可能。追悼空間には、原爆死没者名簿が安置。

☎095-814-0055 所長崎市平野町7-8 開8:30～17:30(5～8月は～18:30、8月7～9日は～20:00) 休12月29～31日 料無料 交原爆資料館電停から徒歩4分 Pあり(有料)

長崎原爆資料館

ながさきげんばくしりょうかん

平和公園周辺 MAP 付録P.9 E-2

原爆の記憶と平和への希求をストーリー性のある展示で紹介

原爆投下の惨状を示す遺品など1500点以上の収蔵資料を展示。被爆前の長崎、原爆投下直後の惨状、核兵器開発の歴史などを物語性のある展示で紹介している。ビデオルームでは、映画「ながさき原爆の記録」とアニメーション「8月9日長崎」を交互に上映。原爆・平和関連の書籍を揃えた図書室も併設している。

☎095-844-1231 所長崎市平野町7-8 開8:30～17:30(5～8月は～18:30、8月7～9日は～20:00) 入館は各30分前まで 休12月29～31日 料200円 交原爆資料館電停から徒歩5分 P71台(有料)

被爆し、破壊されてしまった浦上天主堂の側壁の再現造形も展示している

原爆が炸裂した11時2分を指したまま壊れた柱時計

長崎型原爆「ファットマン」の模型も間近に見られる

市の原爆被爆50周年記念事業の一環として1996年に開館

展示の始めは被爆前の長崎の街を写真で紹介

地形模型とモニターで熱線や爆風の広がり方をわかりやすく説明

長崎から発信する平和への願い

8月9日、世界に届け、平和への祈り

原爆の惨禍をけっして忘れないために、平和の尊さを次世代の若者たちに継承するために、毎年さまざまな行事が開催される。

長崎原爆犠牲者慰霊平和祈念式典

毎年8月9日に平和公園の平和祈念像前で開かれる式典。世界に向けて長崎平和宣言が行われるほか、黙祷、献花、学生による合唱などで平和を祈る。

☎095-829-1147 (長崎市原爆被爆対策部 調査課)

平和の灯

9月下旬、世界の平和を願って、手作りしたキャンドルに火を灯して、平和都市長崎を世界へ向けてアピールする。爆心地公園で開催される市民参加型の恒例行事。

☎095-844-3913 (平和の灯実行委員会事務局)

キリシタン文化の記念碑と記念館

ながさきえきしゅうへん

長崎駅周辺

2020年3月に新駅舎となった長崎駅。周辺には、豊臣秀吉の時代に起きた、キリスト教の禁教令による悲劇を伝える、祈りの史跡が点在している。

街歩きのポイント

- 教会は大切な祈りの場所。見学の際はマナーを守ろう
- キリシタン弾圧の歴史を学べる記念館と公園がある
- 殉教地・西坂は、2019年に教皇フランシスコが公式巡礼で訪れた

↑日本二十六聖人殉教地、西坂の丘にある舟越保武による記念碑。背面には記念館がある

キリシタンの街として発展 やがて殉教の舞台となった

長崎駅周辺には、殉教した二十六聖人を表した、彫刻家・舟越保武による記念碑や、建築家・今井兼次によるモダン建築の教会など、歴史を知ると同時にフォルムが印象的なスポットが多数ある。信仰と一体となった建築や芸術が多い点も長崎の特徴かもしれない。そしてもちろん、長崎の玄関口である駅にはショッピングやグルメ、おみやげ選びができるビル「アミュプラザ長崎」があり、街の現在進行形の見どころが集まっている。散策をしながら、街の歴史に思いを馳せたい。

↑電車の待ち時間に利用できるお店も充実

日本二十六聖人殉教地・記念館

にほんにじゅうろくせいじんじゅんきょうち・きねんかん

長崎駅周辺 MAP 付録P.4 B-1

殉教の地、西坂の丘に建つ記念碑と記念館で知る祈りの心

豊臣秀吉の命令により、6人の外国人宣教師と20人の日本人の信徒が処刑された殉教地には記念碑と記念館が建ち、日本カトリック司教団の唯一の公式巡礼所となっている。記念館ではザビエルのキリスト教布教から弾圧の時代や二十六聖人の殉教、潜伏キリシタンから明治時代の信仰の復活までの歴史を紹介している。

↑二十六聖人の記念碑は昭和37年(1962)、記念館とともに完成。一人一人の表情が胸に迫る

☎095-822-6000
所長崎市西坂町7-8
開9:00〜17:00 休無休 料500円
交長崎駅前電停から徒歩5分 Pあり

記念館では天文15年(1546)の「聖フランシスコ・ザビエル書簡」はじめ貴重な資料を展示

聖フィリッポ教会

せいフィリッポきょうかい

長崎駅周辺 MAP 付録P.4 B-1

天に伸びる双塔が圧倒的 石造りモダン建築の教会

二十六聖人のひとり、メキシコ人修道士、聖フィリッポ・デ・ヘススに捧げられ、昭和37年(1962)、日本二十六聖人記念館同様、今井兼次設計で建てられた。印象的な双塔は信仰と建築が一体化したアントニ・ガウディの研究者だった今井がそのエッセンスを取り入れたもの。

☎095-822-6000(日本二十六聖人記念館)
所長崎市西坂町7-8 開8:00〜18:00 休無休
料無料 交JR長崎駅から徒歩5分 Pあり

シンプルに設計されたステンドグラスに聖像の存在感が際立つ。穏やかな祈りの環境

双塔は、殉教者の喜びに地上の人々の喜びが呼応する「天の門」を表すという。今井兼次は信仰と建築が一体となったガウディの創作に共鳴していた

サント・ドミンゴ教会跡資料館

サント・ドミンゴきょうかいあとしりょうかん

長崎駅周辺 MAP 付録P.5 D-3

キリスト教布教の拠点から、迫害の地となった歴史を知る

慶長14年(1609)、ドミニコ会のモラレス神父が鹿児島の教会堂を長崎代官・村山等安寄進の土地に移築。5年後の禁教令で破壊された教会の遺構が小学校建て替えに伴う発掘調査で出土した。

☎095-829-4340 所長崎市勝山町30-1(桜町小学校内) 開9:00〜17:00 休月曜 料無料
交市役所電停から徒歩5分 Pなし

歴史を伝える教会遺跡や、その後の代官屋敷時代の井戸などを公開している

聖福寺

しょうふくじ

長崎駅周辺 MAP 付録P.4 C-2

坂本龍馬ゆかりの いろは丸事件談判の舞台

延宝5年(1677)に長建立。坂本龍馬率いる海援隊の「いろは丸事件」で賠償談判をした寺としても知られる。2030年まで文化財4棟修復中。

☎095-823-0282 所長崎市玉園町3-77
開休料拝観自由
交桜町電停から徒歩4分 Pなし

境内には禁教時代を物語る「じゃがたらお春」の石碑が立つ

長崎の魅力満載のスポット・長崎駅に注目

観光案内所を備え、みやげ屋完備の大型複合施設が隣接。豪華列車のツアーへも、旅の玄関口・長崎駅から。

アミュプラザ長崎 本館

アミュプラザながさき ほんかん

長崎駅周辺 MAP 付録P.4 A-2

ファッションからエンタメまで

ショッピングからグルメまで高感度な店舗が揃う。映画館や長崎みやげのお店も充実。ホテルにも隣接し長崎観光の要所となる施設。

長崎の陸の玄関口として約250のショップが出店している

☎095-808-2001(インフォメーションセンター)
所長崎市尾上町1-1
営10:00〜20:00(物販)、11:00〜22:00(飲食)
休無休(年1回で休館日を設ける場合あり)
交JR長崎駅隣接 Pあり

「びぃどろ」50g缶入り1100円(左・ルピシア長崎店)。「長崎オマガリにゃまがし」3個セット1100円、事前予約制(右・千寿庵長崎屋)

歴史

大陸に最も近い海洋国は常に外国への懸け橋だった

異国文化が往来する街

俯瞰すれば長崎港を囲む円形劇場のような街の姿が目に入るが、この異国情緒あふれる坂の街には激しい浮き沈みを経た歴史が潜む。異国文化を咀嚼してきた独自の街・長崎を時間旅行してみる。

3～7世紀
古墳時代

壱岐は一支国と断定された
国際性を語る遺物

卑弥呼の時代に著された「魏志倭人伝」に登場する対馬国と一支国に見る豊かな文化

長崎県内最古の遺跡は福井洞穴で、後期旧石器時代～縄文早期の遺物が発見されている。陳寿がまとめた中国の史書『三国志』の「魏志倭人伝」には倭国(日本)の国々のことが書かれ、それによると半島から渡海して最初に至る倭人の国が對馬國(対馬)だ。塔の首遺跡の墳墓群からは楽浪郡や中国製などの副葬品が発見され、豊かな国際性を物語る。対馬から再び海を渡ると「一大國に至る」とあり、これは一支国=壱岐国とされ、原の辻遺跡は一支国の王都と断定されている。古墳時代の遺跡は県内各地にあり、500基ほどを数える。長崎市の曲崎古墳群がよく知られる。

7世紀頃

壱岐・対馬は防衛の最前線
防人が守る国境の島々

朝鮮半島の白村江の敗退で大和政権は北部九州の重要性を認識。山城を築き、防人を置いた

百済復興を願う残党と倭国軍が唐・新羅連合軍と白村江で天智2年(663)に激突して敗退すると、大和政権は防衛のために対馬や筑紫に水城や朝鮮式山城の大野城や金田城などを築き、大宰府防衛ネットワークが形成されていった。対馬や壱岐は防衛的に最前線にあたるため、翌年には防人(北九州防衛のための兵士)と烽(狼煙台)が置かれ、対馬の金田城が完成したのは天智6年(667)のことだった。天平9年(737)になると、東国防人をやめ、筑紫の人に壱岐・対馬を守らせた。

➲倭国の防衛ラインとして対馬の城山頂に金田城が造られた。浅茅湾に突き出し三方を海に囲まれた山城で、今も外壁の石塁を見ることができる

福井洞穴　旧石器時代に使われた土器

佐世保市街の郊外で発見された福井洞穴には、先史時代の人々の生活の痕跡が残されている。およそ3万年前の旧石器時代から縄文時代にかけての遺跡で、1万2000年前の地層から、細石器で作られた道具と土器が一緒に出土した。旧石器時代から土器時代への移行を示す貴重な資料として注目されている。

原の辻遺跡
はるのつじいせき

壱岐 MAP 本書P.2A-3

邪馬台国時代の遺跡で、倭人伝にある「一支国」の中心集落。三重の環濠を備え、一支国の王都であることが確認されている。

☎0920-45-2065(原の辻ガイダンス)
所 壱岐市芦辺町深江鶴亀触1092-5
開 9:00～日没　休 水曜(遺跡公園は入園自由)　料 無料　交 印通寺港・芦辺港から車で10分　P なし

⇧弥生中期の日本最古の船着き場跡も発掘されている

壱岐市立一支国博物館
いきしりついきこくはくぶつかん

壱岐 MAP 本書P.2A-3

島内から出土した資料約2000点を展示し、弥生時代を中心に壱岐の歴史を紹介している。CG映像などを用いた展示演出が人気。

☎0920-45-2731
所 壱岐市芦辺町深江鶴亀触515-1　開 8:45～17:30
休 月曜(祝日の場合は翌日)
料 410円　交 郷ノ浦港から車で20分　P あり

百済滅亡　唐・新羅の連合軍に敗退

6～7世紀、朝鮮半島では高句麗・百済・新羅の3国が対立していた。倭国はいずれも友好関係にあった唐と百済が戦う局面で、二者択一を迫られた結果、百済側につく。百済は唐に破れ滅亡。倭国は唐との対立を深めていくこととなった。

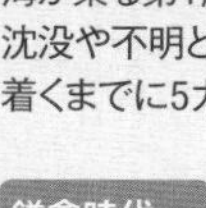

平安時代

遣隋使、遣唐使

大陸へはどう渡るか

大陸や半島への渡海には決死の覚悟があった 壱岐・対馬や五島列島は重要な停泊地だった

推古8年(600)に始まった遣隋使は、大坂の難波津から瀬戸内海を経て九州・玄界灘を壱岐・対馬と渡り、朝鮮半島の西側沿いを北上して山東半島へ向かったと考えられる。遣唐使(第1次派遣は630年)の初期は博多から壱岐〜対馬を経て新羅経由の北路で向かったが、新羅との関係が悪化すると、平戸から五島列島を経て東シナ海を渡る南路が利用された。五島列島では福江島や中通島に寄港地があり、『肥前国風土記』に「美弥良久の埼」とある福江島の美弥良久(現在の五島市三井楽町)は、遣唐使最後の寄港地だった。

五島列島は倭国の西端にあたり、ここから先は死を覚悟したという。たとえば、延暦23年(804)に第16次遣唐使船で唐へ向かった空海の場合も悲惨だった。五島列島の久賀島田ノ浦から東シナ海に出るコースをとったが嵐に遭遇し、空海が乗る第1船は34日間も漂流することになり、第3、4船は沈没や不明となってしまう。目的地の長安(現在の西安)に着くまでに5カ月が過ぎていた。

遣唐使船寄泊地の碑

けんとうしせんきはくちのひ

五島列島 MAP 付録P.10A-3

『肥前国風土記』にもある、遣唐使船の日本最後の寄港地として福江島の魚津ヶ崎公園に立つ。季節の花々が美しい。

☎0959-82-1111(五島市岐宿支所)
所 五島市岐宿町岐宿1218-1 交 福江港ターミナルから車で20分 P あり

遣唐使は8世紀に壱岐・対馬ルートから五島列島ルートへ

鎌倉時代

蒙古軍に襲われた対馬・壱岐

元寇、2度の襲来

対馬、壱岐を襲って博多湾へ。 対馬では男女問わず犠牲になった

モンゴル帝国第5代皇帝フビライの国書が大宰府に届いたのは文永5年(1268)で、建前は親睦を求めるものだったが、あきらかに侵略を意図するものだった。鎌倉幕府・北条時宗は応じなかったため、文永11年(1274)、対馬と壱岐を襲撃したあとで、モンゴル・高麗の連合軍(総勢3万数千)が博多湾から上陸を開始。新兵器"てつはう"や毒矢、集団戦法に日本軍は苦戦を強いられる。しかし暴風雨のために、元軍は撤退し、文永の役は終わる。

弘安4年(1281)、4万2000の東路軍と10万の江南軍からなるモンゴル・漢・高麗連合軍が再び北九州に襲来。しかし、台風に襲われ元の軍船の多数が沈み、フビライの日本征服(弘安の役)は再び失敗に終わるが、その後もたびたび日本に使者を送っている。

辞本涯の碑

じほんがいのひ

五島列島 MAP 付録P.10A-3

空海が遣唐使船で中国に渡ったのは延暦23年(804)。その最後の寄港地・福江島に立つ記念碑。

☎0959-84-3163(五島市三井楽支所) 所 五島市三井楽町柏 交 福江港ターミナルから車で40分 P あり

遣唐使の渡海は命がけだった

白良ヶ浜万葉公園

しららがはままんようこうえん

五島列島 MAP 付録P.10A-3

遣唐使船型展望台の朱色の船艇が公園のシンボル。『万葉集』にゆかりの歌碑などが立つ。

☎0959-84-3163(五島市三井楽支所) 所 五島市三井楽町濱ノ畔
交 福江港ターミナルから車で30分
P あり

遣唐使船を模した展望台もある

(左)対馬は文永11年(1274)、蒙古軍に襲撃され、激戦の末、玉砕した。(右)壱岐に上陸した元の連合軍を守護代・平景隆(たいらのかげたか)の軍勢が迎え撃つが、力及ばず自決に至る。矢田一嘯(やだいっしょう)が描いた『元寇の油絵』は14枚組の大作〈鎮西身延山本佛寺所蔵〉
写真提供:うきは市教育委員会

室町時代

平戸にポルトガル船が来航

キリスト教伝来

肥前で最初にキリスト教の布教をしたのは あのザビエル。長崎にはキリシタンの避難場所が

スペイン人宣教師フランシスコ・デ・ザビエルが鹿児島に上陸して日本で初めてキリスト教を伝えたのは天文18年(1549)。そのザビエルが平戸に入り、領主・松浦隆信の保護を得て布教活動を始めたのはその翌年だった。

永禄10年(1567)に長崎での布教を始めたのはポルトガル人神父ルイス・デ・アルメイダで、元亀元年(1570)に長崎が開港されると領主・大村純忠の許可を得て、迫害を受けて逃れてきたキリシタンのために新しい町づくりを始めた。のちに〝内町〟と呼ばれる礎となった。天正8年(1580)になると、純忠は長崎と茂木をイエズス会に譲渡している。

戦国時代

キリシタン文化、繁栄の時代

キリシタン大名の誕生

カトリックに惹かれた大村純忠の入信 キリスト教の教育機関も長崎各地に設置

永禄4年(1561)の「宮の前事件」でポルトガル船は平戸を去り、新たな貿易港として大村領横瀬浦に開港を求めた。これに対し領主・大村純忠は許可を与え、布教も認めることになった。この交渉にあたったのがアルメイダ修道士だ。純忠はやがてキリスト教に惹かれ、洗礼を受けて史上初のキリシタン大名になった。ほかに、豊後藩主・大友宗麟、肥前藩主で浦上をイエズス会に寄進した有馬晴信、高槻藩主・小西行長、筑前国福岡藩祖の黒田孝高(如水)、高山右近らがキリシタン大名となっている。

「天正遣欧少年使節」を企画したことでも知られるヴァリニャーノは、セミナリヨやコレジョと呼ばれるキリスト教の教育機関を設け、日本人の司祭を養成した。これらの学校は各地を転々とするが最終的に長崎に至る。

宮の前事件 絹布の価格をめぐって大惨事

キリスト教を保護する領主・松浦隆信の政策に、家臣や仏寺の僧侶のなかに反発が高まっていた。そうしたなか、永禄4年(1561)、平戸に入港していたポルトガル商人と平戸商人の間で絹の価格をめぐってトラブルが発生、船長を含む14人のポルトガル人が殺傷された。七郎宮の前で起きたことから「宮の前事件」と呼ばれる。

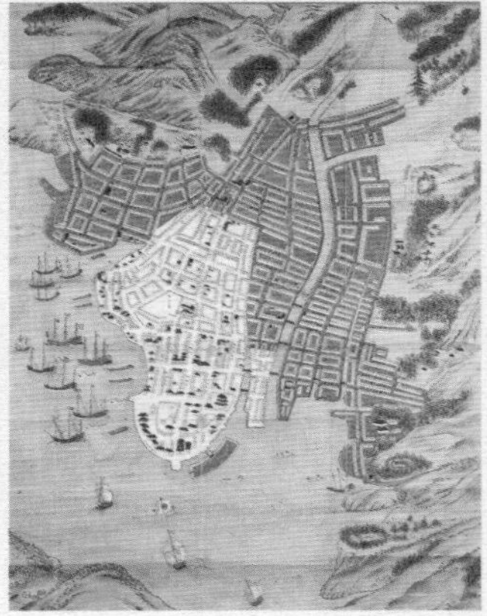

➲1630年頃の長崎を描いたとされる、現存する最古の長崎図『寛永長崎港図』。右は明治時代に模写されたもの。白い部分が開港後、元亀2年(1571)に大村純忠が造った6町を含む内町(秀吉により長崎は直轄領となり、地租免除内の町という意味でこう名付けられた)、赤い部分が内町の周囲にできた外町(地租免除外の町)で、両者は区別された。中島川に架かる眼鏡橋や図の下方には出島も見える〈長崎歴史文化博物館収蔵〉

天正遣欧少年使節 4少年が教皇に謁見

大友宗麟の名代・伊東マンショと、有馬晴信と大村純忠の名代・千々石ミゲルを正使に、中浦ジュリアンと原マルチノを副使として、天正10年(1582)に長崎からローマへ出航。ローマでは教皇グレゴリオ13世に謁見し3大名の書状を捧呈した。欧州各地で大歓迎を受け、8年5カ月後に長崎に帰還した。

⇧南蛮風俗を描いた屏風絵で「南蛮屏風」と呼ばれる。左は『南蛮人来朝之図』の左隻で、長崎港に入港した南蛮船と荷揚げの光景。右は同屏風の右隻で、上陸したカピタン一行と南蛮寺を描いている。16世紀後半～17世紀初頭の狩野派の作品といわれている〈長崎歴史文化博物館収蔵〉

キリスト教とセットで隆盛するポルトガルやスペインとの貿易

南蛮貿易

長崎の南蛮貿易はポルトガル船の平戸への来航に始まるが、貿易港は転々と移動し、長崎港に行き着く。南蛮貿易が日本にもたらしたものは多く、今も日常生活に残る。

平戸の繁栄は後期倭寇が貢献 長崎にはイエズス会の町が誕生

南北朝時代の1350年頃、対馬や壱岐、五島列島に武士や漁民が倭寇として高麗沿岸を荒らしていた。高麗はこの前期倭寇の対策を幕府に求めたが、効果はなかった。足利義満の勘合貿易で一時衰退するが、この制度がなくなると再び(後期)倭寇が活発化し、平戸を根拠地とする頭目・王直が武装した船団で密貿易を仕切った。領主・松浦隆信は王直を保護したので平戸は繁栄することになった。

天文19年(1550)、ポルトガル船が最初に平戸に来航すると隆信はこれを歓迎し、南蛮貿易が始まる。元亀2年(1571)に長崎が開港すると、大村純忠の保護を受けてキリシタンの町づくりがなされ、町はイエズス会の所領となり、活字印刷機などがもたらされた。

信長や秀吉も好んだ南蛮文化 ポルトガル語が今も日本に残る

ポルトガルとの貿易によって長崎にもたらされたものが多種多彩だったことは、その多くのポルトガル語が日本に定着していることでもわかる。たとえば服飾関連ではメリヤス、ラシャ、ビロード、マント、カッパ(秀吉はビロードのカッパなどの"南蛮ファッション"がお気に入りだったという)、料理の分野では鶏の水炊きや天ぷらなど、菓子類ではカステラ、ビスケット、コンペイトウ、アルヘイ(有平糖)、(丸)ボーロ、タルトなどがある。日用品にもタバコ、コップ、カルタ(のちに国産の「天正カルタ」として流行)、フラスコ、ビードロなどが伝わっている。しかし、輸入品の最大の製品は中国産の生糸で、ほかに鉄砲や毛織物、香料があった。日本からの輸出品は銀を中心に、刀剣や工芸品が好まれた。

異国人向けに作られた輸出漆器。オランダカピタンの市中散策の様子が描かれている。螺鈿細工阿蘭蛇カピタン図盆(短径29.2cm×長径33.7cm×高さ5.8cm)〈長崎歴史文化博物館収蔵〉

輸出用に長崎や京都で製作された箪笥。南蛮人の注文により、太陽や菱形など、イスラム様式の装飾文様が取り入れられている。螺鈿蒔絵菱形文洋箪笥(縦36.4cm×横63.3cm×高さ42.6cm)〈長崎歴史文化博物館収蔵〉

南蛮漆器によく見られる化粧箪笥。日本では宣教師が祭具を入れるために使っていたが、もとは南蛮人が調度品として作らせたもの。螺鈿蒔絵四季彩洋櫃(縦30.0cm×横55.4cm×高さ36.5cm)〈長崎歴史文化博物館収蔵〉

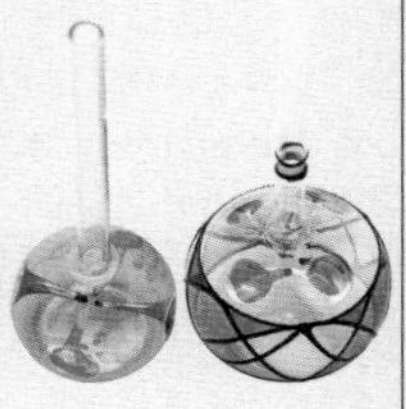

ビードロはガラス工芸品のひとつで、管状の細い吹き口から息を吹き込むと音が鳴る玩具。天文11年(1542)にポルトガルからもたらされた。語源はポルトガル語でガラス製品の意味

シュガーロード

貿易で荷揚げされたもののなかでも高級品とされた砂糖。出島から長崎街道を通り、佐賀や小倉、そして遠く大坂、京都や江戸へ砂糖が運ばれていくなかで、各地の文化や風土を取り入れた菓子文化が、街道を中心に花開いた。長崎街道はこういった歴史背景から「シュガーロード」と呼ばれ、独自の菓子文化が今日まで受け継がれている。

ポルトガル人宣教師ルイス・フロイスが献上したというガラス瓶入りのコンペイトウに信長は大いに喜んだという。そもそも砂糖は当時貴重な高級品であり、宣教師は布教の際にコンペイトウを利用して勧誘していたらしい。カステラ、ボーロもこの頃に輸入された南蛮菓子が定着したものだ

戦国時代〜江戸時代

秀吉、バテレン追放令
キリスト教弾圧の時代

日本二十六聖人殉教事件から江戸幕府発令の禁教令によってキリスト教は受難の時代へ

天正15年(1587)に秀吉はキリシタン禁令を発布して、宣教師を日本国内から20日以内に追放することとした。背景には、キリシタン大名らが領地を教会に寄進したりする、領土的な問題もあったが、一方で南蛮貿易の利益を確保するためにはキリスト教を利用する必要があったので、禁教令は徹底しなかった。しかし、サン・フェリペ号事件をきっかけに、秀吉は慶長元年12月(1597年2月)、石田三成に命じて都や大坂のフランシスコ会宣教師や信徒を捕らえ、長崎で処刑した「日本二十六聖人殉教事件」が起こった。

江戸幕府は、すでに前年直轄地に出していた禁令に続き、慶長19年(1614)に全国的にキリスト教禁止を発令。ここにキリシタン弾圧という長い受難の時代が始まった。

江戸時代

欧州との窓口は出島だけ
鎖国時代の貿易

家光による鎖国体制の完成と生糸をめぐるオランダと中国の対立で銀が大量に流出する

寛永16年(1639)、ポルトガル船の来航が禁じられ、オランダ商館の出島(1634年の築造)への移転が命じられて、幕府の鎖国体制が確立する。ヨーロッパとの窓口はオランダのみとなったが、これは宗教対策であり、密貿易を阻止して貿易による利益を幕府が独占することでもあった。オランダからの輸入品の多くは中国産の生糸だったので、中国船とは競合し、唐人(中国商人)とは対立していた。ほかに、砂糖や香料、薬品などを輸入。日本からの輸出品は銀や銅、金などが主流だった。この時代、長崎でいちばん多かった異人は唐人だった。やがて中国船は生糸の輸出でオランダ船を圧倒し、その結果、流出する銀の量は膨大となり、幕府は「定高仕法」を施行して銀の流出を制限した。

島原の乱 信仰と農民一揆が呼応して

寛永14〜15年(1637〜38)に重税やキリシタン禁教に苦しむ島原と天草の農民が島原半島で合流し、(天草)四郎時貞ジェロニモを総大将にして蜂起。原城に約2万数千人が籠城して激しく制圧軍と戦ったが、2日間の攻防でほぼ全員が殺害された。これによりキリシタン弾圧はさらに徹底されることになる。

唐人屋敷 密貿易対策でできた街

鎖国後の交易は唐船とオランダ船に限られていたが、貿易高の制限によって密貿易が増加、その対策として建設されたのが元禄2年(1689)に完成した唐人屋敷だ。市内にいた唐人をここに移住させ自由に出入りすることを禁じた。来航した唐船の商人たちもここに隔離して、輸入貨物を厳重にチェックした。(唐人屋敷跡P.54)

長崎三福寺

長崎に建立された唐寺の総称で、興福寺が元和6年(1620)、福済寺が寛永5年(1628)、崇福寺が寛永6年(1629)に、長崎に在留していたそれぞれ中国の出身地別の華僑らの寄付によって、菩提寺として建てられ、媽祖神なども祀ったが、のちに黄檗宗の寺院となる。

興福寺 ➲P.57
こうふくじ

寺町 MAP 付録P.7F-1

日本最古の唐寺で、インゲン豆や明朝体文字の発祥の寺でもある。朱色の門から「あか寺」と呼ばれる。

崇福寺 ➲P.57
そうふくじ

寺町 MAP 付録P.7F-3

第一峰門や市内最古の建造物・大雄宝殿は国宝。ほかに重要文化財や史跡を多く持つ。

福済寺
ふくさいじ

長崎駅周辺 MAP 付録P.4B-2

原爆で建物は焼失するが、原爆の犠牲者を弔う高さ18mの観音像が亀の上に立つ。

☎095-823-2663
所 長崎市筑後町2-56
開 7:00〜17:00
休料 拝観自由
交 JR長崎駅から徒歩8分
P あり

◐島原の乱により寛永16年(1639)にポルトガル船の来航を禁止、同18年(1641)には徳川家光がオランダ商館を出島へ移転させ、鎖国が完成する。川原慶賀『出島図』〈長崎歴史文化博物館収蔵〉

『唐蘭館絵巻 蘭船入港図』(左)、『唐蘭館絵巻 龍踊図』(右)。これらを描いた川原慶賀(かわはらけいが)は、シーボルトの依頼で描いた動植物画の挿絵や洋画風の風景、風俗画などで知られる〈長崎歴史文化博物館収蔵〉

江戸時代

オランダとの出会いに驚く

蘭学と紅毛(こうもう)文化

多くの俊英がオランダ医学を学び、18世紀には阿蘭陀(オランダ)趣味が流行し、江戸の粋へつながる

オランダ語の通訳は阿蘭陀通詞(オランダつうじ)によってなされたが、貿易や紅毛文化の紹介、オランダ語の学習にも大きな役割を果たした。医学の分野では、オランダ軍医ポンペが幕府の医療学校「長崎養生所」を開き、松本良順(まつもとりょうじゅん)らが学んだ。後任のボードウィンは物理と化学の施設を増設。商館医として来日したシーボルトは「鳴滝塾(なるたきじゅく)」を開校し医学を教え、ケンペルは出島の薬草園を整備した。生活レベルでは、加工された皮革類が利用され、ズックやリネンなどのオランダ語が定着していく。肉食習慣も庶民の間に浸透していった。

江戸時代

和親条約締結と布教の許可

開国へ

大浦天主堂(おおうらてんしゅどう)と居留地内での布教。発足した「海軍伝習所」では勝海舟(かつかいしゅう)や五代友厚(ごだいともあつ)も学んだ

ロシア使節プチャーチンの軍艦が嘉永(かえい)6年(1853)に長崎に来航し、開国を求めた。翌年、幕府はアメリカをはじめ、ロシア、イギリス、フランス、オランダと和親条約を締結(1855年)し、長崎・兵庫・神奈川・箱舘(はこだて)(函館)、新潟各港を開港した。長崎ではキリスト教の布教が居留地内で許され、元治(げんじ)元年(1864)には大浦天主堂(フランス寺)が完成している。「海軍伝習所」はオランダ海軍から技術を習得する施設で、勝海舟や榎本武揚(えのもとたけあき)らがここで学んでいる。

安政(あんせい)6年(1859)に来日した貿易商、トーマス・B・グラバーは、坂本龍馬が設立した亀山社中の仲介などにより諸藩との取引を拡大していく。同年、長崎は上記5カ国との自由貿易が許可された。慶応(けいおう)3年(1867)、大政奉還され、鎖国体制を敷いた江戸幕府は、その歴史の幕を閉じた。

フェートン号事件 海防の強化が課題に

オランダ船捕獲を目的にイギリスの軍監フェートン号がオランダ国旗を掲げて長崎港に侵入してオランダ商館員を拉致し、日本側に水と食糧を要求した。それらを与えると人質は解放され、イギリス船は退去するが、責任をとって長崎奉行・松平康英(まつだいらやすひで)は切腹、その遺書には警備態勢の不備が訴えられていた。

『若き日のシーボルト先生とその従僕図』。シーボルトは慶賀の才能を見抜いた〈長崎歴史文化博物館収蔵〉

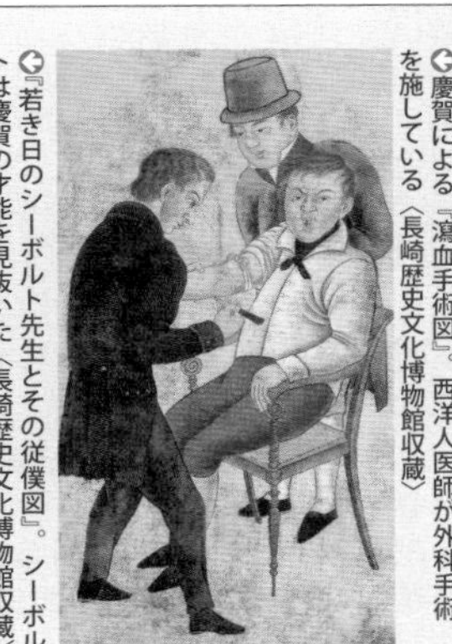

慶賀による『瀉血手術図』。西洋人医師が外科手術を施している〈長崎歴史文化博物館収蔵〉

丸山遊郭(まるやまゆうかく) 遊女は出島・唐人屋敷に出張した

江戸の吉原、京の島原と並び、日本三大花街のひとつに数えられる丸山遊郭は、寛永19年(1642)に市中の遊女を丸山に移住させたのが始まり。丸山の遊女は出島や唐人屋敷に入ることが認められており、なじみの外国人のもとに居続けることもあったという。

悲惨な弾圧にも屈しない敬神の心

潜伏キリシタン信仰の足跡

発覚すれば凄絶な拷問が待つ禁教の世。長崎では多くの潜伏キリシタンがひっそりと信仰を守っていた。

⇧原城跡に立つ天草四郎像（北村西望氏作）。天草四郎は一揆勢のシンボルとしてカリスマ的な存在であった

明治の初めまで続いた迫害 それでも信仰は捨てなかった

五島列島の福江島北東に位置する久賀島（長崎県五島市）は、遣唐使船の寄港地でもあったが、多くの潜伏キリシタンが入植した島でもあり、世界遺産の「久賀島の集落」に含まれる旧五輪教会堂（P.128）もある。明治元年（1868）、キリシタンであることを告白した信徒が弾圧され、いわゆる「五島崩れ」が起き、当時牢屋のあった地には「牢屋の窄殉教記念教会」が建っている。"崩れ"とは潜伏キリシタンを探し出して処刑すること。敷地には信仰の碑も立ち、弾圧で犠牲になった42名の信徒の遺骨が納められている。幕末・明治になってもキリシタンへの迫害は続いたのだった。

踏絵などの手段でキリシタンを逮捕。過酷な拷問で棄教を迫る

長崎での布教は、ザビエルにより平戸で始まる。しかし、天正15年（1587）、九州を平定した秀吉はバテレン追放令を発布する。慶長元年（1596）のサン・フェリペ号事件では、キリスト教の領土的問題が原因で、宣教師や信者26人を長崎で処刑した。徳川幕府は慶長18年（1613）、全国に禁教令を出し、キリシタン受難の歴史が始まる。2代将軍秀忠は禁教をさらに徹底した。その手段として踏絵、訴人褒賞制などが実施された。寛永14～15年（1637～38）に起こった島原・天草一揆は禁教にさらに拍車をかけ、鎖国を完成させるにいたった。

⇧島原・天草一揆で12万を超える幕府側の軍勢に攻められる原城。『嶋原陣図御屏風（戦闘図）』〈朝倉市秋月博物館蔵〉

有馬キリシタン遺産記念館

ありまキリシタンいさんきねんかん

島原 MAP 本書P.3 F-4

世界遺産のガイダンス施設 キリシタン文化の歴史を語る

日野江城を拠点とした有馬氏の物語や原城跡から出土したキリシタン関連の遺物の展示などから、弾圧や島原・天草一揆の物語を知る施設。

⇧島原（P.152）の中心部から海沿いを南下したところに位置する

☎0957-85-3217 所南島原市南有馬町乙1395
開9:00～18:00 休木曜 料300円
交島原鉄道・島原駅から車で40分 Ⓟあり

原城跡

はらじょうあと

世界遺産

島原 MAP 本書P.3 F-4

寛永14年（1637）に勃発した島原・天草一揆の舞台となった城

一揆勢は12月から2月までの約3カ月におよび、原城に籠城したが、圧倒的な幕府軍の総攻撃により全滅した。

☎0957-73-6706（南島原市教育委員会世界遺産推進室） 所南島原市南有馬町 交原城前バス停から徒歩15分 Ⓟ原城温泉 真砂駐車場利用

⇧発掘調査で検出された原城本丸門跡。外枡形の出入口で門の礎石が残っている

柱に刻まれた十字やマリア観音 隠れだからこその強固な結束力

島原・天草一揆以降、潜伏キリシタンは徹底的に探し出され、多くのキリシタンは改宗するか、刑死した。そうしたなか明暦3年(1657)、大村藩郡村(現・大村市)でキリシタンが発見され、多くの信徒が処刑された、いわゆる「郡崩れ」が起こった。しかしそれでも信徒たちは平戸や浦上、生月島、五島列島、天草などに潜み、信仰を偽装するために慈母観音像(マリア観音)などを聖母マリア像として礼拝し、結束力の強い集落をつくって、キリシタン信仰を守り継いだ。葬儀も仏式のあとにキリシタン式で行ったという。

「信徒発見」で さらなる物語が生まれる

鎖国が終わると「信徒発見」が起こった。長崎の外国人居留地に大浦天主堂(P.40)が完成するが、慶応元年(1865)に、250年もの間浦上に潜伏していたキリシタンの子孫たちがプティジャン神父に信仰を告白。2年後、浦上のキリシタンが摘発されて「浦上四番崩れ」となり、3000名以上の信徒が流刑となった。

この事件は国際的に非難され、明治6年(1873)に明治政府は禁教令の高札を撤去し、黙認することになる。これによりそれぞれの集落には教会が次々と建設されることとなった。たとえば五島列島の新上五島町には、現在29の教会が点在する。

↑浦上の信徒が大浦天主堂の神父に信仰の告白をする「信徒発見」の場面を描いたレリーフ

←↑左は、長崎・西坂で処刑された信徒を描いた銅版画。ジャック・カロ『長崎の殉教者』〈日本二十六聖人記念館所蔵〉。右は、二十六聖人殉教記念碑(舟越保武作)

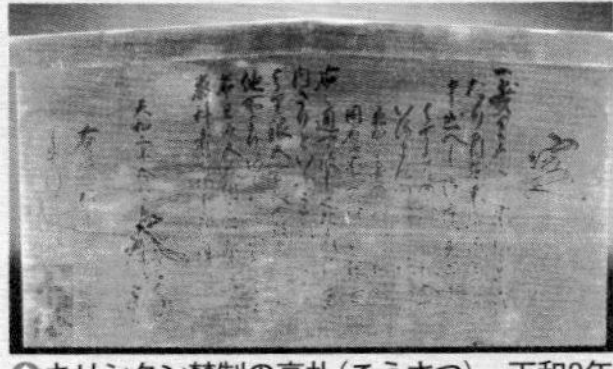
↑キリシタン禁制の高札(こうさつ)。天和2年(1682)のもの〈日本二十六聖人記念館所蔵〉

←ピエタ(十字架から下ろされたキリストを抱く聖母マリアを描いたもの)が板踏み絵として利用されることもあった〈日本二十六聖人記念館所蔵〉

↑堂崎天主堂のマリア観音。潜伏キリシタンは聖母子像の代わりに観音像に祈りを捧げた〈堂崎天主堂所蔵〉

←雲仙地獄でのキリシタンへの拷問を描いた『雲仙の殉教』。寛文9年(1669)に出版されたモンタヌス著『日本誌』に掲載された〈日本二十六聖人記念館所蔵〉

平戸市生月町博物館 島の館

ひらどしいきつきちょうはくぶつかん しまのやかた

平戸 MAP 本書P.2 C-1

かくれキリシタンの信仰と捕鯨が盛んだった島

生月島は平戸の北西にある小さな島で、本土とは生月大橋で結ばれている。江戸時代の基幹産業であった捕鯨に関する資料や、現在も継承するかくれキリシタンの信仰の歴史を展示で紹介する。

☎0950-53-3000 所平戸市生月町南免4289-1 開9:00〜17:00(入館は〜16:30) 休無休 料520円 交松浦鉄道・たびら平戸口駅から車で2時間 Pあり

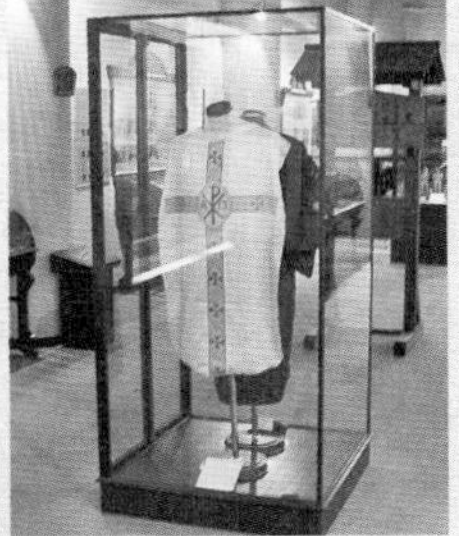
↑2階の展示室に潜伏キリシタンのコーナーがある

世界遺産 戦後の高度成長を支えた炭鉱の島

軍艦島 ぐんかんじま

「明治日本の産業革命遺産 製鉄・製鋼、造船、石炭産業」の構成資産。コンクリートと無機質な建物からなる廃墟の島で長崎の近代化を思う。

夕日に照らされた軍艦島を遠くに望む

かつて賑わった面影はなく、荒涼とした風景が広がる

近代日本のエネルギーを支えた人工島
風化により廃墟と化した島へ上陸

端島(軍艦島)
はしま(ぐんかんじま)

端島 MAP 付録P.15 D-4

長崎港から南西約19㎞に位置する軍艦島は正式名称「端島(はしま)」。江戸時代後期に石炭が発見され、明治23年(1890)には本格的な海底炭鉱として操業を開始し、炭鉱従事者が生活するようになった。島は3分の2が埋め立て地で、長らく日本のエネルギー供給を支えてきたが、昭和49年(1974)に閉山、同年4月には無人島になった。閉山後長年放置され、アパート群や学校などの建物が風化。建物などのシルエットが、軍艦「土佐」に似ていたことから「軍艦島」という通称で呼ばれるようになった。

☎095-822-8888
(長崎市コールセンター「あじさいコール」)
所 長崎市高島町
交 上陸はツアーへの参加が必須、所要1〜3時間

軍艦島写真館

戦後日本の面影を探して

暮らしぶりは良く、テレビが各家庭にあったほど。地域のつながりも深く、最盛期には約5300人もの住民がいた。

↑屋上に花壇や菜園が作られ、日本発の屋上緑化が進んだ。ほぼ緑のない島内では貴重なスペースだ

↑中庭の公園で遊ぶ子どもたちはみんなで見守った

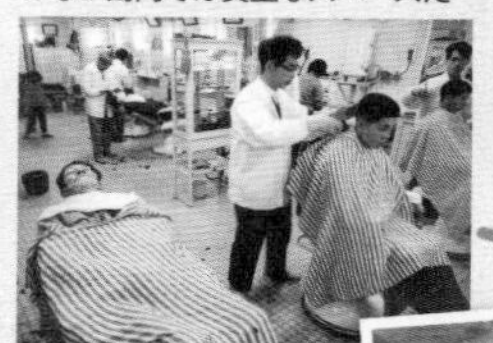
↑病院、理容院やパチンコ店に映画館といった娯楽施設も充実していた

→昭和49年(1974)に閉山し、無人島となった

第3見学広場

東シナ海に面したエリアで人々の暮らしが見学できる。昭和33年(1958)建造のプールが残る。

30号棟 鉱員住宅

大正5年(1916)に建てられた日本初の7階建て鉄筋構造アパート。部屋数は最大期には140を数えた。

迫力のある外観は、まさに軍艦そのもの

端島(軍艦島)

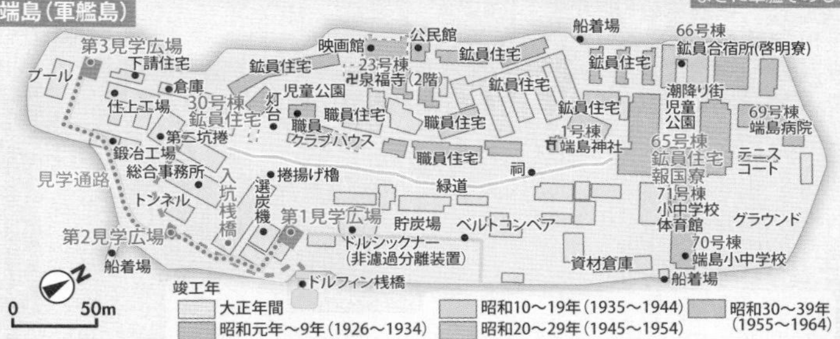

第2見学広場

三菱の職員館など中枢の役割を果たした建物が残る。端島4つの竪坑のひとつ第二坑口がある。

入坑桟橋

地下600mの採掘場への入口。近くの共同浴場で炭鉱マンは体の汚れを落とした。

第1見学広場

島の玄関口ドルフィン桟橋から徒歩すぐ。採掘用エレベーター跡やベルトコンベアの支柱がある。

65号棟 鉱員住宅 報国寮

昭和20年(1945)～の建造。八幡製鉄所に送られた良質の石炭が軍事を支えたための名称。

↑最盛期の昭和35年(1960)には、約5300人もの人が住み、人口密度は当時の東京都区部の約9倍に達した

↓島民の胃袋を満たす朝市は、情報交換の場所でもあり社交場でもあった

軍艦島上陸ツアーはコチラ

やまさ海運
軍艦島上陸周遊コース

出島・ベイエリア MAP 付録P.6A-1

島の周りを船で一周するので、軍艦のように見えるベストショットもバッチリ。

☎095-822-5002(やまさ海運)
所長崎市元船町17-3 長崎港ターミナル1F
出航時間 9:00、13:00 各20分前から乗船
所要時間 2時間30分　料4510円(インターネット割引あり)　交大波止電停から徒歩5分

軍艦島コンシェルジュ
軍艦島上陸・周遊ツアー

出島・ベイエリア MAP 付録P.8B-1

独自のサービスの数々と、写真や動画を使った楽しい工夫が好評。

☎095-895-9300
所長崎市松が枝町5-6 軍艦島デジタルミュージアム1階　出航時間 10:30、13:40 集合は各90分前　所要時間 2時間30分　料5310円～　交大浦天主堂電停から徒歩1分

シーマン商会 軍艦島ツアー

出島・ベイエリア MAP 付録P.6A-4

NPOの物知りガイドが説明するなどディープ。本物の石炭と上陸証明書がもらえる。

☎095-818-1105　所長崎市常盤町常盤2号桟橋
出航時間 10:30、13:40 集合は各20分前
所要時間 2時間30分　料4210円(インターネット割引あり)　交大浦海岸通電停から徒歩2分

高島海上交通
軍艦島上陸クルーズ

出島・ベイエリア MAP 付録P.6B-1

桟橋ではオレンジの船やのぼりが目印。ガイドの知識も豊富と評判。

☎095-827-2470　所長崎市元船町11-22
出航時間 9:10、14:00 集合は各20分前　所要時間 3時間10分　料3910円　交大波止電停から徒歩3分

馬場広徳 軍艦島上陸クルーズ

長崎半島南部 MAP 本書P.3D-4

規模は小さいが乗船10分ほどで着くので、船酔いにはなりにくい。

☎090-8225-8107　所長崎市野母町長崎のもん湯前桟橋　出航時間 10:00、15:00 集合は各20分前
所要時間 1時間30分　料船チャーターのため要問い合わせ　交長崎駅前南口バス停から長崎バス・樺島行きで1時間、運動公園前下車、徒歩10分

世界遺産　西洋の技術を取り入れて急発進

明治日本の産業革命遺産

幕末から明治にかけて造船・石炭産業で日本の産業発展の礎を担った長崎。遺構を目にすれば、その技術と知恵に驚かされるだろう。

幕末からわずか半世紀で造船大国へ
日本の重工業はここから始まった

三菱長崎造船所

みつびしながさきぞうせんしょ

安政4年(1857)、オランダから技術者や資材を取り寄せて、船の機関の修理を目的とした日本初の本格洋式工場を建設、文久元年(1861)に完成し「長崎製鉄所」と名付けられた。維新後は明治政府が経営するが、明治17年(1884)に三菱が借り上げて稼働、明治20年(1887)には鉄製汽船「夕顔丸」を竣工させた。同年に三菱に払い下げられ、現三菱の経営となる。明治31年(1898)、6000t超の大型船「常陸丸」を建造、西洋式造船技術が皆無だった幕末からわずか半世紀で東洋一の造船所と謳われるまでに。

非公開

第三船渠

明治38年(1905)に竣工したドライドック。当時の電気モーターと排水ポンプは現在も稼働する。

長崎市内 MAP 付録P.3 E-4

三菱長崎造船所

関連資産5カ所

造船所敷地内に旧木型場、ジャイアント・カンチレバークレーン、第三船渠、占勝閣が、対岸に小菅修船場跡がある。

旧木型場(長崎造船所史料館)

赤レンガ製で、明治31年(1898)に「木型場」として建設。同造船所に現存する最古の工場建屋。

長崎市内 MAP 付録P.3 D-4

➡P.80

占勝閣

長崎造船所所長宅として明治37年(1904)に建てられ、今日まで迎賓館として使われている。

長崎市内 MAP 付録P.3 E-4　非公開

三菱長崎造船所写真提供:三菱重工業(株)

非公開

ジャイアント・カンチレバークレーン

明治42年(1909)、重量物を搭載するため150tのカンチレバークレーンを設置。現在も現役で稼働中。
長崎市内 MAP 付録P.3 D-4

小菅修船場跡

明治元年(1868)建設の船舶修理施設。「ソロバンドック」。曳揚げ機小屋は2024年6月まで保存整備工事中。
長崎市内 MAP 付録 P.3 F-3

近代炭鉱の黎明期に影響を与えた
日本初の蒸気機関導入の洋式竪坑跡

高島炭坑（北渓井坑跡）

たかしまたんこう（ほっけいせいこうあと）

高島 MAP 付録P.15 E-3

慶応(けいおう)4年（1868）より、長崎港から約14.5km南西に浮かぶ高島(たかしま)に、グラバーが佐賀藩と共同経営で開発した炭鉱。イギリスから技師モーリスを招き日本初となる西洋の蒸気機関を導入して竪坑を掘削し、その翌年に深さ43mで着炭し開坑したのが「北渓井坑(ほっけいせいこう)」である。現在もそれらの痕跡とされる遺構が地中に残存している。明治9年（1876）に廃坑。高島炭坑は明治14年（1881）に三菱に買収される。だがグラバーは再雇用され、高島炭鉱の発展に貢献した。昭和61年（1986）に閉山。

☎095-896-3110（長崎市高島地域センター）
所長崎市高島町99-1　交長崎港ターミナルから高速船・高島港行きで34分、高島港から高島バスで10分

↑日本初の洋式竪坑として開坑した北渓井坑だが、明治9年（1876）に海水浸入のため廃坑に

→高島港ターミナルに立つ岩崎彌太郎像。三菱は高島炭鉱によりさらに発展する

↑北渓井坑跡の北側、海を見下ろす小高い丘の上にあったグラバー別邸跡。船着場まで石畳の通路が残る

↑グラバー別邸跡には建物の基礎石や井戸跡、便器と思われる遺構などがある

産業革命の背景が学べるスポット

それぞれの産業について知りたくなったら資料館へ。長崎の歩みを深く知れば、もっと中身の濃い旅になる。

長崎市軍艦島資料館

ながさきしぐんかんじましりょうかん

長崎半島南部 MAP 本書P.3 D-4

軍艦島に関するパネル展示や映像が見られる。展望台からは軍艦島の眺望も。

☎095-898-8009　所長崎市野母町562-1
開9:00〜17:00　休無休　料200円
交長崎駅前南口バス停から長崎バス・樺島行き、または岬木場行きで1時間、恐竜パーク前下車、徒歩1分　Pあり

長崎造船所史料館

ながさきぞうせんしょしりょうかん

長崎市内 MAP 付録P.3 D-4

日本最古の工作機械や海底調査の泳気鐘など約900点余の史料を展示する。予約制。

☎095-828-4134　所長崎市飽の浦町1-1
開9:00〜16:30　休第2土曜、不定休あり
料800円　交JR長崎駅前から専用シャトルバスで15分　Pなし

※2023年11月現在、工事中のため休館中（HPで要確認）

長崎市高島石炭資料館

ながさきしたかしませきたんしりょうかん

高島 MAP 付録P.15 E-4

高島炭坑の歴史資料をはじめ実際に使用されていたトロッコや採炭機械のほか、端島(はしま)の模型なども展示。

☎095-829-1193（長崎市文化財課）
所長崎市高島町2706-8　開9:00〜17:00　休無休　料無料　交長崎港ターミナルから高速船・高島港行きで34分、高島港から徒歩2分　Pなし

日本の近代化を牽引したキーパーソン

岩崎彌太郎の三菱とグラバーの長崎での蜜月関係

南蛮貿易の街、長崎で花開いたテクノロジーの軌跡。日本初の近代化を推し進めた陰に情熱の魂があった。

長崎の石炭業と造船業が日本の工業の次元を変えた

現在の日本は世界有数の工業大国だが、その土台は幕末から明治にかけての長崎にある。ペリー率いる黒船艦隊の浦賀来港で外国の軍事力を目の当たりにした江戸幕府は、海防力の強化を図るため長崎にオランダ軍人を招いて海軍伝習所を設立。地理的に大陸に近い長崎は鎖国時代から唯一の西欧との交易場であり、外国の技術や文化の導入に最も適した土地柄であったためだ。

■石炭産業

蒸気船をはじめ西洋式機械は石炭を燃料とした。高島炭坑の「北渓井坑」は日本で初めて蒸気機械を用いた採炭方法を導入、それまでの人力から近代的な採炭方法へと一新させた。端島炭坑はその技術を引き継いで、さらに発展させる。長崎は国内有数の石炭産出量と品質で日本の工業化を支えていった。

■造船業

海軍伝習所は蒸気船修理場を必要としたため「長崎製鉄所」（旧・長崎溶鉄所）を併設、日本初の本格的な洋式工場が長崎に誕生する。主な目的は艦船修復のための機械工場で、国内初の工作機械である「竪削盤」をオランダから導入した。明治に入って「長崎造船所」となり民間に移譲されると、本格的な造船業のほか炭坑機械、印刷機、農機具などを製造する総業産業へと発展、近代化を加速させた。

⇧グラバー園（P.42）から長崎港を一望

⇧土佐出身の岩崎彌太郎は「高島炭坑」や「長崎造船所」を買い取り、長崎の近代化に貢献した〈国立国会図書館所蔵〉

⇧日本初の洋式近代技術を長崎にもたらしたトーマス・B・グラバー。岩崎彌太郎との結びつきも深かった〈長崎歴史文化博物館収蔵〉

日本の近代化に尽くしたグラバーと岩崎彌太郎

長崎の産業革命を語るうえで欠かすことのできない人物が2人いる。トーマス・B・グラバーは、自ら開発した「小菅修船場」や「北渓井坑」で、蒸気機械を用いた功績がある。もうひとりが三菱財閥の創始者である岩崎彌太郎だ。「高島炭坑」や「長崎造船所」を発展させ、日本の鉱業および重工業の黎明期を築いた。グラバーは高島炭坑（P.80）と深く関わり成功に導いている。

⇧国内外の蒸気船が数多く立ち寄る長崎は、それらの需要を満たす造船業と炭鉱業を発展させることで日本の近代化を支えた『長崎製鉄所風景図』〈長崎歴史文化博物館収蔵〉

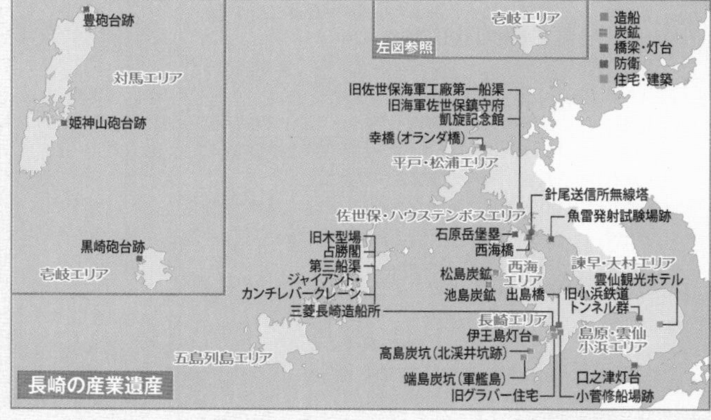

長崎 歴史年表

時代	西暦	元号	事項
飛鳥時代	600	推古 8	遣隋使が派遣される(第1次)
	663	天智 2	白村江の戦い
	664	3	対馬・壱岐・北松に防人・烽をおく
	667	6	対馬に金田城を築城
	673	天武 2	対馬から朝廷に銀を献上
	676	5	統一新羅成立
奈良時代	736	天平 8	遣新羅使船の停泊
	741	13	対馬・壱岐に島分寺(国分寺)を建立
平安時代	804	延暦 23	最澄・空海、遣唐使とともに五島に寄泊
	894	寛平 6	新羅の賊船を撃退
鎌倉時代	1274	文永 11	文永の役
	1281	弘安 4	弘安の役
室町時代	1419	応永 26	応永の外寇(朝鮮の兵船・軍兵が対馬に侵入)
	1443	嘉吉 3	宗氏、朝鮮と歳遣船について条約を結ぶ
戦国時代	1496	明応 5	有馬貴純、原城(**原城跡**➲P.74)を築く
	1542	天文 11	王直が平戸に来住
	1543	12	種子島にポルトガル船
	1549	18	フランシスコ・デ・ザビエル、日本で布教
	1550	19	ポルトガル船、平戸に来航
	1561	永禄 4	宮の前事件
	1562	5	西浦市の横瀬浦をポルトガル貿易港として開港
	1563	6	大村純忠、洗礼を受けて初のキリシタン大名になる
	1567	10	ポルトガル船、口之津に入港
	1571	元亀 2	長崎港開港
安土桃山時代	1580	天正 8	大村純忠、長崎・茂木をイエズス会に寄進
	1582	10	天正遣欧少年使節として4名の日本人少年がヨーロッパへ(~1590)
	1584	12	有馬晴信、浦上をイエズス会に寄進
	1587	15	秀吉、バテレン追放令
	1588	16	秀吉、長崎・茂木・浦上を直轄地に
	1591	19	初の活版印刷物が発行される
	1596	慶長 元	サン・フェリペ号事件
	1597	2	日本二十六聖人殉教事件(**日本二十六聖人殉教地・記念館**➲P.66)
	1600	5	オランダ船デ・リーフデ号、豊後国臼杵の沖に漂着
	1601	6	被昇天の聖母教会(サン・パウロ教会)建設
江戸時代	1609	14	オランダ東インド会社、平戸に商館開設
	1612	17	徳川幕府、直轄領に禁教令
	1613	18	イギリス東インド会社、平戸に商館開設の許可
	1614	19	徳川幕府、全国に禁教令
	1620	元和 6	長崎三福寺のひとつ、**興福寺**➲P.57創建
	1622	8	元和の大殉教 (長崎でキリシタン55名が処刑)
	1623	9	平戸のイギリス商館、閉鎖
	1624	寛永 元	スペイン船の来航禁止
	1628	5	長崎三福寺のひとつ、**福済寺**➲P.72創建
	1629	寛永 6	長崎三福寺のひとつ、**崇福寺**➲P.57創建
	1634	11	出島築造に着手 日本人の海外渡航禁止(第2次鎖国令)
	1635	12	唐船の入港を長崎港に限定 海外渡航禁止(第3次鎖国令)
	1636	13	ポルトガル人を出島に収容(第4次鎖国令)
	1637	14	島原・天草一揆(~1638年)
	1639	16	ポルトガル船の来航禁止
	1641	18	オランダ商館が平戸から出島へ移転(**国指定史跡「出島和蘭商館跡」**➲P.50)
	1657	明暦 3	大村領のキリシタン600余人が捕らえられる(郡崩れ)
	1662	寛文 2	出島内に伊万里焼の店を開店
	1663	3	長崎、寛文の大火
	1673	延宝 元	英船リターン号が長崎に入港
	1689	元禄 2	唐人屋敷(**唐人屋敷跡**➲P.54)完成
	1690	3	オランダ商館医ケンペル来日
	1716	享保 元	享保の改革が始まる
	1720	5	幕府、洋学を解禁
	1774	安永 3	『解体新書』出版
	1790	寛政 2	浦上一番崩れ
	1792	4	雲仙岳の大爆発
	1804	文化 元	ロシア使節レザノフ長崎入港
	1808	5	フェートン号事件
	1815	12	杉田玄白「蘭学事始」
	1823	文政 6	オランダ商館医シーボルト来日
	1824	7	シーボルト、鳴滝塾を開設
	1825	8	異国船打払令
	1828	11	シーボルト事件
	1840	天保 11	アヘン戦争(~1842)
	1841	12	天保の改革(~1843)
	1853	嘉永 6	アメリカの使節ペリー浦賀に来航 ロシアの使節プチャーチン長崎に来航
	1854	安政 元	アメリカ、イギリス、ロシアと和親条約
	1855	2	海軍伝習所を開設
	1856	3	オランダと和親条約、出島解放令
	1857	4	医学伝習所を開設
	1858	5	安政の五カ国条約
	1859	6	出島の和蘭商館廃止、領事館となる トーマス・B・グラバー来日
	1860	万延 元	外国人居留地完成
	1864	元治 元	**大浦天主堂**➲P.23/P.27/P.40建設
	1865	慶応 元	信徒発見
	1867	3	浦上四番崩れ
明治~昭和	1873	明治 6	キリシタン禁制廃止
	1879	12	**浦上天主堂**➲P.63建設
	1884	17	長崎造船所、三菱の経営となる
	1905	38	九州鉄道、長崎~浦上間が開通
	1923	大正 12	長崎丸、長崎~上海間に就航
	1945	昭和 20	長崎市に原爆が投下される

アート・文化

世界的建築家・隈研吾氏が
デザインした長崎県美術館は
長崎を代表する美術館で、
規模も大きく訪れる人も多い。
そのほか、長崎の歴史を知るうえで
貴重な史料が見られる
資料館・博物館にも足を運んでみたい。

光と風が舞う水辺の美術館で大人の時間を過ごす

長崎ゆかりのミュージアム

自然と融合したガラスのカーテンウォールに囲まれた美術館で、スペイン美術や長崎ゆかりの美術にふれられる至福の時間。

鑑賞のポイント

- まずは、所蔵作品を紹介するコレクション展を鑑賞しよう
- 企画展は充実の内容。開催していれば、ぜひ、そちらも鑑賞
- 味・雰囲気・眺めが最高の「橋の回廊」のカフェでひと休みも

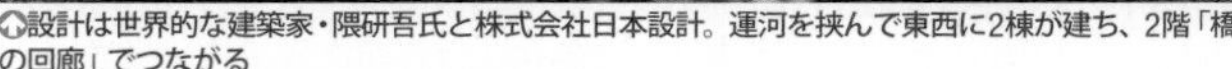

設計は世界的な建築家・隈研吾氏と株式会社日本設計。運河を挟んで東西に2棟が建ち、2階「橋の回廊」でつながる

長崎県美術館

ながさきけんびじゅつかん

出島・ベイエリア MAP 付録P.6A-3

四季の自然と憩いを感じながら珠玉のコレクションを鑑賞

長崎水辺の森公園(P.49)に隣接する豊かな自然を楽しみながら、長崎屈指の美術品や世界的な傑作を間近にできる。

収蔵品は約8800点を誇り、「須磨コレクション」と呼ばれる個人コレクションを母体とし、中世のキリスト教美術から、ピカソ、ダリなど近現代までに及ぶスペイン美術や、長崎ゆかりの美術が中心。そのなかから選りすぐった作品を年数回の展示替えで紹介するコレクション展が中核となり、加えて、企画展も随時開催している。建物の2階中央「橋の回廊」には洗練されたカフェがあり、運河と緑地の眺めも一枚の絵のように素晴らしい。

☎095-833-2110 所長崎市出島町2-1
開10:00〜20:00 休第2・4月曜(祝日の場合は翌日)
料コレクション展420円(企画展は内容による)
交メディカルセンター電停から徒歩2分/出島電停から徒歩3分
Pあり(障害者専用駐車場3台あり)

美術館の正面玄関には大型ビジョンがあり、映像作品やイベント情報を上映

緑化された屋上庭園には、彫刻などを配置。長崎港を一望できるパノラマも魅力

常設展示室は全5室で構成され、やわらかな外光が降り注ぐ中庭もあり、心地よい鑑賞空間
※紹介している収蔵品は企画により展示されていない場合もある

山本森之助
『雨後』
1928(昭和3)年
長崎県美術館所蔵
黒田清輝に学び、白馬会で活動した長崎出身の洋画家。精緻な写実技法と明るい色彩が特徴。

渡辺(宮崎)与平『帯』
1911(明治44)年
長崎県美術館所蔵
22歳で夭折した長崎出身の天才画家の代表作。妻・ふみ子を描いたもので、深い愛情がほとばしる。

フアン・カレーニョ・デ・ミランダ
『聖アンナ、聖ヨアキム、洗礼者聖ヨハネのいる聖母子』
1646-55年頃
長崎県美術館所蔵
17世紀にマドリッドで活躍したスペイン画家の作品で、宗教画ながらバロックの華やぎを持つ。

鑑賞後のお楽しみ

カフェ&ショップ

瀟洒な空間で味わうグルメと、立地を生かした眺めもアートのひとつだ。美術鑑賞とセットで楽しみたい。

カフェ

入館料不要

空中回廊でカフェブレイクを

長崎県産の有機栽培米や野菜など食材にこだわったメニューを、運河を眺めながら楽しめる。

営11:00〜17:00(フードLO16:00)※変動する場合あり 料Ⓛ385円〜

陽光が降り注ぐ開放的な店内

長崎名物の角煮を楽しめる「いろどり野菜長崎角煮ごはん」880円

ボリュームがありながらヘルシーな「たっぷり野菜ハムサンド」

ミュージアムショップ

入館料不要

アーティスティックな逸品揃い

長崎が誇る磁器・波佐見焼のオリジナル食器、長崎ゆかりのデザイナーや作家が手がけたアイテムなど、魅力的なグッズが多数。ステーショナリーもある。

営長崎県美術館に準ずる

"長崎ことはじめ"をモチーフにしたオリジナルのお菓子「BISCUI10」

パーツを組み立てる「1/100建築模型用添景セット 長崎県美術館編」1650円

吹き抜けの開放的なロビーにある

オリジナルビニール傘1320円。黒、赤、白の3色を用意

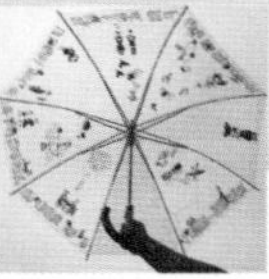

数々の歴史の舞台となった街のさまざまな一面を知る

知的好奇心を満たす 美術館・資料館を巡る

海の街の数奇な歴史と薫り高き文化や芸術を展示する、見逃せないミュージアムをご紹介。

↑一部に発掘遺構もある広い敷地を持つ。設計は世界的建築家・黒川紀章が担当

『南蛮人来朝之図(左隻)』
1596～1615年(慶長年間)
貿易によって栄えた近世初期の様子を伝える絢爛豪華な南蛮屏風。来航した南蛮人やキリシタンの風俗、交易品などが見てとれる。国認定重要美術品。

長崎歴史文化博物館
ながさきれきしぶんかはくぶつかん

長崎駅周辺 MAP 付録P.5 D-2

異国への窓口であった長崎 その海外交流史を旅する

近世の海外交流と長崎の暮らしを体系的に紹介するため、平成17年(2005)に開館。16世紀、南蛮船の来航を契機に始まった海外との交流から幕末・明治までの歴史を、屏風や絵巻、工芸品や生活道具などの貴重な展示品とともにたどれる。

☎095-818-8366 所長崎市立山1-1-1 開8:30～19:00(12～3月は～18:00)入館は各30分前まで ※伝統工芸体験工房・貸工房、資料閲覧室は～18:00 休第3月曜(祝日の場合は翌日) 料600円 交桜町電停から徒歩6分 Pあり(有料)

↑かつて長崎奉行所があった場所に建ち、一角には立山役所の一部を復元。御白州(おしらす)では、毎週日曜に江戸時代の裁判を再現する寸劇を上演

↑映像コーナーでは迫力の映像で長崎の歴史を紹介

↓オリジナル手ぬぐい660円～ ↘オリジナルトートバッグ2037円

ミュージアムレストラン

老舗洋食店伝統の味に憩う

銀嶺
ぎんれい

昭和5年(1930)創業の長崎で愛された西洋レストランが博物館内に復活。アンティークの調度品に囲まれた店内で、伝統の洋食メニューや香り高いコーヒーを楽しめる。

☎095-818-8406 営10:30～18:00(LO17:00) 休第3月曜(祝日の場合は翌日)

↑異国ムードあふれる雰囲気

←名物のトルコライス1100円

遠藤周作文学館
えんどうしゅうさくぶんがくかん

外海 MAP 本書P.3 D-3

名作『沈黙』の舞台でキリシタンの歴史を想う

昭和の大作家、遠藤周作が17世紀のキリシタン弾圧を描いた傑作小説『沈黙』。その舞台となった外海地区にあり、生原稿や蔵書など約3万点を所蔵。常設展と企画展で紹介している。

☎0959-37-6011 所長崎市東出津町77 開9:00～17:00(入館は～16:30) 休12月29日～1月3日 料360円 交JR長崎駅から長崎バス・板の浦行きで1時間、道の駅(文学館入口)下車、徒歩2分 Pあり

↑思索空間アンシャンテ。海を眺めながら、静かに文学に浸り、自分と向き合う静寂の空間だ。中では遠藤周作の本が自由に読める

↑遠藤文学とその生涯に関する貴重な資料が集まる

→文学館から少し離れた出津文化村の一角、かつての潜伏キリシタンの里に「沈黙の碑」が立つ

『沈黙』の舞台に立つ教会

黒崎教会
くろさききょうかい

ド・ロ神父による設計で大正9年(1920)完成。信徒が積み上げたレンガ造りの平屋だ。広い奥行きの内部ではステンドグラスが美しい。

外海 MAP 本書P.3 D-3

☎095-893-8763(長崎巡礼センター) 所長崎市上黒崎町26 開9:00～17:00 休無休 交JR長崎駅から長崎バス・板の浦行きで57分、黒崎教会前下車、徒歩2分 Pあり

↑赤いレンガ造りの壁に映えるマリア像が印象的

祈りの丘絵本美術館
いのりのおかえほんびじゅつかん

南山手 MAP 付録P.8 B-2

子どもも大人も夢中になる絵本の芸術世界に遊ぶ

洋風の館が立ち並ぶ南山手にある、夢あふれる美術館。絵本のなかでも、特に絵画にスポットを当てた展示が特徴。1階は子どもの本の店・童話館、2階に国内外の名作絵本の原画を多数展示している。

☎095-828-0716 所長崎市南山手町2-10 開10:00～17:30(入館は～17:00) 休月曜(祝日の場合は翌日)※展示入れ替え日臨時休あり 料300円 交大浦天主堂電停から徒歩4分 Pなし

↑1階には絵本やポストカードなどを販売するショップも

↑教会堂のような趣の2階では、絵本の原画を展示

←洋風構造に瓦葺きという19世紀長崎独特の趣を持つ館を再現。南山手のグラバー通りにあり、緑が美しい庭も見事

軍艦島デジタルミュージアム
ぐんかんじまデジタルミュージアム

南山手 MAP 付録P.8 A-2

明治期の産業革命遺産を最先端デジタル技術で体感

世界遺産登録の長崎市の端島(軍艦島)の歴史と全容を最新のデジタル技術で紹介。地上から海底の坑道の中をリアルに表現した「採炭現場への道」や当時の住居の再現など、興味深い展示に圧倒される。

☎095-895-5000 所長崎市松が枝町5-6 開9:00～17:00(入館は～16:30) 休不定休 料1800円 交大浦天主堂電停から徒歩1分 Pなし

↑軍艦島の立入禁止区域を体験できる「軍艦島VR」

↑30分に1回のスペシャル映像「Amazing Hashima」では、軍艦島の誕生や石炭採掘による軍艦島の繁栄と閉山など、産業革命の歴史を最新3Dの映像で紹介している

長崎市歴史民俗資料館
ながさきしれきしみんぞくしりょうかん

平和公園周辺 MAP 付録P.9 E-2

和・華・蘭の文化の融合を身近な歴史資料からたどる

中国やヨーロッパの影響を受けながら独自の文化を紡いだ長崎の歴史に関する資料を展示。地元特有の民俗資料を中心に、オランダの出島図やポルトガル船模型など海外の歴史資料などの展示もある。

☎095-847-9245 所長崎市平野町7-8 平和会館内 開9:00〜17:00（入館は〜16:30） 休月曜 料無料 交原爆資料館電停から徒歩3分 Pあり

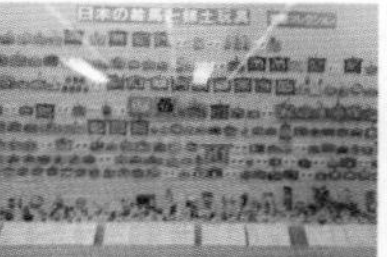

⬆日本の絵馬と郷土玩具を展示している

⬆長崎にゆかりのあるポルトガルや中国の資料展示コーナー

⬆鳴滝塾跡（なるたきじゅくあと）のすぐ近く。建物の外観はオランダにあるシーボルト旧宅を模している

シーボルト記念館
シーボルトきねんかん

長崎市内 MAP 付録P.2 C-1

オランダ商館の医師だったドイツ人シーボルトの生涯

江戸時代、日本に西洋医学を伝えて近代化に貢献したシーボルトの偉業を記念して開館。2階の常設展示室で、シーボルトの生涯と功績がテーマごとに紹介され、1階ホールでは生涯を語る映像を上映。

⬆往時の服飾なども展示

☎095-823-0707 所長崎市鳴滝2-7-40 開9:00〜17:00（入館は〜16:30） 休月曜 料100円 交新中川町電停から徒歩7分 Pあり

長崎南山手美術館
ながさきみなみやまてびじゅつかん

南山手 MAP 付録P.8 B-2

美しいレンガ造りの建物で美術鑑賞とカフェタイムを

長崎南山手八番館にあり、膨大な所蔵品のなかから厳選した企画展を開催。エキゾチックな文化が生まれた長崎らしい唐絵目利（からえめきき）の絵画、書画、陶磁器、工芸品などが豊富だ。館内にはカフェ（P.47）もある。

☎095-870-7192 所長崎市南山手町4-3 開10:00〜16:00 休木曜、毎月16日 料500円 交大浦天主堂電停から徒歩5分 Pなし

⬆グラバー園入口前にある洋館内にあり、眺めも良い

⬆江戸期に中国から長崎に伝わった南画などの絵画も多数所蔵している

長崎市野口彌太郎記念美術館
ながさきしのぐちやたろうきねんびじゅつかん

平和公園周辺 MAP 付録P.9 E-2

昭和初期の洋画家の主要作品を展示する

日本におけるフォーヴィスムを確立した日本近代絵画の巨匠、野口彌太郎の油彩や水彩等を340点所蔵。年2回展示替えを行い、随時40作品ほどを紹介。

☎095-843-8209 所長崎市平野町7-8 平和会館1F 開9:00〜17:00（入館は〜16:30） 休月曜 料100円 交原爆資料館電停から徒歩3分 Pあり

⬆平和会館の1階に美術館が入る

⬆野口彌太郎の父が長崎出身であったことから縁が生まれ、長崎の風景もよく描いた

GOURMET

食べる

江戸時代から明治にかけて渡来した
中国やオランダなどの文化が、
長崎の食文化を独特なものにした。
料亭の卓袱料理から、
ちゃんぽん、ハトシといった
B級グルメまで、庶民にもなじんだ
和と華と蘭の世界を味わいたい。

和·華·蘭の料理が長崎グルメの真骨頂

卓袱料理の老舗名料亭

和(わ)・華(か)・蘭(らん)の饗宴 長崎だけの食卓

円卓を囲んで大皿で供される、見た目にも華やかな長崎の伝統料理。賑やかに楽しくいただきたい。

窓の外には元禄時代に造られた庭園が広がる

堂々たる風格はまさに史跡
卓袱料理の伝統を今に伝える

史跡料亭 花月

しせきりょうてい かげつ

思案橋周辺 MAP 付録P.7 E-4

引田屋(ひけたや)として寛永(かんえい)19年(1642)に創業。江戸から明治期にかけて多くの国際人や文人墨客たちがここに通い、数々の歴史舞台ともなった。坂本龍馬(さかもとりょうま)の刀傷跡や直筆の書などが残ることでも有名。800坪もの広大な庭園も一見の価値ありだ。

☎095-822-0191
所長崎市丸山町2-1
営12:00〜15:00(LO13:00) 18:00〜22:00(LO19:00) 休不定休(主に火曜)
交思案橋電停から徒歩4分 Pなし

予約 要
予算 L1万560円〜 D2万3760円〜

お料理をいただいたあとは、史跡としての建物や庭園もじっくりと鑑賞したい

卓袱料理フルコース1万8000円〜(税サ別)
創業381年の伝統を守り、豪華絢爛なこれぞ卓袱料理と呼ぶにふさわしい原点に忠実な献立を組む。スープの上に網目状の生地をのせて焼く南蛮料理パスティが味わえるのは今ではここだけ。スープには贅沢にすっぽんやフカヒレなどが入っている。写真は料理長おすすめ3万3000円

卓袱料理(しっぽくりょうり)とは？

日本・中国・オランダの献立や形式が交じり合った宴会料理で、円卓を囲んでいただく。「お鰭(ひれ)」と呼ばれる吸い物が運ばれ、女将の「お鰭をどうぞ」というひと言で食事がスタート。大皿に盛られたコース料理は各自取り分ける。南蛮料理や中国料理が和風にアレンジされた和華蘭料理。

パスタの語源にもなった南蛮料理のパスティ。生地の下はスープ

中鉢は皮付豚三枚肉を使用した豚角煮。付け合わせに野菜がのる

卓袱料理 1万6500円
看板料理の東坡煮は、脂を落とした豚バラ肉を長時間かけてじっくり煮込み、さらに一晩寝かせて完成。創業以来注ぎ足し使っているタレの味が染み込んでやみつきになる味わいだ

予約 要
予算 Ⓛ3960円～ Ⓓ1万1000円～

口の中でとろける食感が最高
甘辛さも絶妙な名物、東坡煮

料亭 坂本屋

りょうてい さかもとや

長崎駅周辺 MAP 付録P.4 B-3

東郷青児や山下清なども常連だったという、明治27年(1894)創業の料亭旅館。料理の味には地元でも定評があり、今や長崎名物として定着している東坡煮(豚の角煮)を初めておみやげとして商品化したことでも有名。現在は料亭としてのみ営業。

☎095-826-8211
所 長崎市金屋町2-13
営 11:30～13:30(LO) 17:30～19:30(LO)
休 無休 交 五島町電停から徒歩3分 P あり

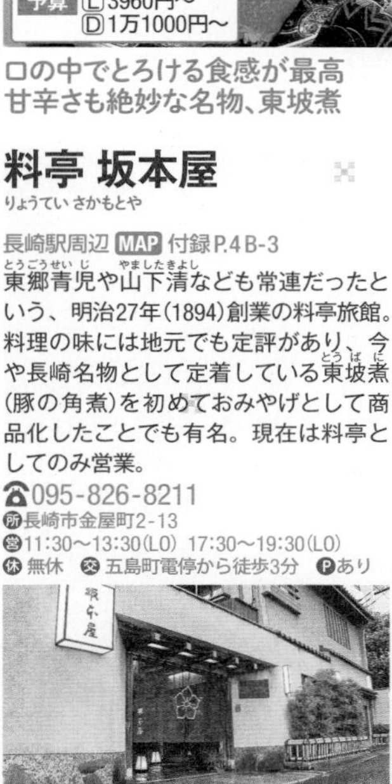

少人数から大人数まで入店できる

維新の志士が集ったといわれる
名料亭でもてなしの妙と粋を堪能

料亭 一力

りょうてい いちりき

寺町 MAP 付録P.7 F-1

幕末の頃、坂本龍馬や高杉晋作ら、維新の志士たちが足繁く通ったといわれる長崎最古の料亭。調度品など、店内のいたるところで深い歴史を感じさせる。ランチには、卓袱の代表的な味を三段重に詰めた姫重しっぽくが好評だ。

☎095-824-0226
所 長崎市諏訪町8-20
営 11:30～14:00 17:00～21:30
休 不定休 交 市役所電停から徒歩5分
P あり

文化10年(1813)創業の、歴史とともに歩んできた老舗

卓袱料理は朱塗りの円卓を囲んでいただく

予約 要
予算 Ⓛ6050円～ Ⓓ1万5840円～

卓袱料理1万5840円～(夜)
季節ごとの山海の珍味を盛り込んだ本格的な卓袱料理。魚のすり身とエビをパンで挟んだ揚げ物、ハトシなども味わえる

こだわりの一皿が誘う

至福の時を演出

3店

産地、素材、調理法、シチュエーション、ロケーションのひとつひとつにこだわりが。異国情緒の街・長崎での格別な美酒美食。

ロマンティックな長崎港の夜景と
サプライズに満ちた至高の鉄板焼

鉄板焼き

鉄板焼ダイニング 竹彩

てっぱんやきダイニング ちくさい

稲佐山 MAP 付録P.3 D-4

近海の魚介に壱岐、宮崎牛など質と鮮度にこだわった極上の鉄板焼を提供する。ソースをムースにしたり、料理に燻製香をまとわせたりと鉄板焼にとどまらない驚きに満ちた調理も楽しく、特別な時間が過ごせるお店。

☎095-864-7777

所長崎市秋月町2-3 ガーデンテラス長崎ホテル＆リゾート内ロイヤルテラス棟3F 営11:00～14:00(LO) 17:00～21:00(LO) 休木曜 交JR長崎駅から車で10分 Pあり

※ホテル情報 ➡P.154

予約 可
予算 Ⓛ3800円～ Ⓓ9500円～

大手鞠「おおでまり」
2万4000円

竹彩が厳選する食材のなかでも、その日、特に優れた食材を用いるシェフのおまかせコース。九州の旬が思う存分に味わえるスペシャルなメニューだ。2名以上、3日前までに要予約

稲佐山の中腹に立つホテル内にある

食材踊る鉄板焼カウンターの向こうに港のパノラマが広がる。世界新三大夜景に選ばれた長崎の夜景だ

目の前の調理風景を見るのも鉄板焼の醍醐味。シェフの見事な手際が人々を楽しませる

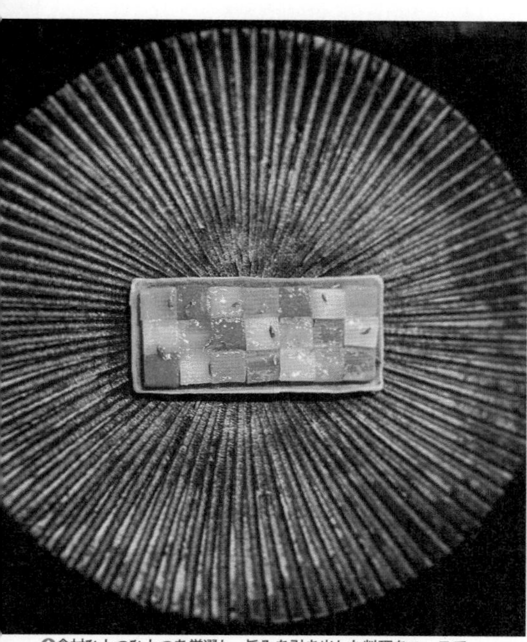

⇧食材ひとつひとつを厳選し、旨みを引き出した料理をコースで

予約	要
予算	Ⓓ1万5000円～ ※税サ・飲み物代別

いつもより少しおしゃれに
特別な気分で味わう料理

ジャンルは要問合わせ

プルミエ・クリュ

寺町 MAP 付録P.7 F-3

席数12。1日2組限定の料理店。店内はヨーロッパの雰囲気が漂う。堅苦しさはないけれど、細部にまでこだわったもてなしで、繊細なフランス料理を供する。

☎095-829-1061
所長崎市鍛冶屋町6-28
営ディナー18:00／19:00／20:00 休日曜
交思案橋電停から徒歩3分 Pなし

ディナーコース
1万5000円
(税サ・飲み物代別)
フレンチという枠にとらわれない、素材を重視した料理が最良の形で表現される。

⇧見た目にもこだわった美しい一皿。シェフの深田伸治氏の目の行き届いた料理が味わえる

⇧特別な時間を楽しんでほしいという思いが店内に表れている

おすすめは店名でもある
豚足のつめ物の赤ワイン煮

フランス料理

ビストロ ピエ・ド・ポー

寺町周辺 MAP 付録P.7 E-2

東京・青山の名店、ラ・ブランシュを皮切りに、フランスや渋谷で研鑽を積んだ原田勝馬シェフのお店。ビストロという店名どおり気取りはないが、しかし味は一流レストラン級のフランス料理が味わえる。

☎095-829-3477
所長崎市鍛冶屋町4-17
営12:00～13:00(LO)
18:00～20:00(LO)
休月曜 交思案橋電停から徒歩5分 Pなし

予約	おまかせは要 (ディナーは当日17:00まで)
予算	Ⓛ2420円～ Ⓓ4950円～

⇩シンプルな内装。肩肘張らずに本場フランスの味が楽しめる

ビストロメニュー4180円
オードブル、メインディッシュがそれぞれ7～8種類用意されているプリフィクススタイルのコース。写真はオードブルより豚肉のゼリー寄せ ラヴィゴットを添えて

⇩フレンチの要ともいえるソースにこだわりあり。ディナーのメインディッシュより豚足のつめ物赤ワイン煮 半熟卵とキャベツのヴィネガー煮添え

広々として清潔感のある店内。観光客と地元の客で賑わう(中国料理館 会楽園)

贅沢ちゃんぽん&皿うどん

長崎の中国式ソウルフード6店

中華料理 四海樓
ちゅうかりょうり しかいろう

南山手 MAP 付録P.8 B-1

ちゃんぽん発祥の店として伝統の味を守り継ぐ

明治32年(1899)創業、ちゃんぽん、皿うどん発祥の店として知られる有名店。丸鶏と豚骨に魚介も加わった濃厚スープは、歴史を感じる深みのある味わい。館内には四海樓の歴史を紹介した「ちゃんぽんミュージアム」もある。

☎095-822-1296
所長崎市松が枝町4-5
営11:30～14:30(最終入店) 17:00～19:30(最終入店) 休不定休
交大浦天主堂電停からすぐ Pなし

ちゃんぽん1210円

予約 個室のみ可
予算 LD5000円～

中国菜館 江山楼 中華街新館
ちゅうごくさいかん こうざんろう ちゅうかがいしんかん

長崎新地中華街 MAP 付録P.6 C-3

創業者の心を受け継いだ極みの麺とスープを味わう

長崎中華街の歴史とともにある江山楼。ていねいな仕事にこだわり、すべてに基本どおりの調理法で作られたちゃんぽんは、何度食べても飽きのこない味だ。時代とともに食材は変わっても本来の味を守る調理法に納得。

☎095-820-3735
所長崎市新地町13-13 営11:30(土・日曜、祝日11:00)～20:30(準備時間15:00～17:00)
休月曜、不定休月4日(月8回休み)、年末年始
交新地中華街電停から徒歩3分 Pなし

真心をこめてつくる長崎名物のちゃんぽん。秘伝のスープと歯ごたえを大事にした野菜が見事にマッチした、まろやかなスープの特上ちゃんぽん2310円

予約 不可

中国料理館 会楽園
ちゅうごくりょうりかん かいらくえん

長崎新地中華街 MAP 付録P.6 C-3

創業から変わらぬ味 具材から出る旨みは絶品

昭和2年(1927)に福建省出身の先代が開いた中国料理店。長崎新地中華街の入口に位置し、建物は中国伝統建築の熟練工の手によるもの。こだわりはなんといってもちゃんぽん。中国と長崎の歴史が育てた中国料理を楽しみたい。

☎095-822-4261
所長崎市新地町10-16
営11:00～14:45(LO) 17:00～19:50(LO)
休不定休
交新地中華街電停から徒歩3分 Pなし

予約 不可(コースは要)
予算 L990円～ D5060円～(コース)

贅沢な具材の旨みがしっかりとスープににじみ出てうまさ太鼓判。特製ちゃんぽん1320円

レストラン席から大宴会場までさまざまな席を用意し、普段使いから祝事まで多様に活用できる(寶來軒)

中国からの留学生のために安くて栄養満点の食事を提供しようと考案されたのがちゃんぽんの始まり。もともとは庶民のためのメニューだが、具に高級食材を使ったり、麺にひと工夫するなど、個性を発揮したグルメちゃんぽん&皿うどんも見逃せない。

老李 長崎中華街 総本店

らおりー ながさきちゅうかがい そうほんてん

長崎新地中華街 MAP 付録P.6 C-3

台湾料理と長崎の味のコラボ 珍味でいただく一杯

長崎では珍しい台湾料理の店。台湾の味を伝えるため、オーナーの故郷・台湾からの料理人を絶えず確保。長崎の食材と台湾の食材がコラボした料理は地元の人にも人気。長崎の高級珍味「生からすみ」が入ったちゃんぽんは絶品。肉汁たっぷりの水餃子もおすすめ。

☎095-820-3717

所長崎市新地町12-7 営11:30～15:00(LO14:30) 17:00～22:00(LO21:30) 休無休 交新地中華街電停から徒歩3分 Pなし

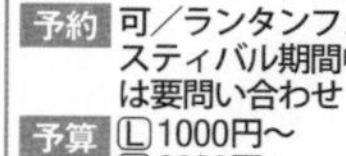

予約 可／ランタンフェスティバル期間中は要問い合わせ

予算 L1000円～ D2000円～

甘口仕上げの皿うどん990円～。長崎のソースをかけると二度おいしい

寶來軒

ほうらいけん

平和公園周辺 MAP 付録P.9 E-3

原爆資料館そばの 大きな中華風建物が目印

観光地にありながらも地元客が多い中華料理店。単品料理からちゃんぽんや皿うどん、デザートまで多彩なメニューが揃う。おすすめは大エビ料理。滞在中2度訪れる観光客も多く、あっさりとした味わいはまた食べたくなる。席のみの予約は不可で、休日や食事時間帯は混雑する。バリアフリーも対応。

☎095-846-2277

所長崎市平野町5-23

営11:30～14:30(LO) 17:00～20:00(LO)

休店のInstagramまたはHPで確認 交原爆資料館電停から徒歩5分 Pあり

予約 個室のコース料理のみ可

予算 LD1200円～

具材たっぷりでヘルシー。鶏皿うどん(細麺)1400円

天天有

てんてんゆう

思案橋 MAP 付録P.7 E-3

長崎市民に長年愛される味 コクのあるスープは絶品

戦後すぐ、中国福建省から来た先代が開店。被爆直後、焼け野原となった長崎で庶民の中国料理として親しまれてきた。濃厚なスープにカキ、エビなど新鮮な魚介の旨みが詰まったちゃんぽんは、地元の人にはおふくろの味だ。

☎095-821-1911

所長崎市本石灰町2-14 営11:00～15:00(LO14:30) 17:00～終了時間は要確認 休水曜 交思案橋電停から徒歩2分 Pなし

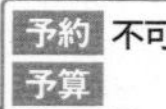

予約 不可

予算 L750円～

守り続けた初代から変わらぬ味を味わい、歴史を感じながらいただきたい。特製皿うどん1200円

夕月カレーセット
790円
ドリンク・サラダ付き。エビフライなどトッピングも可(有料)

長崎で愛されて約70年
赤い三日月カレー

カレーの店 夕月

カレーのみせ ゆうづき

思案橋周辺 MAP 付録P.7 D-2

昭和の時代から長崎の人に愛されている夕月カレーは、長崎の人には懐かしく、初めて食べる人にとってはとても新鮮。三日月形に注いだ野菜とスパイスを溶かし込んだ赤いルーは、辛みを抑えたまろやかな味わいでハマる人多し。

☎095-827-2808
所長崎市万屋町5-4 営11:00～20:00(LO 19:30)、売り切れ次第終了 休火・水曜
交観光通電停から徒歩2分 Pなし

⇧長崎の繁華街、浜町のベルナード観光通りにあるお店

予約 可
予算 ⓁⒹ730円～

長崎ならではの有名店・人気店

郷土の定番食4店

古くから守られてきた各店独自の名物メニューは、地元の常連が認めるホンモノだ。

最上級ランクの長崎和牛は
赤身の旨み、白身の甘みが絶妙

ステーキハウスおかの

思案橋周辺 MAP 付録P.7 E-3

創業50年を超えるステーキ店。どの席も目の前に鉄板をしつらえていて、厳選した最上級クラスの長崎和牛を、料理人によるライブ感たっぷりのパフォーマンスとともに楽しむことができる。昼夜ともコースが中心で、予約がベター。

☎095-824-3048
所長崎市本石灰町6-8
営12:00～14:30(LO14:00) 17:00～22:30(LO21:30) 休無休
交思案橋電停から徒歩1分 Pなし

予約 可
予算
Ⓛ3000円～
Ⓓ7700円～

⇨昔、花街があった丸山の近く、思案橋電停すぐの場所にある老舗のステーキ専門店

⇧客席は1階に10席のカウンター席、3階にテーブル席、4階に半個室のテーブル席を設ける

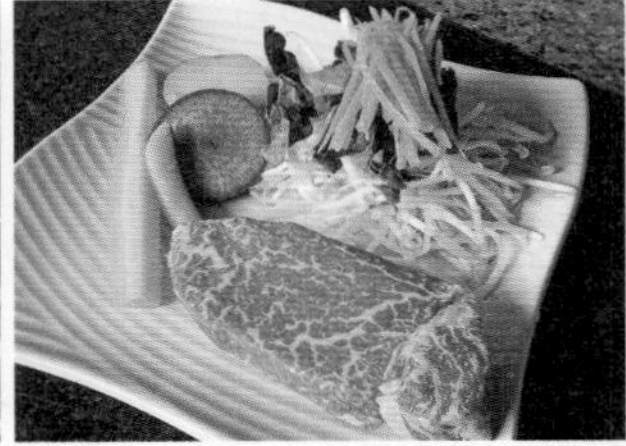
⇧長崎和牛は「第10回全国和牛能力共進会」の肉牛部門で日本一に輝いた銘柄牛

味彩コース 7700円
夜のコースの一部。サーロインのステーキに、季節のスープ、サラダ、焼き野菜、ご飯、味噌汁、デザートが付く

九州最古の喫茶店
極上トルコライスの数々

ツル茶ん

ツルちゃん

思案橋周辺 MAP 付録P.7 E-2

大正14年(1925)創業、九州最古の喫茶店。歴史ある店の看板メニューは、初代が考案した長崎風ミルクセーキと、11種類のバリエーションが食欲をそそるトルコライス。名だたる有名人を満足させた至福の一皿をぜひ。

☎095-824-2679
所長崎市油屋町2-47
営10:00～21:00(LO)
休無休 交思案橋電停から徒歩1分 Pなし

「昔なつかしトルコライス」1580円。ポークカツとカレーソースがおいしい、スタンダードな味

2階フロア。蓄音機や古い写真などが飾られたレトロな雰囲気

ランタントルコ 1580円
豪華な有頭エビのフライにピリ辛のクリームソースがかかった、見た目も美味なトルコライス

予約 曜日、人数、時間による
予算 LD2000円～

誰もが知っている超有名店
茶碗むしと蒸し寿司の夫婦むし

吉宗 本店

よっそう ほんてん

思案橋周辺 MAP 付録P.7 D-2

慶応(けいおう)2年(1866)に茶碗むし、蒸し寿司専門店として開業。豊かな山海の幸を生かした家庭の味が創業以来のモットーだ。名物の茶碗むしは、穴子やエビ、たけのこ、キクラゲなど具だくさんで食べ応えも十分。蒸し寿司とともに。

☎095-821-0001
所長崎市浜の町8-9
営11:00～15:30(LO14:30)
17:00～21:00(LO20:00) 休月・火曜
交観光通電停から徒歩3分 Pなし

建築当時の昭和初期の面影がいたるところに感じられる。老舗だが庶民的な雰囲気

吉宗定食2750円
彩りも鮮やか。定食では卓袱料理の豚の角煮も味わえる

茶碗むし880円
10種類の具が入ったアツアツ、プルプルのジャンボ茶碗むし

予約 可
予算 LD1400円～

テイクアウトで楽しむ長崎名物

長崎県産豚肉の肉汁があふれる
あつあつのソウルフード

長崎ぶたまん桃太呂 浜町店

ながさきぶたまんももたろ はまのまちてん

長崎で絶大な人気を誇る豚まん専門店。100%長崎産の豚肉は食感、肉汁が楽しめるようすべて職人による手切りのブツ切りで、1cm角の玉ネギとともに旨み、甘みが口中に広がる。

思案橋周辺 MAP 付録P.7 E-3

☎095-823-7542
所長崎市浜町10-19
営10:00～23:00(売り切れ次第閉店)
休無休 交思案橋電停から徒歩3分 Pなし

蒸したては1個80円で、冷蔵は10個800円(送料別途)。甘みのある皮も美味。酢醤油で食べるのが長崎流

浜市アーケード近く、電車通り沿いにある

古い街にはアンティークが似合う

ノスタルジーカフェ

歴史を感じさせる落ち着いた内装、ていねいにドリップしたコーヒーの香り。どこか懐かしい和やかな雰囲気に浸る。

長崎ゆかりの骨董品などがさりげなく置かれた店内は、ゆったりくつろげる落ち着いた雰囲気

時を刻む振り子時計の音とジャズが静かに流れる店内。レアチーズケーキと珈琲のセット850円も人気

時を忘れてくつろげる、47年続く大人のカフェ

アンティーク喫茶&食事 銅八銭

アンティークきっさ&しょくじ どうはっせん

長崎駅周辺 MAP 付録P.4 C-2

桜町電停から少し坂を上った裏通りにある老舗のカフェ。アンティークな家具や骨董品を眺めながら、こだわりのコーヒーや愛情たっぷりの手作り料理がいただける。カウンターに座ると、気さくな店主との会話も楽しめそう。

☎095-827-3971
所 長崎市上町6-7
営 11:00～20:00(LO19:00)
休 第1・3・5土曜
交 桜町電停から徒歩2分
P なし

↑ミルクセーキ890円。切子のグラスに高く盛られた長崎名物の食べるミルクセーキは、卵と練乳たっぷりの極上デザート

←トルコライス1500円。カレーピラフ、塩・胡椒味のパスタ、トンカツ、それにカレーソースがたっぷり

長崎の異国情緒をオリジナルコーヒーとともに味わう

南蛮茶屋

なんばんぢゃや

眼鏡橋周辺 MAP 付録P.7 E-1

東古川町の風情ある街並みに似合うレトロなカフェ。築170年の町家をリノベーションした店内にはアンティークの装飾品が並ぶ。長崎に伝来した当時のコーヒーの味を追求した「南蛮茶」は、深いコクとすっきりした苦みが特徴。

☎095-823-9084
所 長崎市東古川町1-1
営 14:00～21:30 休 無休 交 めがね橋電停から徒歩3分 P なし

↑英国製ビスケットと珈琲のセット980円。40年ほど前の創業当時からファンが多い、赤いセロファンに包まれたいちじくジャムの英国製ビスケット。南蛮茶との相性も抜群

←一歩店内に足を踏み入れると、時の流れが止まったような独特な空間が広がる

老舗喫茶店の絶品ふんわりサンドイッチ

珈琲冨士男

こーひーふじお

寺町周辺 MAP 付録P.7 E-2

昭和21年(1946)創業の変わらない味を守り続ける喫茶店。コーヒーはオールアラビカ種の豆を使用し、ていねいに焙煎したネルドリップ。焼きたての食パンを使用したサンドイッチはふわっとやわらかで、一度食べると忘れられないやさしい味わい。

☎095-822-1625
所長崎市鍛冶屋町2-12
営9:00～17:00
休木曜
交思案橋電停から徒歩5分
Pなし

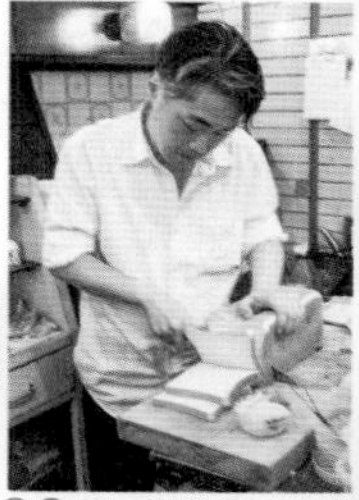

←↑サンドイッチセット890円。注文を受けてから焼く温かい玉子焼が入ったエッグサンドは、一口ほおばるとその食感に驚くはず。テイクアウト可

↑レトロな雰囲気が心地よい。現在2代目のマスターが創業当時の味を守っている

地の利を生かした英国の薫りがするカフェ

EIGHT FLAG

エイトフラッグ

東山手 MAP 付録P.8 C-1

紅茶とワッフルの専門店は長崎市ではここだけ。グラバー商会の跡地21番地の西側の一角に位置し、150年以上前この地で茶の製造・梱包が行われていた。当時と同じように「茶」に関わる仕事をしたいという店主の思いがこもったカフェ。

☎095-827-8222
所長崎市大浦町5-45
営14:00～18:00 休月・火曜
交大浦海岸通電停から徒歩2分 Pなし

↑もとは船会社。店内は英国のインテリアで落ち着いた雰囲気

←素材にもこだわり、創業当時から同じ値段で提供されているチョコレートワッフル。紅茶の種類は15種類。その日の気分で味と香りを楽しんで

長崎県民御用達のシースクリーム

梅月堂本店

ばいげつどうほんてん

思案橋周辺 MAP 付録P.7 D-2

明治27年(1894)創業の老舗の菓子舗。今や長崎名物となったケーキ、シースクリームの本家本元がここだ。昭和30年代初頭に売り出され、県内で初めて生クリームを使ったケーキとして話題となった。

☎095-825-3228
所長崎市浜町7-3
営10:00～19:00 休無休
交観光通電停から徒歩1分
Pなし

←アーケードを入ってすぐ

↓カステラ風のスポンジでコクのあるカスタードクリームをサンドしたシースクリーム。コーヒーセット908円

↓1階が売店で2階がカフェ。シックで落ち着ける空間

ノスタルジーカフェ

貿易港・長崎から始まった砂糖の文化を感じながら

スイーツ自慢のカフェ

江戸時代、海外の菓子や砂糖は
出島から長崎街道を通って遠く江戸へ。
砂糖のルーツ・長崎で出会う、甘くておいしいお菓子たち。

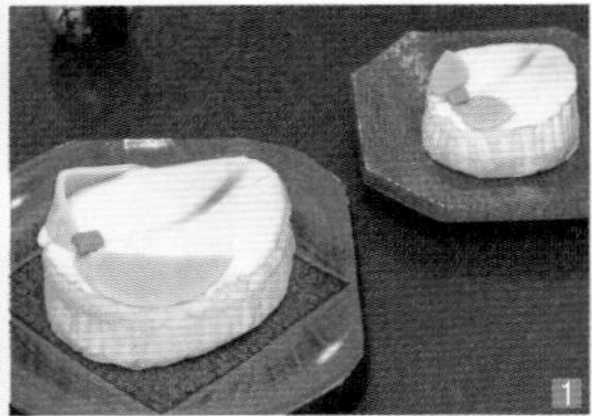

こだわりの材料で作った
名物食べるミルクセーキ

和風喫茶 志らみず

わふうきっさ しらみず

思案橋 MAP 付録P.7 E-3

明治20年（1887）創業の老舗和菓子屋の中にあり、白玉などの和菓子とコーヒーのセットが人気。長崎でぜひいただきたいのがミルクセーキ。卵をふんだんに使い、創業当時から伝わる秘伝の蜜を使用した品のある一品。

☎095-826-0145
所長崎市油屋町1-3
営11:00〜17:00 休不定休
交思案橋電停から徒歩2分 Pなし

1.名誉総裁賞を受賞した桃かすてらを店内でいかが　2.老舗の和菓子屋「白水堂」の中にある和風喫茶　3.和菓子屋ならではの、材料にこだわった一品

巨大メニューが有名な
老舗のレトロカフェ

カフェ オリンピック

浜町周辺 MAP 付録P.7D2

カフェメニューから食事メニューまで揃う有名喫茶店。デザートメニューのほか、トルコライスのラインナップも充実。特大メニューも提供しており、友達や家族とシェアもできるので、旅行の思い出作りにおすすめ。

☎050-5487-8151
所長崎市浜町8-13 仲見世ビル2階
営11:00〜20:00(土・日曜は〜21:00)
休1月1日 交観光通電停から徒歩3分
Pなし

1.イチオシメニューの閻魔大王のパフェ1320円　2.シンデレラパフェ1430円
3.観光地付近にあり休憩に最適な立地
4.実物大50〜120cmのパフェサンプルの前で記念撮影もできる

駅ビルのオアシス
上品で落ち着けるカフェ

Cafe & Bar ウミノ

カフェ＆バー ウミノ

長崎駅周辺 MAP 付録P.4A-2

昭和30年(1955)創業の老舗喫茶店。店内はクラシックなインテリアが並び高級感があふれる。カフェメニューではサイフォンで淹れる珈琲や自家製生クリームを使ったフルーツサンド、食べるミルクセーキが楽しめる。サンドイッチはテイクアウト可能でおみやげにぜひ。

☎095-829-4607
所長崎市尾上町1-1アミュプラザ長崎5F
営11:00～22:00
休無休 交JR長崎駅からすぐ
Pアミュプラザ提携駐車場800台(有料)

1.駅に近いので食事や買い物途中に気軽に立ち寄れる 2.ゆったりくつろげる落ち着いた店内 3.生クリームとフルーツの相性が良いフルーツサンド980円

1.生クリームたっぷりのフレッシュタルトも人気 2.夏限定のタルトシィトロン420円 3.フレッシュチーズたっぷりのベイクドチーズケーキ「フロマージュ」250円

フランス人マダムが作る
ときめきの絶品スイーツ

リトル・エンジェルズ

長崎市内 MAP 本書P.3E-4

フランス人マダムが実家で代々受け継がれてきたレシピをベースに作る何種類ものケーキやクッキーは、誰もが笑顔になるおいしさ。人気No.1は、濃厚で繊細な味わいのチーズケーキ。

☎095-832-0055
所長崎市矢上町33-1
営10:30～18:00 休水曜
交JR長崎駅から車で30分 Pあり

和洋の文化が混ざった
ロマンあふれる空気感

長崎カフェ 一花五葉

ながさきカフェ いちかごよう

眼鏡橋周辺 MAP 付録P.7E-1

素材ひとつひとつにこだわった手作りスイーツが、心を込めてていねいに淹れたお茶やコーヒーとともに楽しめる。オリジナルのお焼き風スイーツ・ごよう餅は外はカリッ、中はもちっとした食感。焼きたてをお箸でいただく。

☎095-824-8815
所長崎市東古川町1-5
営12:00～17:00(LO16:30)
休月・火曜
交めがね橋電停から徒歩3分 Pなし

1.ごよう餅焼きりんごとアイスクリーム添え1100円。ごよう餅は1個220円でテイクアウトできる 2.アジサイのステンドグラスが印象的なカウンター席 3.抹茶パフェ1210円

NIGHT SPOTS

ナイトスポット

おいしいのに安い、というサプライズ

長崎の魚はすこぶる旨い だから旨いお酒と相性がいい

海に囲まれ、豊かな漁場に恵まれた長崎は、新鮮な海の幸の宝庫。厳選素材を確かな技で提供してくれる店で、地魚の旨みを堪能したい。

大衆割烹 安楽子

たいしゅうかっぽう あらこ

思案橋周辺 MAP 付録P.7 D-2

安くて楽しいがモットー 新鮮な長崎の魚とお酒

店名のとおり、値段も安く、お客さんが楽しめる場所を提供。その日に水揚げされた新鮮な魚介がカウンターに並ぶ。刺身の種類も豊富で揚げ物、焼き物と揃っている。お酒の種類も豊富だ。地元の人に長年愛されてきた店。

☎095-824-4970
所 長崎市浜町7-20
営 16:30〜22:00
休 日曜、祝日　交 観光通電停から徒歩2分
P なし

↑その日に水揚げされた魚介は、新鮮そのもの。安楽子自慢の日本酒でどうぞ

→長崎の海で揚がったばかりの新鮮な魚が味わえる

予約 大人3名〜
予算 Ⓓ3000円〜

↑常連さんとも仲良くなれる家庭的なところが魅力

銀鍋

ぎんなべ

浜町周辺 MAP 付録P.7 D-3

長崎の魚介ならここ! 旬の素材に大満足

創業以来70年余り、鯨、角煮、長崎ハトシなどの長崎名物はもちろん、月替りコース料理、アラカルトなど長崎の新鮮な魚介をリーズナブルな価格で提供。入荷時のみ、名物『あら(クエ)尽くしコース』(要予約)も用意する。

☎095-821-8213
所 長崎市銅座町7-11
営 11:30〜14:30(LO14:00)
17:00〜21:00(LO20:00)　休 月曜
交 観光通電停から徒歩2分　P なし

↑おまかせ旬魚盛合せ1650円〜

→落ち着いた雰囲気の中で過ごせる

予約 可
予算 Ⓛ980円〜
Ⓓ5000円〜

↑鯨盛合せ(4種盛)3000円

長崎DINING 多ら福 亜紗
ながさきダイニング たらふくあさ

思案橋周辺 MAP 付録P.7 E-2

活気あふれる人気店 魚介と創作料理が自慢

元気いっぱいなスタッフが威勢よく出迎えてくれる繁盛店。長崎産を中心に、旬の素材を使った創作料理が楽しめる。特にピカイチな鮮度を誇る魚は格別のおいしさ。名物の鯨料理(880円〜)のほか、エビマヨや出し巻玉子などの定番も人気。

☎095-832-8678
所長崎市油屋町2-6
営17:00〜24:00(LO23:50)
金・土曜、祝日の前日17:00〜翌1:00(LO24:00)
休不定休 交思案橋電停から徒歩3分 Pなし

長崎角煮のとろ〜りチーズパイ850円

スタッフの元気な声が飛び交う、活気ある雰囲気も人気の秘密

予約 可
予算 D3000円〜

8〜10種類が楽しめる刺盛り(写真は1人前2500円〜)は、とびきりの鮮度が自慢。産地ならではの味をどうぞ

鮮肴炭焼 炙
せんこうすみやき あぶり

寺町周辺 MAP 付録P.7 E-2

選び抜いた素材を生かした シンプルかつ奥深い料理

素材へのこだわりと、シンプルでありながら洗練された「炙流」の料理でもてなしてくれる。焼き物全般はすべて炭火焼きというのもうれしい限り。ほとんどの客が注文するという「刺盛」も必食。最上級のごちそう体験を満喫できる。

☎095-818-9888
所長崎市万屋町6-24 営18:00〜24:00
休不定休 交思案橋電停から徒歩3分
Pなし

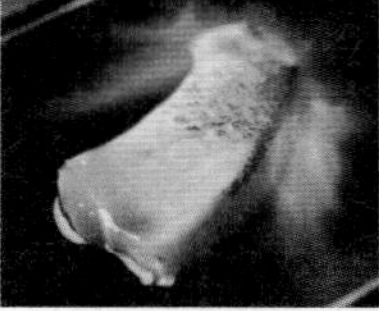
焼き上げる前のひと手間が、素材の旨みを最大限に引き出す

こだわりの料理に合わせた焼酎も豊富に揃える

予約 望ましい
予算 D5500円〜

確かな技が厳選した食材の持ち味に生きる海鮮料理

バラモン食堂
バラモンしょくどう

寺町周辺 MAP 付録P.7 E-2

五島の素材を「旬」に味わう こだわりの調理で召し上がれ

長崎の旬の魚(五島列島近海など)や肉(五島牛・豚・地鶏)、天草の車エビなど「島のうまかもん」を産地直送で取り寄せ、刺身で、焼いて、揚げて。こだわりの調理法で提供。昼は定食、夜は居酒屋で営業。

☎095-895-8218
所長崎市万屋町6-29 営11:00〜15:30(LO15:00) 17:00〜22:00(LO21:30) 金・土曜は〜23:00(LO22:30) 休月曜、第3火曜
交思案橋電停から徒歩3分 Pなし

空間づくりにこだわった落ち着いた雰囲気の店

上質な肉質が自慢。五島の地鶏は低脂肪、高タンパク

予約 望ましい
予算 L1000円〜 D3000円〜

五島沖で獲れた新鮮なきびなごを一夜干しにして天ぷらに

↑塩さば、高菜、いわのりの具が人気のトップ3。赤だしをはじめ、なめこ汁、お茶漬けも人気

↑カウンターで食べるのがおすすめ。お寿司気分でおにぎりはいかが

カウンターで食べる
地元で人気の素朴なおにぎり

おにぎり専門店 かにや
おにぎりせんもんてん かにや

思案橋周辺 MAP 付録P.7 D-3

昭和40年(1965)から変わらぬ味を守り続けるおにぎり専門店。こだわりの米は、新潟県産のコシヒカリを使用。塩は、ほんのりとした甘さを感じる「伯方の塩」、海苔は有明最高級のもの。具材は33種類で、どれも自家製。

予約 不可
予算 D700円～

☎095-823-4232
所長崎市銅座町10-2 営18:00～翌3:00
休日曜(祝日の場合は翌日)
交観光通電停から徒歩2分 Pなし

長崎の夜はまだまだ終わらない!

宵も楽しい長崎

ちょっと小腹がすいたときに思い出したいのがこの店。飲んだあとの締めの一軒に!

↑おじや750円。炊きたてのご飯をおかゆにし、いったん寝かせて再びだしで炊き上げる、手間ひまかけた一杯

予約 可
予算 D750円～

やさしい旨みが胃に染みる
ほっこり温かい名物おじや

一二三亭
ひふみてい

眼鏡橋周辺 MAP 付録P.7 E-1

丸山で料亭を営んでいたときから創業130年を超える店。卓袱料理の定番料理、角煮や牛かんなどを単品で注文できる。名物は削りたてのカツオ節と昆布のだしが風味豊かなおじや。米一粒ずつを卵でコーティングしたおじやは、とろとろの食感で飲んだあとの胃にやさしい。

↑船をモチーフにしたアンティークな雰囲気の店内。奥には舵を用いたテーブル席がある

☎095-825-0831
所長崎市古川町3-2
営17:30～22:30(LO)
休水曜 交めがね橋電停から徒歩2分 Pなし

長崎の隠れた名物・一口餃子
ビールとの相性抜群

雲龍亭 本店
うんりゅうてい ほんてん

☎095-823-5971
所長崎市本石灰町2-15
営17:00～23:00 休日曜
交思案橋電停から徒歩2分
Pなし

思案橋 MAP 付録P.7 E-3

昭和30年(1955)の創業。長崎の隠れた名物「一口餃子」が評判の店。具材はキャベツを使わず、玉ネギ、豚肉、ニラ、にんにくとシンプル。ジューシーで、ビールとの相性も抜群。女性でも2人前は軽く食べられる。

↑思案橋横丁から入ってすぐにある。赤い暖簾が目印

予約 不可
予算 D1000円～

↑一口餃子(1人前500円)はあっさりとしているのにジューシーな味わい。シンプルなニラトジも一緒に

SHOPPING
Nagasaki
東洋と西洋が
出合い、生まれた
趣深い逸品
買う
べっ甲、ビードロ、凧。
長崎の伝統工芸品は東洋と西洋が
入り交じった独特の味わいが魅力的だ。
伝統の波佐見焼は、
現代に寄り添ってどんどん進化する。
変化することに躊躇しないところに
長崎らしさが感じられる。

伝統の工芸品
Tradition

歴史に培われたモダンで品格ある伝統工芸品や郷土民芸品が今現在も伝承されている。

A 長崎チロリセット
5万7200円
江戸期に長崎で作られた冷酒用急須「チロリ」を復元。盃とセットで

A 一輪挿し
各3850円
「しずく」と名前のついた高さ15cmほどの一輪挿し。光が当たると美しさを増す

B 星型ステンドランプマルチ
3万8500円
ステンドランプのなかでは珍しい星型のタイプ。多面的な光を楽しめる

B 帆船ぐい呑み赤
1万3200円
特別な日に使いたいおしゃれなグラス。長崎ならではの模様で人気のシリーズ

「異国」の影響は今もなお
技が生きる長崎雑貨

鎖国時代に海外から優れた工芸技術を学び、継承してきた長崎。当時の文化や風俗が表れた雑貨に異国文化を垣間見る。

B ぽっぺんステンド
1100円
息を吹きこむとポッペンと音が鳴る

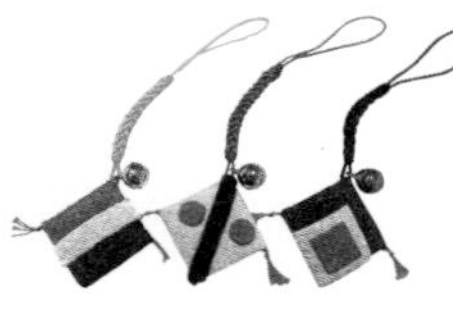

B ガラスの天使 本体セット
1320円
エンジェルのペアセット。網目状のドレスがキラキラと光る

C 凧のストラップ
各700円
手作りのストラップ。約2cmの布製で種類もさまざま

C 凧
1枚800円〜
伝統柄からアレンジしたものまでデザインは幅広く、サイズも豊富

A 長崎を代表する手作りガラス専門店
瑠璃庵
るりあん
南山手 MAP 付録P.8A-2

手作りの温かさが伝わる美しいガラス製品の数々を展示販売。吹きガラスやガラスペンダント、万華鏡などの制作体験(要予約・有料)も可能。

☎095-827-0737
所長崎市松が枝町5-11
営9:30〜17:00
休火曜
交大浦天主堂電停から徒歩3分
Pあり

B 観光名所最寄りのガラス細工専門店
グラスロード1571
グラスロード いちごーななじゅういち
南山手 MAP 付録P.8 B-2

南山手の坂の途中に立地するガラスのセレクトショップ。郷土玩具のぽっぺんやステンドグラスの雑貨など長崎ならではのおみやげを購入できる。

☎095-822-1571
所長崎市南山手町2-11
営9:30〜18:00
休無休
交大浦天主堂電停から徒歩4分
Pなし

C シンプルな伝統柄が彩る長崎らしいアイテムがずらり
大守屋
おおもりや
眼鏡橋周辺 MAP 付録P.7 E-1

凧(ハタ)の専門店。さまざまな大きさの凧はもちろん、国旗や船の信号旗がもとになったといわれるシンプルな伝統柄を生かしたストラップなども扱う。

☎095-824-2618
所長崎市古川町4-2
営10:00〜20:00
休不定休
交めがね橋電停からすぐ
Pなし

長崎モチーフ
Motif

歴史や風景などを
鮮やかな色使いで表現した、
かわいらしいおみやげは
選ぶのも楽しい。

D ボートポーチ(M)
各1540円
カステラや椿など、長崎名物をデザインに取り入れた「MINATOMACHI FACTORY」のポーチ

E たてま手ぬ
各1320円
看板商品の手ぬぐい。全60種類。コンプラ・ビードロ・ギヤマン(上)、夏夜の教会群(中)、眼鏡橋で逢いましょう(下)

D 長角皿 1650円
人気のココマリンシリーズの長角皿。魚を盛り付けるのにぴったりの形

D 波佐見焼のそば猪口 各1100円
白地に染付けが施された「natural69」の人気シリーズ。ほかに、飯碗、平皿、豆皿などが揃う

↑目移りしてしまうほど色柄豊富。プレゼントにはもちろん自分用にも(長崎雑貨 たてまつる)

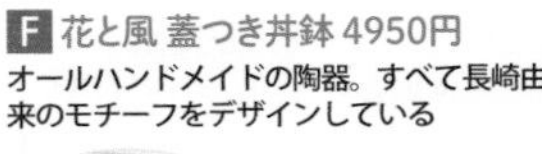

C 手ぬぐい
1450円
尾曲がり猫やビードロなど、長崎らしい素材がモチーフ

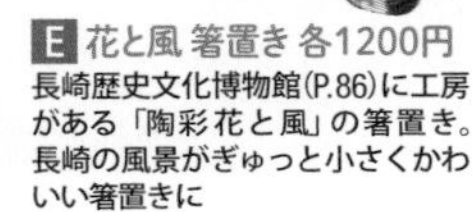

E 花と風 箸置き 各1200円
長崎歴史文化博物館(P.86)に工房がある「陶彩花と風」の箸置き。長崎の風景がぎゅっと小さくかわいい箸置きに

F Arte.M
エストレージャ(中) 8250円
Arte.Mの代表作の星形オーナメント。長崎の教会などで見られるステンドグラスを現代アートに

F 花と風 蓋つき丼鉢 4950円
オールハンドメイドの陶器。すべて長崎由来のモチーフをデザインしている

D センスが良くて気が利いた すてきな長崎みやげを厳選

いろはや出島本店
いろはやでじまほんてん

出島・ベイエリア MAP 付録P.6 C-3

デザイン性、テーマ性を持った長崎、九州各地の銘品が並ぶみやげのセレクトショップ。カステラ、五島産塩などの食品のほか、雑貨を多数品揃え。

☎090-3071-1688
所 長崎市出島町15-7 NK出島スクウェアビル1F
営 10:00～19:00
休 無休
交 新地中華街電停から徒歩1分
P なし

E 思わず何枚も欲しくなる 風物詩を染め抜いた手ぬぐい

長崎雑貨 たてまつる
ながさきざっか たてまつる

出島・ベイエリア周辺 MAP 付録P.6 C-2

店内には長崎にまつわる雑貨がいっぱい。街の風景、建物、祭り、歴史上の人物などを描いた手ぬぐいや、眼鏡橋などの箸置きが特に人気。

☎095-827-2688
所 長崎市江戸町2-19
営 10:00～18:30
休 火曜
交 大波止電停から徒歩5分
P なし

F 地元作家とコラボした かわいい雑貨がズラリ

URBAN RESEARCH アミュプラザ長崎店
アーバンリサーチ アミュプラザながさきてん

長崎駅周辺 MAP 付録P.4 A-2

「DESIGN YOUR LIFE STYLE」がテーマの、おしゃれなセレクトショップ。長崎らしさにこだわった、地元作家とのコラボ作品も充実している。

☎050-2017-9027
所 長崎市尾上町1-1 JR長崎駅ビル アミュプラザ長崎 新館1F 営 10:00～20:00 休 無休 交 JR長崎駅から徒歩1分 P あり(有料、2000円以上の買い物で60分無料～)

老舗の逸品から、かわいい手みやげまで
カステラ&桃かすてら

全工程手作りにこだわる

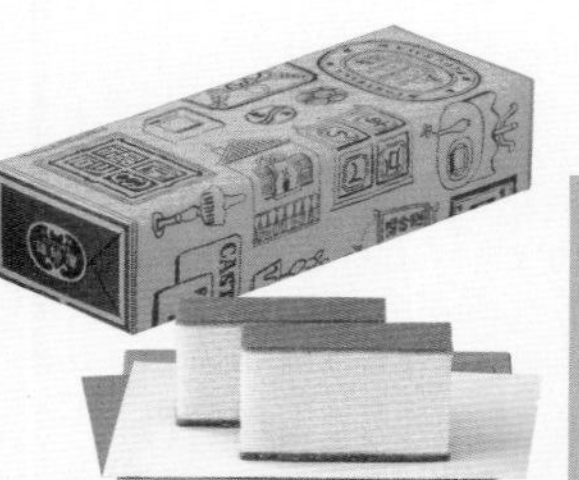

カステラ
手作りの熟練の技を召し上がれ。0.6号1323円～
※写真はカステラ1号2079円

特製五三焼カステラ
材料にこだわり、量産できない家伝の製法が今に生きる。1本3348円～

福砂屋 長崎本店
ふくさや ながさきほんてん

思案橋周辺 MAP 付録P.7 E-3

創業寛永(かんえい)元年(1624)の老舗。卵の手割りから混合、撹拌、焼き上げまでのすべての工程を、一人の職人がつきっきりで仕上げる「一人一貫主義」。手作りで焼き上げたカステラは、しっとりふっくらとした本物の味わい。

☎095-821-2938 所長崎市船大工町3-1
営9:30～17:00 休水曜
交思案橋電停から徒歩3分 Pあり

現在の店舗は明治初期に建てられ、観光スポットにもなっている

伝統と情熱を込めた一本

チョコラーテ
カステラに合うカカオマスを特注し使用。まろやかな味わいが楽しめる。0.6号・1本(10切れ)1296円

五三焼カステラ
卵黄を増やした分、卵白を減らし砂糖を増量した、濃厚で贅を尽くした一品。半棹(5切れ入り)1620円、一棹(10切れ入り)3240円

松翁軒 本店
しょうおうけん ほんてん

眼鏡橋周辺 MAP 付録P.5 D-3

もっちりした食感に焼き上がる小麦粉、島原産の契約農家から毎朝直送される卵、一級品のザラメなどの厳選材料と、江戸時代から受け継ぐ伝統から生み出されるカステラを味わえる。

☎095-822-0410
所長崎市魚の町3-19
営9:00～18:00
休無休 交市役所電停から徒歩1分
Pあり

1階は販売スペース。2階のセヴィリヤでは喫茶を楽しむことも。美しい調度品も展示

香ばしさと食感&口どけ

特製五三焼かすてら 木箱入り
風味の濃いさくら卵を使用。小290g 1566円、大580g 3132円

崎陽の月
栗の食感と黄身餡の味わいが絶妙。しっとりした洋風饅頭。8個入り1200円、10個入り1515円、15個入り2245円

異人堂 めがね橋店
いじんどう めがねばしてん

眼鏡橋周辺 MAP 付録P.7 E-1

職人が固定窯の前から片時も離れず、手間と時間をかけて焼き上げるカステラは、しっとり、もっちりした食感。みずみずしい長崎びわが入ったゼリーなど商品展開もバラエティに富む。

☎095-821-3320 所長崎市栄町6-15
営9:30～18:00 休1月1日
交めがね橋電停から徒歩3分 Pあり

観光客で賑わう眼鏡橋のそばにある販売店

**江戸時代にポルトガル人から伝えられたといわれるカステラ。
昔から変わらぬ製法で作られている
伝統のカステラは、長崎みやげとして外せない。**

長崎の桃かすてら

郷土菓子カステラをベースに砂糖でコーティングした桃の形の菓子、桃かすてら。初節句の内祝い用として、長崎の家庭が親戚などに贈ったことが始まりとされている。中国では縁起が良いとされる桃がモチーフの桃かすてらは、中国とも交流の深い長崎ならではの砂糖菓子だ。

風情ある店舗の数量限定カステラ

長崎カステラ
焼き上げたあと、木箱で1日寝かせて熟成。1号1782円

岩永梅寿軒
いわながばいじゅけん

眼鏡橋周辺 MAP 付録P.7 E-1

長崎ならではの町家造りの店舗で、熟練の職人によって焼き上げる数量限定のカステラ。木箱で1日寝かせて熟成させることで、もちっとした食感とふくよかな味わいが引き出される。

☎095-822-0977 所長崎市諏訪町7-1
営10:00～16:00 休日・火・木曜、不定休あり
交めがね橋電停から徒歩5分 Pなし

➡人気の長崎カステラは、早期予約するのがおすすめ

CMでおなじみの伝統の味

桃かすてら
桃の節句の季節限定(2月～3月末)商品だが、市民からは根強い人気の商品。大1026円、小778円、姫桃菓(特小)378円

カステラ
パッケージは文明堂総本店だけのオリジナル。職人の技が詰まっている。0.6号 1296円～

特撰カステラ
3種類の味(お濃茶・和三盆・黒糖)が楽しめるセットや木箱に入ったものも。0.33号 各1512円

文明堂総本店
ぶんめいどうそうほんてん

出島・ベイエリア周辺 MAP 付録P.6 B-1

素材にこだわり、契約農場と共同開発したカステラ専用のブランド卵「南蛮卵」を使用。和三盆ともち米の水飴を使い、ほのかな甘みを生み出す。熟練を要する製造法と選び抜かれた職人の技術から生まれる特撰カステラは絶品。

☎0120-24-0002 所長崎市江戸町1-1
営9:00～18:00 休無休
交大波止電停から徒歩1分 Pなし

➡現在の建物は、戦後まもなく建てられたもの。さるく見聞館にもなっている

桃の節句に欠かせない季節の味

⬆和菓子だけでなく、洋菓子の種類も豊富。すべての商品が手作りというこだわり

桃かすてら
しっとりとしたスポンジのほどよい甘さが絶品。長崎市民にも大人気。920円

万月堂
まんげつどう

長崎市内 MAP 付録P.3 E-1

昭和36年(1961)創業。厳選した材料は店主のこだわり。口にするものだから、賞味期限は短くなるが、防腐剤などは一切使用しない和菓子作りを続けてきた。季節ものの桃かすてらは、人気商品のため、一年中購入可能。

☎095-822-4002 所長崎市愛宕2-7-10
営9:00～18:30(日曜は～18:00) 休不定休
交愛宕町バス停から徒歩1分 Pあり

➡万月堂の桃かすてらは、全国菓子博覧会で名誉総裁賞(芸術部門)を受賞

素朴な味と食感がやみつきになるおいしさ。年齢を問わず楽しめる

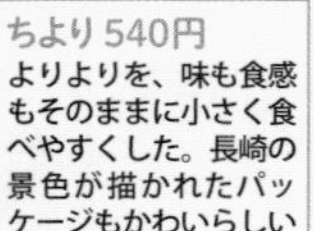
ちより 540円
よりよりを、味も食感もそのままに小さく食べやすくした。長崎の景色が描かれたパッケージもかわいらしい

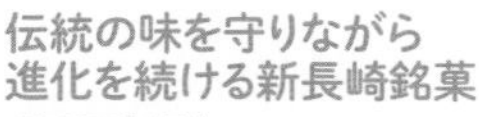
伝統の味を守りながら
進化を続ける新長崎銘菓

萬順製菓
まんじゅんせいか

寺町 MAP 付録P.7 F-1

歴史情緒豊かな寺町エリアの一角で、昔ながらの味と伝統を受け継ぐ菓子店。初代の味を守りながらも、よりおいしく食べやすいものをと日々研鑽を重ねている。

☎095-824-0477 所長崎市諏訪町7-28
営9:00～18:00 休不定休
交市役所電停から徒歩5分 Pなし

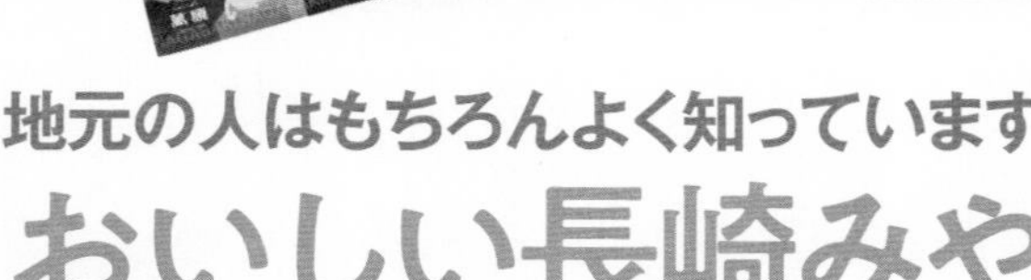

近くには日本最古の唐寺も。長崎に溶け込んだ中国文化を楽しもう

地元の人はもちろんよく知っています

おいしい長崎みやげ

貿易港としての文化繁栄もさることながら、豊富な海の恵みがある長崎は、水産の食文化も見逃せない。長崎の味を家まで持ち帰りたい。

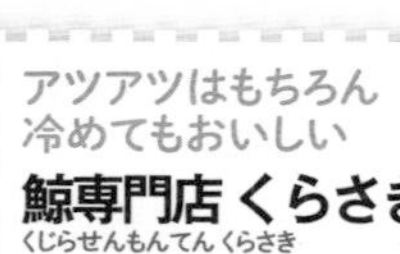
アツアツはもちろん
冷めてもおいしい

鯨専門店 くらさき
くじらせんもんてん くらさき

思案橋周辺 MAP 付録P.7 D-2

長崎で4代続く鯨専門店。創業以来の名物、鯨カツは、ていねいな下ごしらえにより冷めてもやわらかでおいしく、噛むたびに口の中に風味が広がる。ビールのつまみにもおすすめ。

☎095-829-5005 所長崎市万屋町5-2
営9:30～17:30 休不定休
交観光通電停から徒歩3分 Pなし

秘伝のタレにじっくり漬け込み、カラッと揚げた自信作

ながさき鯨カツ小
1枚378円
通販用の鯨カツは揚げ済と生の2タイプがあり、揚げ済は電子レンジでチンするだけ。また、店頭では揚げたてを食べることができる

今では希少な鯨食の文化を全国に向けて発信する

しっかり味の染みた角煮が
口の中でとろ～りとろける

岩崎本舗 浜町観光通り店
いわさきほんぽ はまのまちかんこうどおりてん

思案橋周辺 MAP 付録P.7 D-2

豚の角煮をふわふわの生地で挟んだ長崎名物、角煮まんじゅうの本家本元。厳選した豚バラ肉を使った角煮は、とろけるようにやわらかく、クセになるおいしさだ。

☎095-820-5566 所長崎市浜町5-9
営10:00～19:30 休無休
交観光通電停から徒歩1分 Pなし

長崎のショッピングスポット、浜町アーケードにある

長崎角煮まんじゅう 486円
丹念に味を染み込ませた角煮と生地が抜群のハーモニー

カリッ、プリプリがたまらない
長崎伝承ハトシ

山ぐち
やまぐち

出島・ベイエリア周辺 MAP 付録P.6 C-1

ハトシは長崎に伝わる卓袱(しっぽく)料理のひとつ。カリッと揚がったパンの中にはプリプリ食感のエビがギッシリ。店頭では揚げたてを楽しめるほか、冷凍での地方発送も可能。

☎095-822-1384
所長崎市万才町10-12 山口ビル1F
営9:00～17:30 休日曜
交万才町バス停／中央橋バス停から徒歩1分 Pなし

ギフトパック(5個入りパック2個セット)4000円
揚げる前の状態を冷凍で。家庭でも揚げたてアツアツが楽しめる

1個から購入可。油っこくない軽い口当たりは老舗料理店ならでは

甘みと旨みたっぷりの厳選エビがぎっしり。ハトシ400円

ショーケースには干菓子や最中など、四季折々の美しいお菓子が並ぶ

一子相伝の技で作られる
高級珍味からすみの名店

髙野屋
たかのや

出島・ベイエリア周辺 MAP 付録P.6 C-2

からすみはボラの卵と塩のみで作られる、長崎を代表する珍味。延宝3年(1675)の創業から変わらない製法で、1カ月近くかけて仕上げるからすみは、ほどよい塩味と濃厚な旨みで酒の肴にぴったり。

☎095-822-6554 所長崎市築町1-16
営9:30～18:00 休無休
交西浜町電停から徒歩3分
P中央地区商店街駐車場利用

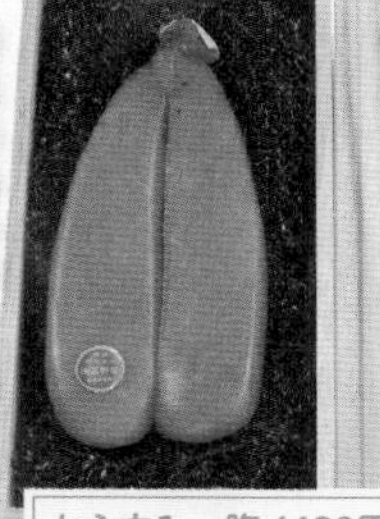

からすみ一腹 6480円～
340年余の歴史が詰まった逸品。添加物を使用せず、自然の風味を生かしている

上品な磯の香り
老舗の隠れた銘菓

岩永梅寿軒
いわながばいじゅけん

➡P.109

眼鏡橋周辺 MAP 付録P.7 E-1

昆布の風味と求肥(ぎゅうひ)のやわらかな食感が特徴の、和菓子の老舗が誇る銘菓「もしほ草」。砂糖をたっぷり使ったシュガーロード・長崎らしい味は、長きにわたって愛されている。

丹念に作られたからすみは、宮中や江戸幕府の将軍家にも献上された

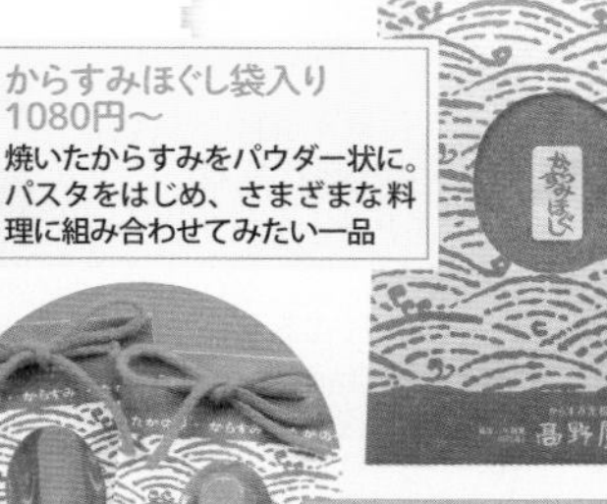
からすみほぐし袋入り 1080円～
焼いたからすみをパウダー状に。パスタをはじめ、さまざまな料理に組み合わせてみたい一品

食べやすいようにスライスされた、スライスからすみ1080円～

もしほ草 100g580円～
一口サイズでお茶うけにぴったり。小ぶりのパッケージはおみやげにも人気

待ち時間を利用して出かけたい

長崎駅&長崎空港みやげ

移動の基点になる長崎駅や長崎空港。さまざまなおみやげが、集まっているので、待ち時間にまとめて買える。

A 長崎ちゃんぽん
4人前 1490円
コシのある揚げ麺とコクのあるスープ入り。手軽に本場の味を楽しめる

B「かすてぃーりぁ」
50g缶入り 1050円
長崎のカステラをイメージした甘い香りの紅茶

B「びぃどろ」
50g缶入り 1100円
金平糖をトッピングしたフルーティーな紅茶

C 長崎ラスク
大浦天主堂缶（左）
出島表門橋記念缶（右）
各10枚入り1296円
長崎名物・カステラがサクサクのラスクに。カステラ味6枚のほか、コーヒー味2枚、そのぎ茶（緑茶）味2枚が入っている

C D 茂木ビワゼリー
（茂木一まる香本家）
1個378円（Dのみ）、
6個箱入り2484円
茂木びわをまるごと1個使用。県民にも愛される定番みやげ

A レンジでちゃんぽん
1人前 864円
レンジで簡単に調理ができて、本場の味がすぐに楽しめる

D じゃがメル
（長崎空港オリジナル）
580円
チップスにしたじゃがいものサクッとした食感が斬新なキャラメル

A 皿うどん
チョコレート（10個入）
1080円
皿うどんとチョコレートがコラボした甘すぎないお菓子

C D 九十九島せんぺい
（九十九島グループ）
8枚入り 756円〜
佐世保名物の香ばしいピーナッツせんぺい

D あじの活場
（しまおう）
3枚入り594円
長崎県産のアジを使用した揚げかまぼこ

C D 大吟醸 長崎美人
（福田酒造）
720mℓ 2993円（D）
720mℓ 3240円〜（C）
全国新酒鑑評会で金賞を受賞した銘酒

A みろくや 長崎駅店
みろくや ながさきえきてん

長崎駅周辺 MAP 付録P.4A-2

皿うどんやちゃんぽんのテイクアウト商品を中心に、皿うどんチョコレートなどを販売。

☎095-822-3698
営8:30〜20:00 休無休
（かもめ市場に準ずる）

B ルピシア 長崎店
ルピシア ながさきてん

長崎駅周辺 MAP 付録P.4A-2

紅茶、緑茶、烏龍茶など、世界のお茶を扱う専門店。長崎限定茶はおみやげに最適。

☎095-808-1118
営10:00〜20:00 休不定休
（アミュプラザ長崎に準ずる）

C 長崎街道かもめ市場すみや
ながさきかいどう かもめいちばすみや

長崎駅周辺 MAP 付録P.4A-2

長崎の人気ブランドのおみやげが勢揃い。探していた商品がきっと見つかる。

☎095-828-3733
営8:30〜20:00 休無休
（かもめ市場に準ずる）

D エアポートショップ MiSoLa-海空-
エアポートショップ ミソラ

長崎空港 MAP 本書P.3E-3

県下最大級の品揃え。カステラをはじめ、長崎県を代表する名産品を豊富に揃える。

☎0957-52-5551
営6:45〜20:30（就航便により変更の場合あり） 休無休

個性豊かな街へ
ひと足のばして
訪れてみたい

郊外へ

花と光に包まれたハウステンボスや、
陽光輝く海のリゾートでの贅沢な時間。
澄んだ海に囲まれた島々に渡り、
素朴なたたずまいの教会に出会う。
焼物の里で日常使いの器を選んだり、
噴煙に覆われた温泉地に滞在したり…
実に多彩な長崎旅。さあ、次はどこへ?

長崎タウンから足を延ばして

郊外のエリアとアクセスガイド

長崎市街からどこかへ出かけるとなると、重要なのは効率的な交通手段だ。特に公共交通機関を利用する場合は、乗り継ぎなど綿密な計画を立てておきたい。

欧州薫るテーマパーク

ハウステンボス ➡P.116

広大な敷地にヨーロッパの街並みを再現。豪華なイルミネーションや花畑が楽しめるほか、多彩なイベントを年中開催。

アクセス 長崎駅から電車で1時間30分。長崎駅からバスで1時間20分。長崎市街から車で1時間10分。

⇧さまざまなイベントやアトラクションも用意

世界に誇る美しい教会群

五島列島（ごとうれっとう） ➡P.126

大小140余りの島からなる列島は自然豊かで、全域が国立公園。迫害されたキリスト教徒が移住し、古い教会が多い。

アクセス 長崎港から福江港（福江島）まで船で1時間25分〜3時間10分、奈良尾港（中通島）まで1時間10分〜2時間35分。長崎空港から五島つばき空港まで飛行機で30分。

⇧自然の風景も美しい

⇧当時の洋風造りの倉庫を復元した平戸オランダ商館（平戸）

米軍基地がある造船の街

佐世保（させぼ） ➡P.136

米海軍の基地があるため、随所にアメリカ文化が感じられる。リアス式海岸の九十九島（くじゅうくしま）など自然にも注目。

アクセス 長崎駅から電車で2時間10分。長崎駅からバスで1時間30分。長崎市街から車で1時間20分。

⇧造船が盛んな港町はさまざまな作品の舞台に

⇧松倉重政が築城した島原城が復元されている（島原）

宇久島
小値賀島
野崎島
384
新上五島町
中通島
若松島
五島列島
384
東風泊湾
久賀島
前小島
五島市
384
384
福江島
五島つばき空港
富江湾
384

⇧雲仙地獄はキリシタン殉教の地（雲仙）

かつての外交貿易の要衝地

平戸
ひらど

➡P.142

中国やポルトガル、オランダとの貿易で栄えた。城下町に教会や商館など異国建築が独特の景観を見せる。

アクセス 長崎駅からバスで3時間30分。長崎市街から車で2時間。

波佐見焼の器を探して

波佐見
はさみ

➡P.144

のどかな山里に400年の歴史を誇る波佐見焼の窯元やショップが集まる。現代的なセンスの作品も増えている。

アクセス 長崎駅から電車とバスで1時間50分。長崎市街から車で1時間。

湯けむり立ち昇る温泉宿

雲仙
うんぜん

➡P.150

白い煙が上がる雲仙地獄を中心とした温泉街が有名。高地にあり、外国人の避暑地として栄えた歴史を持つ。

アクセス 長崎駅からバスで1時間40分。長崎市街から車で1時間10分。

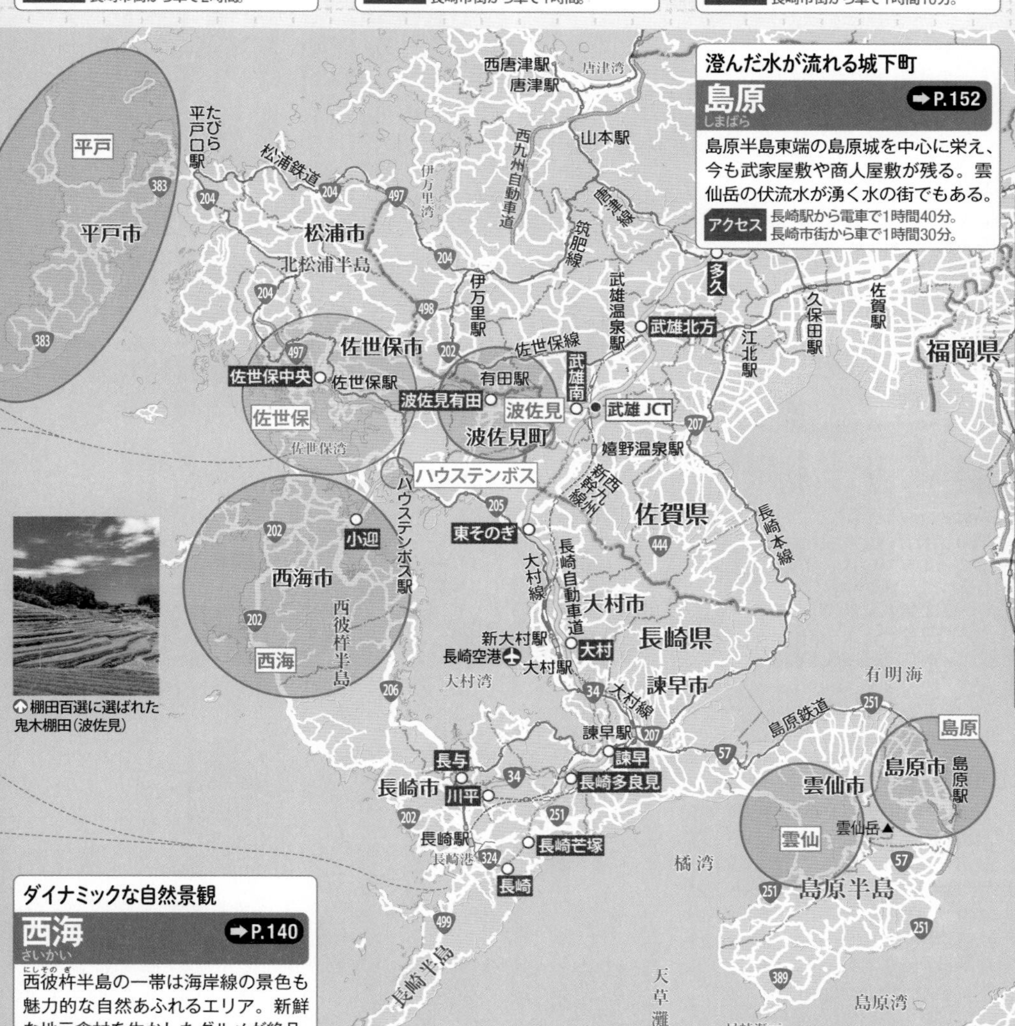

澄んだ水が流れる城下町

島原
しまばら

➡P.152

島原半島東端の島原城を中心に栄え、今も武家屋敷や商人屋敷が残る。雲仙岳の伏流水が湧く水の街でもある。

アクセス 長崎駅から電車で1時間40分。長崎市街から車で1時間30分。

⬆棚田百選に選ばれた鬼木棚田(波佐見)

ダイナミックな自然景観

西海
さいかい

➡P.140

西彼杵半島の一帯は海岸線の景色も魅力的な自然あふれるエリア。新鮮な地元食材を生かしたグルメが絶品。

アクセス 長崎駅からバスで1時間30分。長崎市街から車で1時間10分。

大人の休日を優雅に過ごしたい

ハウステンボス

広大な敷地を生かしてヨーロッパの街並みを再現した日本一広いテーマパーク。四季折々の美しい花々が咲き、夜には日本一美しい光の世界へと誘う。

観光のポイント

場内には異なるテーマを持つ8のエリアがある。一日ですべてをまわりきることはできないので、ゆったりと楽しむには、宿泊するのがおすすめ

全長6kmの運河を遊覧するカナルクルーザー。ウェルカムゲートとタワーシティの間で水上観光が楽しめる

さまざまな楽しみ方ができる花と光の感動リゾート

オランダ語で"森の家"という名を持つテーマパーク。一年中花が咲き誇り、異国情緒あふれる街並みに音楽が流れ、夜にはイルミネーション日本一の光のイベントが繰り広げられる。多種多様なレストランやショップ、屋内外ともに楽しめるアトラクション施設とともに、ホテル、美術館などもあり本格的なリゾートライフを満喫できる。

MAP 付録P.12 C-3／P.15上図

☎0570-064-110
所 佐世保市ハウステンボス町1-1
営 料 季節により異なる　休 HPを確認
交 JRハウステンボス駅から7分　P あり

↑風車をバックにチューリップなど季節の花が咲き継ぐフラワーロード。写真撮影のベストスポットとして人気が高い

ハウステンボスはこんなところです

ヨーロッパの雰囲気が漂う街並みが広がり、日本一の広さを誇るテーマパーク。花や光に彩られたリゾートで、感動のエンターテインメントを体験。特別な滞在を約束する。

四季折々の花を愛でる

花の街

一年を通して、季節の花々が街中を埋め尽くす。見事な華やぎの世界を五感で楽しめる。

チューリップ祭

期間中はフラワーロードやパレス ハウステンボス、アムステルダム広場などに100万本のチューリップが咲き誇る。

イルミネーション日本一の街

光の王国

1300万球もの光でつくられる、世界最大規模のイルミネーションは、感動必至の絶景。

光のオーロラガーデン

街で最も広い庭・アートガーデンで見られる雄大な光の海。各季節と連動する大海原のような風景は圧巻だ。

ホテルやヴィラに宿泊

リゾートステイ

幻想的な夜の街、早朝散策、長崎グルメなど、大人ならではの贅沢な旅を演出してくれる。

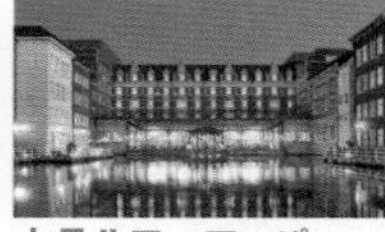

ホテルヨーロッパ

ハーバータウンに建つクラシックホテル。建物、食事、コンサートなどいたるところに中世ヨーロッパの世界が感じられる。

➡P.124

楽しいアトラクションやショーが目白押し

アクティビティ&エンターテインメント

童心に返って遊べる多彩なアトラクションや、大迫力の花火、華やかな歌劇と音楽ショーを満喫できる。

アトラクションタウン

最新技術を導入したものや、体を動かして楽しむものなど、大人も楽しめる遊びが充実。

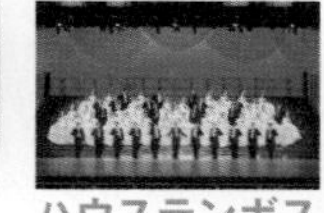

ハウステンボス歌劇団

パスポートがあれば無料(自由席のみ)で見られる。1公演約60分という気軽さもうれしい。

お役立ちinformation

アクセス

●電車

- 佐世保駅 → JR快速シーサイドライナーで20分 → ハウステンボス駅
- 長崎駅 → JR快速シーサイドライナーで1時間30分 → ハウステンボス駅
- ハウステンボス駅 → 徒歩7分 → ハウステンボス

●車

- 長崎空港 → 県道38号 15分 → 大村IC → 長崎道 15分 → 東そのぎIC
- 長崎市街 → ながさき出島道路 10分 → 長崎IC → 長崎道 30分 → 東そのぎIC
- 東そのぎIC → 国道205号で30分 → ハウステンボス

※JR長崎駅からは、JR佐世保行きの電車であれば乗り換え不要

●バス

長崎空港からは西肥バスで1時間(1時間に1～2便、1250円)。長崎駅からは長崎県営バスで1時間20分(土・日曜、祝日、年末年始、お盆のみ1日2便、1450円)。福岡方面からは西鉄バスと西肥バス(予約制)が発着しており、福岡空港から1時間34分、博多駅から1時間50分(いずれも1日2便、2310円)で行くことができる。

●そのほか

長崎空港から高速船(予約制)で50分(大人2000円、復路割引は1500円。10名以上のグループは1人1600円)。季節や天候により変動があるが、1日3便運航している。安田産業汽船 ☎0957-54-4740

チケット

チケットの種類	1DAYパスポート 入場+アトラクション施設利用	アフター3パスポート 午後3時以降入場+アトラクション施設利用
大人(18歳以上)	7000円	5000円
中高生	6000円	4300円
小学生	4600円	3300円
4歳～小学生未満	3500円	2500円
シニア(65歳以上)	5000円	3600円

※料金は変動の場合あり

耳寄りチケット情報

- ●1.5DAYパスなどもある。
- ●年間パスポートは大人2万2000円。
- ●Webでチケットを事前購入しておくと、当日チケット窓口の列に並ばずに入場できる。

ウェルカムゲート

入口であるウェルカムゲートでは、マップとガイド、イベントスケジュールを必ずもらおう。場内の施設、レストラン、ショップなどの位置を確認でき、当日のショーやイベントスケジュールなどをチェックできる。ガイドマップに掲載されているQRコードを読み取れば、さらに詳しいイベント情報を得ることができる。

インフォメーションセンター

困ったときにはインフォメーションセンターを利用しよう。ウェルカムゲートとアムステルダムシティの2カ所にあり、場内案内をはじめ、伝言、忘れ物、迷子サービスに授乳室や静養室、携帯電話の充電器も用意。車いすのレンタルもある。

場内の移動に便利な乗り物

ハウステンボスの敷地は東京ドームの33個分という広さ。場内を巡るパークバス、カートタクシーや自転車などを利用して効率よくまわりたい。

パークバス

ドライバーが各施設・イベントなどを案内する路線バス。パスポート利用可。

レンタサイクル

普通の自転車だけでなく、2人乗り、4人乗りのユニークな自転車などもある。有料。

馬車

アンティーク馬車で場内をまわることができる。1500円ほか。要予約。

夢のようなイベントが目白押し

ハウステンボスの エリアと見どころ

世界最先端アトラクションに、本格的な舞台から優雅なミュージアムなど、見どころ満載。

鮮やかな花々がお出迎え

ウェルカムエリア

2月下旬～4月上旬には、一面のチューリップ畑が見られる。

見どころ MAP P.118 ①

季節の花々に癒やされる

フラワーロード

三連風車と花々を眺めながら、散策を楽しむことができる。フォトスポットとしてもおすすめだ。

クルーザーに乗船して、タワーシティまでの景観を満喫

屋内アミューズメントの街

アトラクションタウン

「ショコラ伯爵の館」や「VRワールド」など屋内型施設が充実。

見どころ MAP P.118 ②

日本初の3階建てメリーゴーラウンド

スカイカルーセル

高さ15m、3階建てのイタリア製メリーゴーラウンドからの眺望は抜群。

年齢制限 7歳（一部13歳）以上

夜は回転しながらきらびやかな世界に浸れる

最先端デジタルアトラクション

光のファンタジアシティ

最新のデジタル技術を駆使した、7つの体験を用意。

見どころ MAP P.118 ③

幻想的なカフェでのひとときを

森のファンタジアカフェ

秘密の果実がなるツリーなどが広がるデジタルの森で、ドリンクを片手にピクニックを楽しむ（カフェ利用は有料）。

不思議な空間に日常を忘れるほど夢中になれる

無人島で遊ぶ

恐竜のいる無人島を冒険

ジュラシックアイランド

MAP P.118 ④

ハウステンボスから約6kmの海上にある無人島で、AR（拡張現実）スコープ越しに恐竜と戦うシューティングアトラクションが楽しめる。

所要時間 約2時間20分（移動時間を含む） 料 パスポート対象 年齢制限 小学生以上

④ジュラシックアイランド
ハーバーゾーン
テーマパークゾーン
アムステルダムシティ
P.125 ホテル アムステルダム ㉒
P.120 ⑩
スタッドハウス
花時計
光のファンタジアシティ
海のファンタジア
アムステルダム広場 ⑤ P.121
P.121 森のファンタジアカフェ ③
P.21/P.123 体験型ショップ＆カフェナインチェ ⑲
アトラクションタウン
P.122 ⑮
P.21 ～キッズワールド～ファンタジーフォレスト
② スカイカルーセル
P.21 ホライゾンアドベンチャー
白い観覧車 ⑧
ショコラ伯爵の館
噴水広場
⑯ P.122
VRワールド
ハウステンボス歌劇大劇場 P.21
天空レールコースター～疾風～ ⑨
ワッセナー（別荘地）
① フラワーロード
天空の城
ナイアンローデ城
⑰ P.123
ウェルカムエリア
⑭ P.122
ホテルオークラJRハウステンボス
ホテル日航ハウステンボス
JRハウステンボス駅
フェアウェルゲート（出国口）
ウェルカムゲート（入国口）

大村湾

パレス ハウステンボス 6
24 ホテル デンハーグ P.125
ハーバータウン
マリンターミナル
フォレストヴィラ P.125 23
13 P.121
ハーバーゲート
11 P.120
21 ホテルヨーロッパ P.124
20 アンジェリケ P.21/P.123
P.121 12
7 ドムトールン
パサージュ 18 P.123
タワーシティ
アートガーデン
アドベンチャーパーク
ホテルロッテルダム

ハウステンボスのエリアと見どころ

光と音楽が彩る街の中心地

アムステルダムシティ

広場での生演奏に3Dプロジェクションマッピングも楽しめる。

見どころ MAP P.118 5

音楽に包まれて、グルメを満喫

アムステルダム広場

音楽のあふれる広場でライブを楽しみながら、オープンカフェでのんびりしたりと、大人の楽しみ方が満載。

昼も夜も楽しめる賑やかなエリア

宮殿へ続く港町

ハーバータウン

大村湾に面した港町で散策も楽しめる。グルメやゲーム施設も充実。

見どころ MAP P.119 6

荘厳なオランダ宮殿を忠実に再現

パレス ハウステンボス

宮殿内は美術館として国内外の美術品を集めた企画展を開催。バロック式庭園を彩る壮大な光のイベントは圧巻。

オランダ王室からの特別許可のもと再現している

街を一望するシンボルマーク

タワーシティ

高さ105mの塔「ドムトールン」が建つ。レストランと展望室がある。

見どころ MAP P.119 7

シンボルタワーから街を一望

ドムトールン

ドム教会の時計塔をモデルに造られ、5階展望室からは、ハウステンボスの街並みや大村湾の先まで一望できる。

特別なプレミアムスカイラウンジも

場内最大の花と光の庭

アートガーデン

初夏には100万本のバラが咲き誇る庭園。冬はイルミネーションを展開。

見どころ MAP P.118 8

白で統一された観覧車

白い観覧車

ヨーロッパの街並みに溶け込む真っ白な観覧車は高さ約48m。冷房、座席ヒーター付きのゴンドラで一周の所要時間は約11分。

パスポートがあれば乗車できる

体を使って遊べる遊具がいっぱい

アドベンチャーパーク

スリルと興奮のアトラクションが集結。「天空の城」もおすすめ。

見どころ MAP P.118 9

スリル満点の1人乗りコースター

天空レールコースター～疾風～

高さ11mのスタート地点から森の中にある全長250mのコースを滑走する。

利用制限 小学生以上、体重90kg未満

上下左右に揺れながら駆け抜ける

贅沢な食事を堪能したいなら

地元食材を使った多彩なグルメ

ヨーロッパだけでなく和食や中華まで幅広く揃う。地産地消をベースにした長崎・佐世保ならではのご当地グルメやスイーツが楽しめる専門店も見逃せない。

ホテルシェフが監修した料理をリーズナブルに楽しめる(ガーデンレストラン)

広場の屋外ショーが楽しめるオープンレストラン

アムステルダムシティ MAP P.118 ⑩

アムステルダム ガーデンレストラン&カフェ

予算 Ⓛ Ⓓ 1500円～

ヨーロッパの街並みに囲まれたアムステルダム広場でのショーを見ながら食事やお酒が楽しめる。ティータイムとしての利用もおすすめ。

営11:30～ハウステンボス営業終了時間

季節の花々が咲き、心地よい音楽が流れる贅沢な空間で食事ができる

ライトアップが始まる日没後はロマンティックな雰囲気に包まれる

長崎の食材をふんだんに盛り込んだ日本料理

ハーバータウン・ホテルヨーロッパ1F MAP P.119 ⑪

吉翠亭

きっすいてい

長崎の鮮魚を中心に旬の食材で季節感を大切にした本格日本料理店。華やかな八寸やお造り、炊き合わせなどが供される会席料理は盛り付けも味も絶品。朝食にはおかゆも選べる朝食膳が人気。

☎0570-064-300
(ハウステンボス総合予約センター)
営7:00～10:00 11:30～14:30 17:30～21:30

ホテルヨーロッパの1階。落ち着いた雰囲気のなか、ゆっくりと食事が楽しめる

予約 可
予算 Ⓛ3600円～ Ⓓ1万1000円～ ※サ料別

月替わりのメニューで、旬を味わえる

佐世保グルメのレモンステーキ

タワーシティ MAP P.119 ⑫

ロード・レーウ

予算 Ⓛ Ⓓ 2000円～

佐世保名物の「レモンステーキ」が食べられるステーキ＆ハンバーグレストラン。薄くスライスしたステーキ肉を醤油ベースの特製レモンソースで仕上げた一品。ハンバーグやチーズフォンデュもおすすめ。

営11:00～15:30 17:00～21:00

タワーシティの1階にある

シックで落ち着いた店内

国産リブロースレモンステーキ1900円。付け合わせの野菜は季節によって変わる

デジタルとリアルが融合する新体験カフェ

光のファンタジアシティ MAP P.119 ⑬

森のファンタジア カフェ

もりのファンタジア カフェ

リスが木の実を届けてくれる森林や、色彩が変わる大樹など、幻想的な世界が広がる秘密の森はすべてがフォトスポットに。カラフルなスイーツやドリンクとともに、不思議なピクニックが楽しめる。

営10:00～21:00

スペシャルドリンク800円～

スペシャルドリンクを注文すると、リスがあなたに木の実を届けてくれる

予算 Ⓛ Ⓓ 800円～

旬の食材を使った御膳を提供

ハーバータウン MAP P.119 ⑬

花の家

予算 Ⓛ 1500円 Ⓓ 3000円

はなのいえ

地元・長崎の食材を中心とした料理を展開しており、長崎和牛や新鮮な魚などを味わい尽くせる和食処となっている。

営11:00～21:00

新鮮な魚が楽しめるお造り御膳

一膳で4つのおいしさを楽しめる「長崎和牛三昧膳」

名産グルメとキュートなグッズが多彩に揃う

珍しいおみやげ オランダテイスト

ハウステンボスにはエンターテインメントにあふれるショップがたくさん。チーズやワインなどオランダの特産品から九州のおいしい名産品やオリジナル雑貨など、選んで楽しいものばかり。

A スキポール

フェアウェルゲート(出国口) MAP P.118 14

出国口で買い忘れをフォロー

ハウステンボスの人気商品はもちろん、長崎県の特産品なども取り扱っており、おみやげの買い忘れもここで解決。

営9:00～21:00(季節により変動あり)

B チーズの城

チーズのしろ

アムステルダムシティ MAP P.118 15

幅広い品揃えのチーズ専門店

チーズやチーズケーキ、チーズを使ったソーセージなどの人気商品を試食できる大好評の食べ比べイベントを毎日開催。

営9:00～21:00(季節により変動あり)

C カステラの城

カステラのしろ

アトラクションタウン MAP P.118 16

長崎カステラの競演

200種類以上の商品からカステラマイスターがアドバイス。人気10種と日替わりのカステラ1～3種を食べ比べできる。

営9:00～21:00(季節により変動あり)

A シュフォンボブ チーズケーキ

ハウステンボスで一番人気のチーズケーキ。レモンの風味で濃厚かつ後味はすっきり。

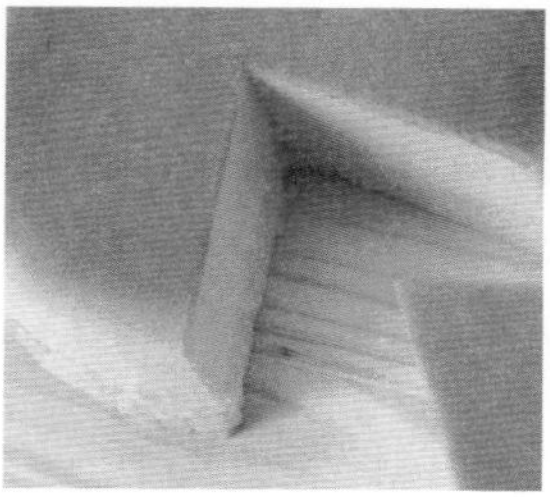

A クラフトビール(3種)

創業150年を超える造り酒屋「杉能舎」が制作した大吟醸のように醸したクラフトビール。

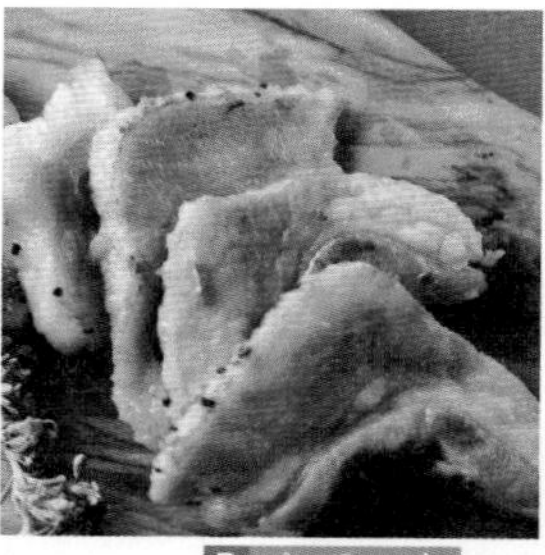

B パンチェッタ

ハウステンボスオリジナルのパンチェッタ。自宅で本格的な味が楽しめる。

B クリームチーズ(220g)

ハウステンボスで一番人気のクリームチーズ。なめらかでコクのある、フレッシュなミルク風味が特徴。

C ハウステンボス景観カステラ

風車やシンボルタワーのドムトールンなど、ハウステンボスを代表する風景が描かれている。

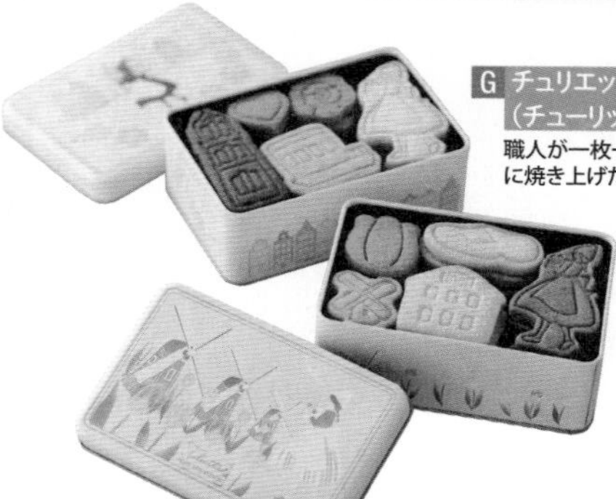

G チュリエッタ クッキー缶(チューリップ/街並み)

職人が一枚一枚ていねいに焼き上げた逸品。

D ブルームベア
足の裏に施されているチューリップの刺繍がキュートなぬいぐるみ。

D レインボーフラワーベア ぬいぐるみ
フラワーロードのチューリップ、風車、海をイメージしたクマさん。

E ルーク&ルーナ ぬいぐるみ
お腹と足裏のチューリップのモチーフがとってもかわいいぬいぐるみ。

F ベーシックミッフィー カチューシャ
だれでもつけられるデザインのぬいぐるみカチューシャ。

E ちゅーりー ぬいぐるみ
好奇心活発なお花の妖精の女の子。お部屋に飾るのはもちろん、ギフトとしてもおすすめ。

F ベーシックミッフィー ぬいぐるみ
オランダの国旗を持ち、木靴を履いているハウステンボス限定ぬいぐるみ。

G チュリエッタ 波佐見焼
温かみのあるペールカラーの3色展開。やわらかい雰囲気で高級感がありつつ普段使いしやすいのが特徴。

D リンダ

ウェルカムゲート(入国口) MAP P.118 17

いろんなテディベアに出会える

オリジナルベアから季節限定ベア、テディベアをモチーフにしたタオルやクッキー、チョコレートなど雑貨も愛らしい。
営9:00～21:00(季節により変動あり)

E クート

アムステルダムシティ MAP P.119 18

キャラクターグッズ専門店

ハローキティやムーミンをはじめハウステンボスのマスコット「ちゅーりー」などのキャラクターグッズが揃う。
営9:00～21:00(季節により変動あり)

F ナインチェ

アムステルダムシティ MAP P.118 19

世界最大級のミッフィー専門店

オランダ生まれのミッフィーグッズの専門店。約1000ものアイテムが並び、キッズルームもある。
営9:00～21:00(季節により変動あり)

G アンジェリケ

アムステルダムシティ MAP P.119 20

花の香りをおみやげに

香水やアロマグッズなど香りやデザインもエレガントな雑貨が並び、バラの香りに包まれた女性に人気の店。
営9:00～21:00(季節により変動あり)

ホテルヨーロッパ宿泊客には、専用のカナルクルーザーでのハウステンボス周遊サービスがある。

用途に合わせて宿泊できる直営ホテル

ハウステンボスのホテル

1

5つの直営ホテルのなかでも場内に位置する直営のホテルヨーロッパ、ホテルアムステルダム、フォレストヴィラには、開園前や閉園後に散策ができたり、特別な宿泊特典がある。また、2023年10月にリニューアルオープンした「ホテルロッテルダム」にも注目だ。

ヨーロッパのクラシカルな
雰囲気を堪能できるホテル

ホテルヨーロッパ

ハーバータウン MAP P.119 21

カナルクルーザー(運河船)でのチェックインとアウトができ、ロビーでは花々と音楽が優雅に出迎える。クラシカルなインテリアで整えられた空間に生演奏が流れるレストラン、ラウンジでも大人の空間が体験できる。

☎0570-064-300
(ハウステンボス総合予約センター)
所佐世保市ハウステンボス町7-7
P宿泊者専用駐車場
in 15:00　out 11:00　室310室
予算1室7万4700円～(2名1室利用の場合)

2

3

4

1.夜になるとライトアップされた建物が内海に映りロマンティック　2.長崎の食材をふんだんに使用した、こだわりづくしの朝食がおすすめ　3.伝統を生かしつつ華やかで洗練されたデザイナールーム(客室一例)　4.運河を望む開放的なアンカーズラウンジではクラシックの生演奏が楽しめる

ホテルグルメ PICK UP

デ アドミラル

生演奏に包まれて
エレガントなフレンチ

ドレスコードもある優雅な雰囲気のメインダイニング。九州の食材をふんだんに取り入れた本格フレンチが楽しめる。

パークをダイレクトに楽しめて
女性にやさしい設備が充実

ホテル アムステルダム

アムステルダムシティ MAP P.118 22

ハウステンボスのほぼ中央に位置し、多彩なショーが楽しめるアムステルダム広場とマリーナが望める絶好のロケーション。開放的なレストランや、ホテル最上階に位置するクラブフロアの部屋は、女性にも人気が高い。

☎0570-064-300
(ハウステンボス総合予約センター)
所佐世保市ハウステンボス町1-1 ハウステンボス内 P宿泊者専用駐車場
in15:00 out11:00 室198室
予算1室5万3240円～(2名1室利用の場合)

夜はアムステルダム広場のショーや3Dプロジェクションマッピングが目の前。

1.開放的なロビー　2.クラブフロア専用のクラブラウンジ　3.花柄が可憐なデラックスデザイナーズルーム(客室一例)　4.オランダの伝統的な街並みを再現したホテルの外観

ホテルグルメ PICK UP

ア クールベール
九州一円の素材を贅沢に味わう

大きな窓からハウステンボスパークを眺めながら食事が楽しめる。フレンチをベースにしたこだわりの料理をブッフェスタイルで。

家族や仲間との滞在に最適
森と湖に囲まれたコテージ

フォレストヴィラ

MAP P.119 23

森に囲まれた湖畔に立ち並ぶ別荘感覚のコテージ。1階はテラス付きリビング、2階には独立したベッドルームが2部屋あり、家族連れやグループでの滞在にぴったり。敷地内では小鳥のさえずりや、水鳥たちの訪問が日常を忘れさせる。開放的なレストランでは、体が喜ぶ料理を堪能できる。

☎0570-064-300
(ハウステンボス総合予約センター)
所佐世保市ハウステンボス町7-7 ハウステンボス内 P宿泊者専用駐車場
in15:00 out11:00 室99戸
予算1室7万9860円～(4名1室利用の場合)

1.テラスとつながり、広々としたリビングでくつろげる　2.レストラン「トロティネ」では、地元の野菜を中心に体にやさしい料理が楽しめる　3.湖を中心に99戸のコテージが立ち並ぶ

別荘感覚で宿泊できるので長期滞在に適しており、愛犬と泊まれるドッグヴィラも併設。

ハウステンボス唯一の
オーシャンフロントホテル

ホテルデンハーグ

ハーバータウン MAP P.119 24

美しく穏やかなオーシャンフロントに立地し、心地よい静けさに包まれたリゾートホテル。客室からは部屋ごとに見える景色が異なり、人気の高いオーシャンフロントを楽しめる部屋やハウステンボスを一望できる部屋などがある。レストランでは大村湾を眺めながら、食事を楽しめる。

☎0956-27-0505
所佐世保市ハウステンボス町7-9
P宿泊者専用駐車場
in15:00 out11:00 室228室
予算1名1万3200円～(1泊朝食付スーペリアツインタイプ、2名1室利用の場合)

1.モダンヨーロピアン調の落ち着いた雰囲気の客室　2.メインダイニングエクセルシオールでは、長崎の旬の食材を堪能できる　3.開放感あふれるオーシャンフロントで非日常感を体感できる

海側に面した客室のデラックスハーバービュールームは、花火イベントを目の前で楽しめる。

ゆったりと流れる島時間の旅

五島列島

ごとうれっとう

五島列島の魅力といえば、どこまでも澄み渡る美しい海。ほかにも世界遺産の教会めぐりや、日本3大うどんのひとつ“五島うどん”など、楽しみは尽きない。

大瀬崎断崖近くの展望所から玉之浦湾方面を望む

美しい島々の大自然と歴史、世界遺産の教会が魅力の島

九州の最西端、東シナ海に浮かぶ大小140余りの島々が連なる五島列島の南西部にあって、福江島を中心とする「下五島(五島市)」と中通島を中心とする「上五島(新上五島町)」と大きく2エリアに分けられる。ほぼ全域が西海国立公園という豊かな自然を有し、マリンスポーツのメッカであり、キリシタン弾圧時代の歴史が色濃く残る土地でもある。

⇧福江島の福江港は五島観光の玄関口

福江島を中心に五島で最も賑やかなエリア

下五島

➡P.128

しもごとう

空港も備えた五島観光の拠点

福江島 ふくえじま

MAP 付録P.10A-4

武家屋敷や石組みの塀など城下町の面影が残る。歴史ある街並みを散策したい。

椿の花が映えるのどかな島

久賀島 ひさかじま

MAP 付録P.10B-3

傾斜地の棚田や湾を囲む椿林が美しい景観をつくる。豊かな自然が魅力の島。

緑に覆われた自然豊かな島

奈留島 なるしま

MAP 付録P.10B-3

入り江が深く切れ込んだ複雑な地形が、ダイナミックな自然の景観を見せてくれる。

入り組んだ海岸線の美しい海と点在する29の教会が見られる

上五島

➡P.130

かみごとう

多くの教会が建つ信仰の島

中通島 なかどおりじま

MAP 付録P.10C-2

十字架に似た地形の島。ステンドグラスが美しい教会、レンガ造りの優美な教会などが建つ。

五島列島の真ん中にある島

若松島 わかまつじま

MAP 付録P.10C-3

中通島と若松大橋で結ばれているので車でアクセス可能。島々を見渡すビュースポットは必訪。

⇧福江港にはさまざまな船が到着する(上)。ジェットフォイルぺがさすはフェリーよりスピードが速いのでおすすめ(下)

五島列島の最北端で素朴な島暮らしが魅力的

宇久・小値賀

➡P.134

うく・おぢか

佐世保市に属する
五島列島最北の島

宇久島 うくじま

MAP 付録P.10 C-1

五島藩の始祖、平家盛(たいらのいえもり)が上陸した地と伝わり、五島のルーツともいえる島。

自然のなかで
古民家ステイ

小値賀島 おぢかじま

MAP 付録P.10 C-1

平地が多く農耕に適していたため、古くから人々が生活していたのどかな島。

大自然と教会堂が
島を見守る

野崎島 のざきじま

MAP 付録P.10 C-1

宿泊施設があるだけでほぼ無人の島。野生のニホンジカに出会える。

交通information

五島列島へのアクセス

●飛行機

長崎空港 → 五島つばき空港
ORC、ANA、JALで 約30分/1日約2便

●船

長崎港

長崎港 → 福江港
高速船:ジェットフォイルぺがさす、ぺがさす2(九州商船)で約1時間25分～/1日2便～
フェリー:フェリー万葉、フェリー椿(九州商船)で約3時間10分～/1日2～3便

長崎港 → 奈良尾港
高速船:ジェットフォイルぺがさす、ぺがさす2(九州商船)で約1時間10分～2時間10分/1日1～2便
フェリー:フェリー万葉、フェリー椿(九州商船)で約2時間35分/1日1便

長崎港 → 有川港
高速船:シープリンセス、シーエンジェル(九州商船)で約1時間45分/1日2～3便

佐世保港

佐世保港 → 有川港
高速船:シークイーン、シーエンジェル(九州商船)で約1時間25分/1日1～2便
フェリー:フェリーなみじ(九州商船)で約2時間35分/1日1～2便

佐世保港 → 小値賀港
高速船:シークイーン、シーエンジェル(九州商船)で約1時間30分～/1日1～3便
フェリー:フェリーなみじ、いのり(九州商船)で約3時間15分/1日1～2便

佐世保港 → 宇久平港
高速船:シークイーン、シーエンジェル(九州商船)で約2時間/1日1～2便
フェリー:フェリーなみじ、いのり(九州商船)で約3時間20分/1日1～2便

島間の移動

福江港 ↔ 田の浦港
高速船:シーガル(木口汽船)で約20分/1日2～3便
フェリー:フェリーひさか(木口汽船)で約35分/1日1便

福江港 ↔ 奈留港 ↔ 若松港
高速船:ニューたいよう(五島旅客船)で福江港～奈留港 約30分、奈留港～若松港 約1時間5分/1日1～3便
フェリー:フェリーオーシャン(五島旅客船)で福江港～奈留港 約45分、奈留港～若松港 約50分/1日2～3便

福江港 ↔ 奈良尾港
高速船:ジェットフォイルぺがさす、ぺがさす2(九州商船)で約30分/1日1～3便

福江港 → 奈留港 → 奈良尾港
フェリー:フェリー万葉、フェリー椿(九州商船)で福江港～奈留港 約40分/1日1便、奈留港～奈良尾港 約1時間/1日1便

小値賀港 ↔ 宇久平港
高速船:シークイーン、びっぐあーす2号(九州商船)で約20分/1日1～2便
フェリー:フェリーなみじ、いのり(九州商船)で約40分/1日1～2便

列島の西の海に
美しい教会が映える

下五島

しもごとう

**はるか遠い唐の国へ向かい
遣唐使船は福江島から旅立った。
美しい海に囲まれた島々には
海外との歴史が刻まれている。**

⬆水平線がオレンジに染まる夕日の美しい島

列島の西部にあり経済の中心地 サンセットやビーチの美景も多数

五島列島のなかでは最大面積を誇る福江島(ふくえじま)や、久賀島(ひさかじま)、奈留島(なるしま)などを擁する下五島。列島の交通・経済の要衝である福江島は、空路、航路ともに整備されアクセスも便利。堂崎(どうざき)天主堂や江上天主堂などの著名な教会、敷地内に五島高校や資料館の建つ福江城(ふくえじょう)跡、高浜(たかはま)、大瀬崎(おおせざき)断崖といった景勝地など、さまざまな観光スポットが点在。

高浜

たかはま

福江島 MAP 付録P.10 A-3

日本一の美しさを誇る白砂と 淡いブルーが続く絶景ビーチ

白砂と澄みきったマリンブルーの海で知られる高浜海水浴場は「日本の渚(にっぽんのなぎさ)百選(ひゃくせん)」と「快水浴場百選(かいすいよくじょうひゃくせん)」にダブル選定された五島を代表するビーチ。東シナ海に沈む夕日が美しいスポットでもある。

☎0959-84-3163(五島市三井楽支所)
所五島市三井楽町貝津1054-1
交福江空港から車で45分　Pあり

⬆美しい遠浅のビーチ。嵯峨ノ島を望める

堂崎天主堂

どうざきてんしゅどう

福江島 MAP 付録P.10 B-3

五島最古の洋風天主堂で 初のキリシタン資料館

明治12年(1879)、禁教令解除後に五島列島で初めて建てられた天主堂。現在の天主堂は明治41年(1908)の建立で布教の拠点となった。内部では潜伏キリシタン時代の資料を展示。

⬅船でミサに訪れる信者のために、海に向かって建てられた

☎0959-73-0705(資料館)　所五島市奥浦町堂崎2019　開9:00～17:00(夏休み期間は～18:00、11月11日～3月20日は～16:00)　休無休
料300円　交福江空港から車で30分　Pあり

江上天主堂

世界遺産

えがみてんしゅどう

奈留島 MAP 付録P.10 B-3

手描きの花の絵にも注目したい パステルカラーの教会

鉄川与助(てつかわよすけ)の設計で大正7年(1918)に建立した木造建築の教会。クリーム色の壁と水色の窓枠が印象的だ。窓ガラスや柱にある花の絵は、信徒の手描きによるもの。

☎095-823-7650(長崎と天草地方の潜伏キリシタン関連遺産インフォメーションセンター)
所五島市奈留町大串1131　開9:00～15:30
休月曜(祝日の場合は翌日)、第3日曜　交奈留港から車で20分　Pあり

➡湿気の多い場所にあるため、高床式になっている

旧五輪教会堂

きゅうごりんきょうかいどう

久賀島 MAP 付録P.10 B-3

こぢんまりとたたずむ 貴重な明治初期の木造建築教会

浜脇教会として明治14年(1881)に久賀島で最初に建てられた教会が昭和6年(1931)に移築。

☎095-823-7650(長崎と天草地方の潜伏キリシタン関連遺産インフォメーションセンター)　所五島市蕨町993-11　開休9:00～17:00(12:00～13:00は昼休みのため見学不可)、火～日曜の8:30～12:00、13:00～16:30は教会守が駐在、ただし火曜は第1・3のみ　交田の浦港から車で30分の駐車場から徒歩10分　Pあり

➡解体の危機もあったが、住民たちの要望により保存されることになった

⬆横町口蹴出門（搦手門）と石垣

⬅五島高校の入口になる横町口蹴出門

➡天守閣を模した「五島観光歴史資料館」

福江城跡

ふくえじょうあと

福江島 MAP 付録P.10 C-4

江戸幕府最後を飾る 日本最後の海城跡

幕末、外国船防衛対策として築城された三方を海に囲まれた海城跡。明治に移って解体され、現在は蹴出門と石橋、城壁、濠が残る。二の丸跡に観光歴史資料館が建つ。

☎0959-74-2300（五島観光歴史資料館） 所五島市池田1-1 開9:00〜17:00（6〜9月は〜18:00、入館は30分前まで） 休無休 料300円（五島観光歴史資料館） 交福江港から徒歩5分 Pあり

⬆外敵に備えて築いた石垣塀が残る

福江武家屋敷通り

ふくえぶけやしきどおり

福江島 MAP 付録P.10 C-4

往時のたたずまいを残す 石垣塀が続く風情ある街並み

江戸時代、福江城の近辺には武家屋敷が立ち並び城下町を築いていた。往時のまま残る石垣塀はこぼれ石という丸い小石を上に積んで造ってあり、外敵の防御にこの石を使ったという。

☎0959-72-2083（福江武家屋敷通りふるさと館） 所五島市武家屋敷2-1-20 休月曜 交福江港から徒歩10分 P福江武家屋敷通りふるさと館駐車場利用

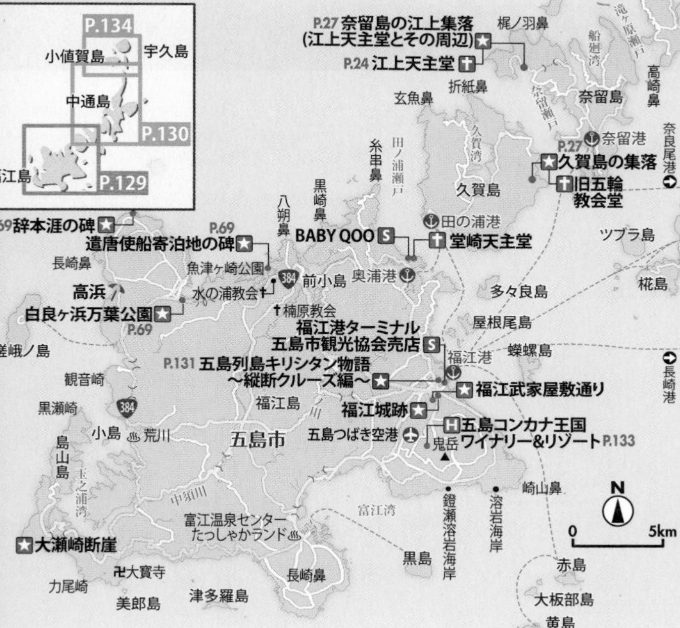

大瀬崎断崖

おおせざきだんがい

福江島 MAP 付録P.10 A-4

東シナ海の荒波がつくり出した 断崖絶壁の大パノラマ

福江島の西の果て、東シナ海に突き出した断崖絶壁で、高さ150m、長さ20kmにもおよぶ九州随一の景勝地。

⬅九州本土で最後に日が沈むところとしても有名

☎0959-87-2211（五島市玉之浦支所） 所五島市玉之浦町玉之浦 交福江港から車で1時間 Pあり

立ち寄りスポット

名産をおみやげに

福江港ターミナル 五島市観光協会売店

ふくえこうターミナル ごとうしかんこうきょうかいばいてん

五島の海の玄関口でもある福江港ターミナルにあるショップ。椿製品にサンゴ製品、五島うどん、かんころ餅など五島の名産が揃う。

福江島 MAP 付録P.10 C-4

☎0959-72-2963（五島市観光協会） 所五島市東浜町2-3-1 福江港ターミナル内 営8:30〜16:50 休1月1・2日 P福江港駐車場利用（1時間無料）

⬅観光案内所も隣接

➡五島の定番みやげ、椿油

絶景を見ながらアイスを

BABY QOO

ベビークー

キビナゴ漁師が営むチリンチリンアイスのお店。店主が漁の合間を縫って開業する。

福江島 MAP 付録P.10 B-3

☎090-8765-3581 所五島市奥浦町堂崎1997 営9:00〜18:00 休不定休 Pあり

⬆チリンチリンアイス350円〜

教会を巡り、
自然の景観を堪能

上五島

かみごとう

中通島と若松島を結ぶ若松大橋

手つかずの自然のなかに多くの教会がたたずむ上五島。断崖や海岸線がつくる景観と教会巡りの旅を楽しみたい。

自然が広がる島に建つ教会堂の美しい姿が見どころ

上五島は7つの有人島と60の無人島からなり、主な島は中通島(なかどおりじま)と若松島(わかまつじま)。両島は若松大橋で結ばれており、ドライブでひとめぐりすることができる。いちばんの見どころは点在する世界遺産の教会堂を含む29の教会群。島々は西海(さいかい)国立公園に指定されており、断崖と入り組んだ海岸がつくる美しい景色も必見だ。

矢堅目公園

やがためこうえん

中通島 MAP 付録P.10 C-2

奇岩が印象的な展望公園は東シナ海を見渡す眺望スポット

大海原のパノラマとアニメの「トトロ」に似ていると話題の奇岩「矢堅目」を望む展望所。海と空を刻々とオレンジ色に染め上げる夕景もおすすめ。

☎0959-42-0964(新上五島町観光物産協会)
所 新上五島町網上郷矢堅目
開休料 見学自由
交 有川港から車で25分　Pあり

矢堅目の岩越しに沈むサンセットビュー

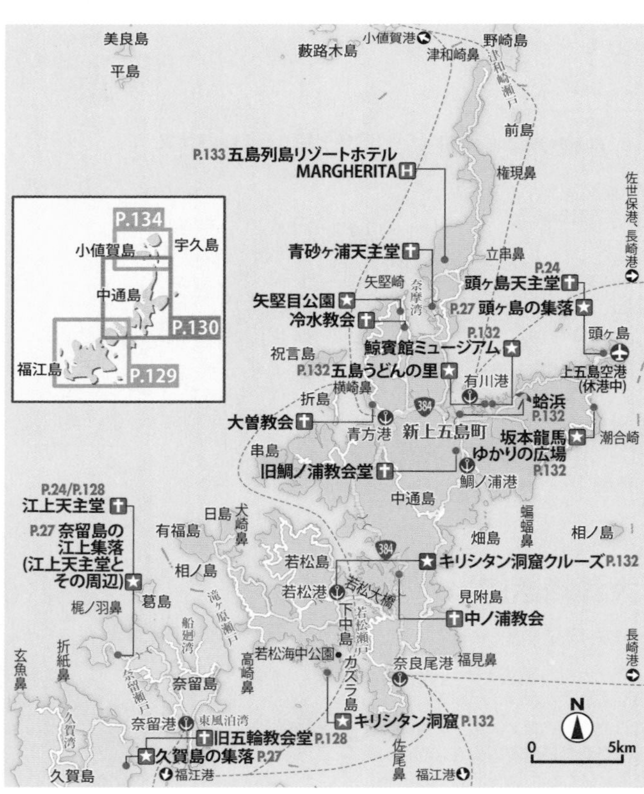

大曽教会
おおそきょうかい
中通島 MAP 付録P.10 C-2

個性的な装飾を施した重厚なレンガ造りの教会

5つの集落の信徒が資金を集め、大正5年(1916)に鉄川与助が建立。八角形のドーム屋根に、色の異なるレンガを配した壁面や独製のステンドグラスの意匠が特徴的。

重厚感のあるレンガ造りの建物。正面にはイエス像

☎なし
所新上五島町青方郷2151-2
交上五島空港から車で40分
Pあり

中ノ浦教会
なかのうらきょうかい
中通島 MAP 付録P.10 C-3

静かな入り江に建つ白い教会は絵画のような美しい風景

大正14年(1925)の建立。信者たちの「五島でいちばん美しい聖堂を造りたい」という想いを形にしたという。堂内のバラのような花模様も、入り江の水面に映る教会の姿も美しい。

☎なし　所新上五島町宿ノ浦郷中ノ浦
交上五島空港から車で50分　Pあり

水面に映る姿が美しい

要事前連絡
信者が近くの石を切り出し、積み上げた

頭ヶ島天主堂
かしらがしまてんしゅどう
頭ヶ島 MAP 付録P.10 C-2
世界遺産

石造りの堂々としたたたずまいと華やかな雰囲気の内部が印象的

大正8年(1919)、鉄川与助の設計のもと、迫害が終わり島に戻ってきた信者たちが建てた石造りの教会。堂内の天井や壁にあしらわれた花柄模様の装飾にも注目したい。

☎095-823-7650(長崎と天草地方の潜伏キリシタン関連遺産インフォメーションセンター)
所新上五島町友住郷頭ヶ島638　開9:00〜17:00　休無休　交有川港から車で20分
P敷地内見学者用駐車場

旧鯛ノ浦教会堂
きゅうたいのうらきょうかいどう
中通島 MAP 付録P.10 C-2

浦上天主堂の被爆レンガが使われた鐘楼が建つ

明治36年(1903)建造の木造瓦葺きの建物で、鐘楼は戦後、浦上天主堂の被爆レンガを使用。旧聖堂は子どもたちの勉強の場として利用され、信徒の奉仕で完成したルルドの泉がある。

塔は戦後に増築された

☎なし　所新上五島町鯛ノ浦326
交上五島空港から車で50分　Pあり

冷水教会
ひやみずきょうかい
中通島 MAP 付録P.10 C-2

対岸に建つ教会に通った信徒が待ち望んだ信仰の場

明治40年(1907)、鉄川与助(てつかわよすけ)が初めて手がけた木造教会で、白い下見板張りの外観がやさしい印象。かつて教会がない時代、信徒たちは対岸にある青砂ヶ浦天主堂までミサに出かけていた。

☎なし　所新上五島町網上郷623-2
交有川港から車で15分
Pなし

屋根は単層で、八角の塔がある木造教会

青砂ヶ浦天主堂
あおさがうらてんしゅどう
中通島 MAP 付録P.10 C-2

万華鏡のようなステンドグラスが堂内を美しい色合いに染める

明治43年(1910)の建立時、信徒が総出で海岸から丘の上までレンガを運んだという。その赤レンガの外壁に瓦葺き屋根の重層構造建築で、バラなどが描かれた色彩豊かなステンドグラスが名高い。

レンガ造りの外観には、石材で装飾を施している

☎0959-52-8011
所新上五島町奈摩郷1241　開拝観自由(ミサ、冠婚葬祭時は不可)
休無休　料無料
交有川港から車で20分
Pあり

上五島

ガイド付き世界文化遺産ツアー

五島列島キリシタン物語〜縦断クルーズ編〜
ごとうれっとうキリシタンものがたり〜じゅうだんクルーズへん〜

世界文化遺産に登録された五島列島の旧五輪教会堂(きゅうごりんきょうかいどう)(P.128)、江上天主堂(えがみてんしゅどう)(P.128)、キリシタン洞窟(どうくつ)(P.132)など航路でしかまわれない教会や史跡を巡る。

福江島・久賀島・奈留島
MAP 付録P.10 C-4
☎0959-72-2963(五島市観光協会)※出発の10日前までに要予約
運行時間 金・土曜(除外日あり)福江港9:10発〜若松港14:30着
所要時間 約5.5時間
料 大人1万8000円、小人1万5000円

5名から催行する

現地の巡礼ガイドによる教会の歴史や建築などの説明付き

キリシタン洞窟

キリシタンどうくつ

若松島 MAP 付録P.10 C-3

船でしか行けない信徒が隠れ住んだ洞窟跡

明治初めの五島崩れの際、迫害を逃れて船でしか行けない険しい断崖の洞窟に隠れた跡が残る。この洞窟はのちにキリシタンワンドと呼ばれ、十字架と3mのキリスト像が立つ。

迫害に遭った信徒たちは洞窟に隠れて信仰を守った

☎0959-42-0964(新上五島町観光物産協会) 所新上五島町若松郷 交キリシタン洞窟クルーズを利用

地元の船で洞窟へアクセス

若松港を出航、険しい断崖のある海岸に上陸し、洞窟内を見学。船内から桐教会など島々の絶景が楽しめる。

キリシタン洞窟クルーズ

キリシタンどうくつクルーズ

若松島 MAP 付録P.10 C-3

☎0959-44-1762(祥福丸)
☎0959-46-2020(せと志お)ほか
※前日までの予約が望ましい
運行時間 要問い合わせ 所要時間 約1時間
料 要問合わせ

坂本龍馬ゆかりの広場

さかもとりょうまゆかりのひろば

中通島 MAP 付録P.10 C-2

同志が遭難した沖合に向かって龍馬像がまなざしを向ける広場

坂本龍馬がグラバーから購入したワイル・ウエフ号という船が、暴風雨に遭遇し、池内蔵太(いけくらた)ほか12名の同志が命を落とす。療養中の龍馬が鹿児島から駆けつけ、土地の庄屋に自分で書いた碑文とお金を渡し、慰霊碑の建立を依頼したといわれている。

☎0959-42-0964(新上五島町観光物産協会)
所新上五島町江ノ浜郷
交有川港から車で20分 Pあり

潮合崎に向かって「五島祈りの龍馬像」が立つ

近くにある「有川青少年旅行村」ではキャンプやバーベキューも楽しめる

鯨賓館ミュージアム

げいひんかんミュージアム

中通島 MAP 付録P.10 C-2

鯨と捕鯨に関する資料が揃うミンククジラの骨格標本も見もの

江戸時代から有川湾では捕鯨が盛んに行われていた。その歴史をはじめ、捕鯨の道具、鯨の生態などに関する展示が見られる。ミニシアターでは鯨が泳ぐ様子に癒やされる。

☎0959-42-0180 所新上五島町有川郷578-36 有川港多目的ターミナル 開9:00〜17:00 休12月29日〜1月3日 料210円 交有川港からすぐ Pなし

1階は鯨関連、2階は第50代横綱佐田の山関の資料を展示

鯨の生態コーナーでは100分の1の模型を展示

交通 information

島内の移動

路線バスも走っているが住民用で本数も少なく、観光には不向き。島内移動は車移動が便利なので、移動手段はレンタカーかタクシーを使うのが一般的。レンタカーは空港や港で借りられる。島内の観光スポットを巡るならタクシーをチャーターするとよい。

蛤浜

はまぐりはま

中通島 MAP 付録P.10 C-2

どこまでも続く遠浅の海で穏やかな一日を過ごしたい

遠浅の海が美しく、浜にはビーチハウスやシャワーが完備されている。7月に開催される海開きのイベント「蛤浜で遊ぼデー」では多くの人で賑わう。

☎0959-42-0964(新上五島町観光物産協会) 所新上五島町七目郷 蛤 交有川港から車で5分 Pあり

立ち寄りスポット

古くから伝わる五島の味

五島うどんの里

ごとううどんのさと

五島手延うどんをはじめとした特産品などの、買い物ができる施設。食事処「うどん茶屋遊麺三昧」では五島うどんが味わえる。

中通島 MAP 付録P.10 C-2

☎0959-42-0680 所新上五島町有川郷428-31 営8:30〜17:00、遊麺三昧11:00〜14:00(LO) 休不定休 交有川港から徒歩3分 Pあり

五島の観光物産コーナーもある

五島の家庭料理「地獄炊き定食」1130円

温泉もある静かな島で
身も心も解放

おしゃれにリゾートステイ

海を越えてやってきた島旅だから、日常のことなどすっかり忘れてリゾートホテルに滞在したい。

白を基調としたオーベルジュは
地物食材のイタリアンが評判

五島列島リゾートホテル MARGHERITA

ごとうれっとうリゾートホテル マルゲリータ

中通島 MAP 付録P.10 C-2

長崎の西約100㎞にある五島列島の中通島(なかどおりじま)の丘に建つリゾートホテル。元国民宿舎を全面改築し、温泉スパを備えた癒やしのリゾートが誕生した。レストラン「空と海の十字路」では、五島の魚介や野菜、それに絶品の五島牛を使ったイタリアンを満喫できる。

☎0959-55-3100

所 新上五島町小串郷1074

交 有川港／鯛ノ浦港から車で30分(無料送迎あり、要問い合わせ) Pあり in15:00 out10:00

室 29室(全室禁煙) 予算 1泊2食付2万2000円～

1.客室はスーペリア、デラックス、スイートの全29室。修道院をイメージした清楚でクラシカルな内装だ 2.2階までの吹き抜けがあるロビーは自然と一体となるような大空間 3.レストランは地元で揚がる新鮮な魚介料理が充実 4.海に臨む高台に建つ

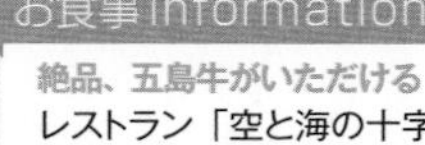

お食事information

絶品、五島牛がいただける

レストラン「空と海の十字路」では五島牛を取り入れたコースが味わえる。

予約 可

予算 Ⓛ2200円～ Ⓓ9680円～

上五島

大自然、美酒、温泉が揃う
至福の安らぎの里

五島コンカナ王国 ワイナリー&リゾート

ごとうコンカナおうこく ワイナリー＆リゾート

福江島 MAP 付録P.10 B-4

福江島(ふくえじま)にある広大なリゾート。天然の湯が湧く鬼岳(おにだけ)温泉、プールやエステルーム、ブドウ栽培と醸造を行う「五島ワイナリー」、レストランなどが立ち並び、非日常の休日を満喫できる。

☎0959-72-1348

所 五島市上大津町2413 交 福江港から車で15分／福江空港から車で5分(無料送迎あり)

Pあり in16:00 out11:00 室 43室

予算 1泊2食付1万7600円～

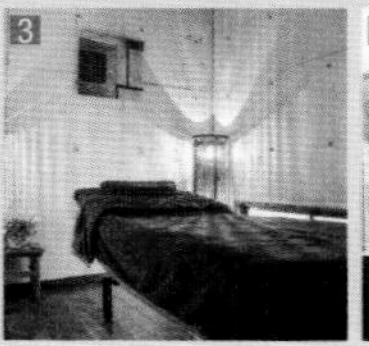

1.コテージタイプの客室。全46室ともリゾート感が高いインテリアだ 2.敷地内に2つのレストランがあり、五島の魚介や名物・五島牛などを存分に楽しめる 3.五島特産の天然椿オイルを使ったエステも好評 4.明るい日の光が差すレストランで、五島の食材をふんだんに使った食事をいただく

牛が草を食む風景と「なにもない贅沢」の島

宇久・小値賀

うく・おぢか

島を歩けば牛がゆったりと道を横切る。かつての日本の風景を残した、素朴な"島暮らし"を体験できる五島列島北東の島々。

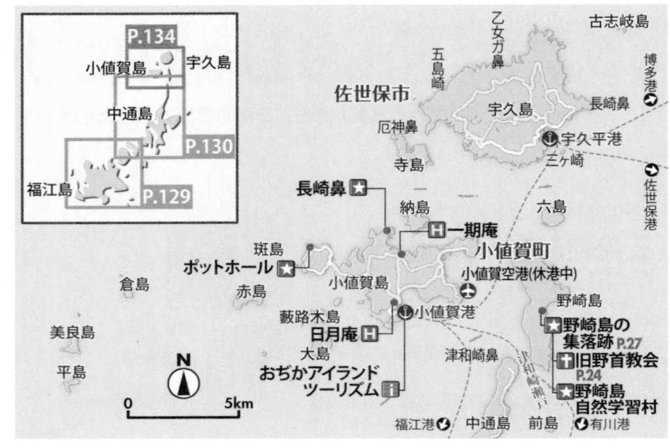

懐かしい日本の原風景に出会い 自然のなかで生活体験

火山の噴火でできた小値賀島(おぢかじま)は、農耕に適した平地に恵まれ、定住する人々が集落を築いてきた。日本の原風景に出会える島として注目されている。のどかな自然と素朴な田舎暮らしを体験できる古民家ステイというスタイルの滞在も可能。さらに北、五島列島の最北端にある宇久島(うくじま)には、数々の絶景スポットがある。

旧野首教会

きゅうのくびきょうかい

世界遺産

野崎島 MAP 付録P.10 C-1

鹿が悠然と歩く島の丘で 海と信者を見守り続ける教会

今はほぼ無人となった野崎島(のざきじま)の17世帯の信者たちが貧しい暮らしのなかで費用を捻出し、明治41年(1908)に鉄川与助(てつかわよすけ)に依頼して建てたレンガ造りの教会。野崎島への渡航には、事前に連絡が必要。

☎0959-56-2646(おぢかアイランドツーリズム) 所小値賀町野崎郷野首 交小値賀港から町営船「はまゆう」で35分、野崎港下船 Pなし

鉄川与助による設計

©おぢかアイランドツーリズム

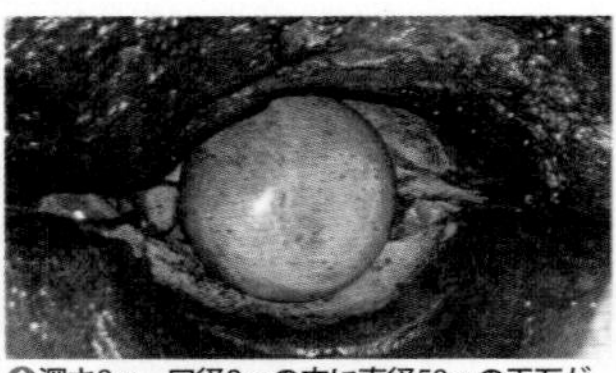
深さ3m、口径2mの穴に直径50cmの玉石が

ポットホール

斑島 MAP 付録P.10 C-1

天然記念物に指定される 自然が生み出した不思議な玉石

岩の割れ目に入った石が長年波に洗われて玉石のように磨かれたもののこと。竜の目ともいわれる。

☎0959-56-2646(おぢかアイランドツーリズム) 所小値賀町斑島郷 交小値賀港から車で25分 Pあり

長崎鼻

ながさきばな

小値賀島 MAP 付録P.10 C-1

ダイナミックな景色を背景に 牛がのんびり過ごすのどかな岬

島内北部の一面に草原が広がる岬。小値賀島は牛の放牧が盛んで、この岬も放牧地として知られている。

☎0959-56-2646(おぢかアイランドツーリズム) 所小値賀町柳郷 交小値賀港から車で15分 Pあり

草原の緑と海原の青の組み合わせが美しい

野崎島で自然体験

小値賀島の隣に位置する野崎島の、閉校になった校舎を簡易宿泊や子どもたちの野外学習の休憩施設として利用している。

野崎島自然学習村

のざきじましぜんがくしゅうそん

野崎島 MAP 付録P.10 C-1

☎0959-56-2646(おぢかアイランドツーリズム) 所小値賀町野崎郷 料日帰り入村料1000円、宿泊料3850円～(小学生以下半額) 交小値賀港から町営船「はまゆう」で35分、野崎港下船 Pなし

●問い合わせ

おぢかアイランドツーリズム

小値賀島 MAP 付録P.10 C-1

☎0959-56-2646 所小値賀町笛吹郷2791-13 小値賀港ターミナル内 営9:00～18:00 休無休 HP ojikajima.jp

野生のニホンジカ400頭が生息(下)。段々畑跡に旧野首教会と旧校舎(右)

離島ならではの時間の流れに
身を任せてのんびり過ごす

小値賀(おぢか)の古民家ステイ

近年注目を集めている古民家ステイ。東洋文化研究者のアレックス・カー氏が改修を手がけた古民家が話題に。

古民家ステイとは?

島ならではののんびりした旅を楽しむ「島旅」で、改修して過ごしやすくした古民家を宿泊施設として利用する滞在が新しい宿泊スタイルとして人気を集めている。なかには築100年を超す家もあり、趣のある空間で歴史を感じたい。

港に面した高台に建つ
のんびりと過ごしたい宿

日月庵
にちげつあん

小値賀島 MAP 付録P.10 C-1

港を見下ろす古き良き「島の家」の趣を残しつつ、居住スペースには快適設備を備えた宿。和モダンなインテリアも素敵。定員は2名。

☎0959-56-2646
(おぢかアイランドツーリズム)
所 小値賀町笛吹郷2791-13 交 小値賀港から徒歩5分(小値賀港ターミナルから送迎あり) P あり in 14:00 out 11:00
予算 素泊まり1泊1名1万5400円~(人数、時期により異なる。連泊割引あり)

1.港越しに日の出、日の入りが望めるリビング 2.モダンなデザインのキッチン 3.のびのびと過ごせる和室。港から聞こえる汽笛の音も心地よい 4.日の出、月の出を眺められるところから、日月庵と名がついた。古民家「鮑集(ほうしゅう)」が隣にあり、グループ利用も可能 5.バスタイムは檜風呂でリラックス

アトリエがある古民家
自由に使える120㎡の広さ

一期庵
いちごあん

小値賀島 MAP 付録P.10 C-1

約10畳のアトリエ、2階の和室など、多様な滞在ができる広さが魅力。古き良き日本の民家に時折織り込まれる西洋的感性が楽しい。定員は3名。

☎0959-56-2646
(おぢかアイランドツーリズム)
所 小値賀町柳郷 交 小値賀港から車で15分 P あり in 14:00
out 11:00 予算 素泊まり1泊1棟1名1万5950円~(人数、時期により異なる。連泊割引あり)

1.現代的な美しさと懐かしさが同居する土間 2.目線が下がるため6畳の掘り座敷は広く感じられる 3.静かな時が流れる。古民家「一会庵」が隣接 4.三方が開口部で開放感があるアトリエ

爽やかな海風の吹く港町と景勝地

佐世保 させぼ

絶景、教会、三川内焼の陶磁器と佐世保には、旅人を飽きさせない魅力が凝縮。散策で港町風情を満喫したあとは、名物グルメを楽しみたい。

弓張岳(ゆみはりだけ)展望台から佐世保の港と街並みを見渡す

防衛の拠点として栄えた港湾都市 自然豊かで風光明媚な一面も

明治期に鎮守府が置かれて以降、海上防衛の要衝として栄えてきた佐世保。そのため港には多彩な艦船が停泊し、造船所が開かれるなど、ユニークな景観が広がっている。米海軍基地もあり、佐世保バーガーや英語の飛び交う外国人バーなどアメリカンな雰囲気が楽しめる店も多い。一方、自然が豊かで美しいエリアでもある。九十九島(くじゅうくしま)の眺望、眼鏡岩など絶景ポイントの宝庫だ。県内一の人気を誇るテーマパーク「ハウステンボス」(P.116)もこのエリア。

長崎北西部の中心都市として栄えており、港とビルが織りなす夜景も楽しめる

展海峰から観た九十九島。サンセットを目指して訪れる人も

海から間近に艦船ウォッチ

米海軍と海上自衛隊のさまざまな施設や艦船、さらには旧海軍工廠の造船所・佐世保重工業などをクルーズ船で巡る。所要60分、要予約。

©SASEBO

SASEBO軍港クルーズ
サセボぐんこうクルーズ

MAP 付録P.13 F-3

☎0956-22-6630(佐世保観光情報センター) 所佐世保市三浦町21-1 JR佐世保駅構内 催行日 3月頃〜12月下旬の土・日曜、祝日 休荒天時 料大人2000円 交JR佐世保駅からすぐ P近隣駐車場利用

交通information

佐世保へのアクセス

●電車

長崎駅
↓JR快速シーサイドライナーで2時間10分
佐世保駅

●バス

長崎駅前
↓長崎県営バス/西肥バスで1時間30分
佐世保バスセンター

●車

長崎空港
↓県道38号15分
大村IC
↓長崎道20分
武雄JCT

長崎市街
↓ながさき出島道路10分
長崎IC
↓長崎道45分
武雄JCT
↓西九州道25分
佐世保中央IC

一面の花と島々が浮かぶ海
美しい眺望に癒やされる

展海峰

てんかいほう

九十九島(くじゅうくしま)を望む展望スポット。春(3月下旬～4月上旬)と秋(10月上旬～中旬)には、各15万株の菜の花、コスモスで彩られる花の名所でもある。

MAP 付録P.12 B-2
☎0956-22-6630(佐世保観光情報センター) 所 佐世保市下船越町399
交 佐世保中央ICから車で20分 P あり

満開時には一面にピンクのグラデーションが広がる

俵ヶ浦(たわらがうら)半島中央部の高台にあり、九十九島を180度の大パノラマで楽しめる

九十九島を見渡す
パノラマビュー

石岳展望台

いしだけてんぼうだい

標高191m。360度の眺望が楽しめ、眼前に迫った海に島々が浮かぶ景色は見事。ことに夕景の美しさは見逃せない。

MAP 付録P.12 B-2
☎0956-22-6630(佐世保観光情報センター)
所 佐世保市船越町2277 開 休 料 入場自由
交 佐世保中央ICから車で15分 P あり

映画『ラストサムライ』冒頭のロケ地にもなった

愛称のセイルタワーは、帆船の帆を模した形状から命名

現在の佐世保港を一望し
海上防衛の歴史を知る

海上自衛隊 佐世保史料館

かいじょうじえいたいさせぼしりょうかん

日本海軍の草創期である咸臨丸(かんりんまる)や三笠の時代から現在の海上自衛隊にいたるまでの歴史や活動に関する資料や映像を展示。

MAP 付録P.13 D-2
☎0956-22-3040 所 佐世保市上町8-1
開 9:30～17:00(入館は～16:30)
休 第3木曜 交 佐世保中央ICから車で1分
P あり

真っ白な船体のパールクィーンで、島々の間を縫うように遊覧する。船内はバリアフリー

全方位から海を楽しむリゾートパーク
「海きらら」のイルカのプログラムは必見

九十九島パールシーリゾート

くじゅうくしまパールシーリゾート

水族館でイルカやクラゲを観察したり、遊覧船やヨット、カヤックで船上からアプローチしたりとさまざまな角度から九十九島の海が楽しめる。ショップやレストランも充実。

MAP 付録P.12 A-1
☎0956-28-4187
所 佐世保市鹿子前町1008
営 施設により異なる 休 無休
交 佐世保中央ICから車で7分
P あり

注目ポイント

九十九島水族館海きらら

エサやりや水族館の裏側を見学できる体験プログラムが充実。アクセサリー加工ができる真珠の玉出し体験も人気。

立ち寄りスポット

海上に浮かぶ
風情あるカキ小屋

マルモ水産 海上カキ焼小屋

マルモすいさんかいじょうカキやきごや

MAP 付録P.12 B-2

イカダ桟橋の上に建てた小屋でカキを食す。炭火で焼いた水揚げしたてのカキは絶品。

小ぶりだが、旨みと栄養がぎっしり詰まっている

☎0956-28-0602 所 佐世保市船越町944 営 9:00～17:00 休 不定休 交 佐世保中央ICから車で11分 P あり

GOURMET
食べる

予約 可
予算
ⓁⒹ1500円～

レモンステーキ
2000円～
薄切りでもふんわりやわらかい国産牛のサーロインを使用。カルビ、フィレ、和牛などのレモンステーキも選べる

ジュ～ッと焼きたてが登場する
名物！レモンステーキの専門店
レモンド・レイモンド

MAP 付録P.13 E-2

佐世保のご当地料理、レモンステーキの専門店。米海軍の軍人をはじめ、アメリカ人たちが食べていたステーキを日本人の口に合うようアレンジしたもので、醤油ベースの和風ソースにレモンの風味が食欲をそそる。残ったソースをご飯に絡めて食べると美味。

☎0956-59-8959
所佐世保市下京町7-15 1F
営11:30～14:30 17:30～22:00 休無休
交松浦鉄道・佐世保中央駅から徒歩3分 Ⓟなし

↑木の温かみある店内には個室、カウンター席もある

↑四ヶ町アーケードの裏手にある佐世保でも数少ない専門店

佐世保の名物を集めました
食の執着、ご立派！

軍港として栄え、アメリカの空気を感じられる街・佐世保。
街の雰囲気だけでなく食文化にも表れた独特な異国情緒もまた楽しい。

フルーツとソースが決め手
佐世保名物女王シュークリーム
レストラン蜂の家
レストランはちのや

MAP 付録P.13 E-2

昭和26年(1951)の創業時から提供する欧風カレーが全国的に知られる老舗。フランス料理に精通していた先代が考案したジャンボシュークリームも、当時珍しさから大ヒットして今も佐世保名物になっている。

☎0956-24-4522
所佐世保市栄町5-9 サンクル2番館1F 営11:30～20:30(LO19:45) 休不定休 交松浦鉄道・佐世保中央駅から徒歩3分 Ⓟなし

予約 可
予算
Ⓛ800円～
Ⓓ1300円～

女王シュークリーム
570円
中はクリームとフルーツたっぷり。特製ソースをかけるとほろ苦さが加わり、別のおいしさに

↑長崎県産の和牛を使ったサイコロステーキカレー1518円
←レモンステーキ2398円をはじめ、洋食メニューも充実

佐世保バーガーの代表的な人気店
昭和26年創業の老舗は行列必至

ハンバーガーショップ ヒカリ本店

ハンバーガーショップ ヒカリほんてん

MAP 付録P.13 D-2

「佐世保バーガー」はアメリカ仕込みのレシピをアレンジした当地を代表するグルメ。昭和26年(1951)創業のこの店は特注バンズに、自家製の焼きたてパティ、オリジナルマヨネーズを使う人気店。昔と変わらない味を守り続ける。

☎0956-25-6685
所 佐世保市矢岳町1-1
営 10:00〜18:00(LO17:45) 休 水曜、木曜(月1回) 交 佐世保中央ICから車ですぐ P あり

テイクアウト客が多いが、イートインも可能。店内は昭和の雰囲気

全国から訪れるお客でいつも大賑わい。米海軍佐世保基地のそばにある

スペシャルバーガー 770円
店の一番人気。ベーコンにチーズ、エッグが入り、ボリューム満点

予約 可
予算 LD 1200円〜

気さくなマスターと地元ネタや音楽談義で盛り上がれる

予約 可
予算 D 2000円〜
※チャージ440円。ライブ時は2000円から4000円程度の入場料が必要(チャージは不要)

デレクライス 980円
ご飯の上にサルサソース、チーズ、ベーコンをのせてオーブンで焼いた店の名物

オリジナルのりピザ 1180円
アツアツのピザ生地に海苔をのせたシンプルな一品

音楽や地元ネタで盛り上がる
料理もうまい隠れ家的スポット

Jazz Bar&Restaurant FLAT FIVE

ジャズ バー&レストラン フラット ファイブ

MAP 付録P.13 E-2

かつて外国人バーやクラブが全盛でジャズの音が絶えなかった佐世保では音楽好きが集まる店が多い。昭和創業のこの店はオーナーシェフの腕を生かした創作料理や魚料理が自慢。

☎0956-22-8100
所 佐世保市光月町2-3 新京ビル2F
営 18:00〜翌2:00(LO)
休 日曜(月曜が祝日の場合は日曜営業、月曜休)
交 松浦鉄道・中佐世保駅からすぐ P なし

素朴な甘さにホッとする
軍港の街のご当地スイーツ

カレー&手作りケーキの店 ブラック

カレー&てづくりケーキのみせ ブラック

MAP 付録P.13 F-3

旧日本海軍は母港への入港前日、船の中でぜんざいを振る舞ったといわれる。軍港として栄えた佐世保でもご当地グルメとしてメニューに載せる店が多い。ここでは大ぶりの餅が入ったぜんざいが24時間味わえる。

☎0956-25-2595
所 佐世保市下京町3-4
営 24時間 休 不定休
交 JR佐世保駅から徒歩7分 P なし

開店40年以上の老舗喫茶で激辛カレーが有名。食事にお酒に24時間利用できる

入港ぜんざい 440円
ふっくら炊けた小豆がほどよい甘さ。大ぶりのやわらかい餅が入っておやつにちょうどよい

予約 可
予算 L 800円〜 D 1000円〜

山海の恵みを生かしたグルメと絶景を堪能

西海
さいかい

新鮮な旬の食材が豊富で、予約を取るのも難しいほど人気のグルメスポットが点在。豊かな自然のエネルギーを食べて遊んでチャージしよう。

新西海橋(奥)とアーチ型の西海橋(手前)、高くそびえるのは針尾送信所の電波塔

西海橋公園にはさまざまな遊具も

ボートやフィッシングも楽しめる

絶景スポットに絶品グルメを満喫 ハウステンボスから10分で別世界へ

長崎市と佐世保市の中間に位置する西海市(さいかいし)は、美しい海岸線が続く自然美豊かなエリア。針尾瀬戸をまたぐ2つの西海橋や、その両端の県立西海橋公園、動物と直接ふれあえる長崎バイオパークなど、見どころが点在。また地産の新鮮食材を使ったグルメも味わえる。ハウステンボスから車でわずか10分なので気軽に訪れてみたい。

ACCESS

長崎市街から車で約1時間10分。ハウステンボスからは車で約10分。佐世保港から車で約40分。佐世保港からは船も出ており、所要約15分(航路によって変動あり)。1日11便(日曜、祝日は9便)。

トマトファームで収穫体験

極限まで水を与えずに育てることでまるで果物のように甘く濃縮された味わいに育つ大島トマトの収穫を体験することができる。

大島トマト農園
おおしまトマトのうえん

MAP 付録P.12 A-3
☎0959-34-5191(大島造船所農産グループ)
所 西海市大島町内浦　開 2月中旬～5月GWの土・日曜、祝日 9:00～15:00　休 期間中無休　料 300円(持ち帰りは1kg1800円)
交 JRハウステンボス駅から車で35分　P あり

甘みと酸味のバランスが良く、濃厚な味わいの大島トマト

糖度8%以上の大島トマトをまるごと搾った無添加トマトジュース1000mℓ3200円

さわったりエサやり体験もできる
動物を間近に感じる楽園

長崎バイオパーク

ながさきバイオパーク

動物たちにさわったり、エサやりをしたりして直接ふれあうことができる動物園。一部の動物を除いて檻がない「生態展示」方式を採用、各動物たちのゾーンでは、その動物のエサを販売している。哺乳類のほか鳥類や爬虫類、昆虫などがいる。

MAP 付録P.12 C-4

☎0959-27-1090
所西海市西彼町中山郷2291-1
開10:00〜17:00 休無休 料1900円
交JRハウステンボス駅から車で25分 Pあり

⇧岩山に暮らすラマは園のシンボル

クロキツネザル

放し飼いの群れが園内を自由に動きまわる。手のひらにエサを置いて差し出すと、直接食べてくれる。

カピバラ

人によく慣れており、体を撫でてあげるとゴロンと横になる。露天風呂に入る光景は園の冬の風物詩になっている。

オオカンガルー

頭からしっぽの先まで最大2m以上になることもある。エサやり体験などでふれあおう。

立ち寄りスポット

洗練された空間で愉しむ
地元食材の旬の饗宴

レストラン オリーブ

MAP 付録P.12 A-3

西海市の大島にある「オリーブベイホテル」内にあるレストラン。自然光がやさしく差し込む店内は開放的。地元大島の海や山の食材をふんだんに使った料理は、味覚だけでなく視覚でも楽しめる。

☎0959-34-5511(代表)
所西海市大島町1577-8
営7:00〜9:30(LO9:00)
11:30〜14:30(LO14:00)
17:30〜21:30(LO 20:00)
休無休 交佐世保新みなとターミナルから大島行き高速船で23分、大島港から徒歩20分(無料送迎あり、要予約) Pあり

ホテルデータ ➡P.155

予約 可(前日まで)
予算 B 4500円
L 3500円
D 2万円

⬅⬇地元の新鮮な魚介や野菜のほか、県産の和牛など選び抜いた食材を使用。地元食材を存分に味わえる

森の中にひっそりとたたずむ
隠れ家のようなオーベルジュ

オーベルジュ あかだま

MAP 付録P.12 A-4

地元大島や長崎西海の新鮮で安心な食材を使った創作フレンチを堪能できる。宿泊は1日3組限定、食事のみの予約は要相談。

☎0959-34-2003
所西海市大島町寺島1383-4 営18:00〜21:00(LO19:30) 休不定休 交JRハウステンボス駅から車で30分 Pあり

HOTEL DATA

in 15:00 out 10:00
室5室 予算 1泊2食付2万4200円〜

⇧島の新鮮食材を使った絶品フレンチ。予約必須の人気店

⬇木々に囲まれ静かな時間を過ごせる

予約 要
予算 D 1万1000円〜

南蛮貿易で栄えたエキゾチックな城下町

平戸 ひらど

密かに継承してきたキリシタン文化と、城下町として栄えた時代の面影が、今なお色濃い平戸の時空を旅する。

⇧寺院と教会の見える風景。連なる寺の屋根の向こうに、高台にそびえる教会の尖塔が見える

キリシタンが拓いた棚田も絶景 各時代の姿が残るタイムカプセル

遣隋使、遣唐使の時代から交通の要所であった平戸だが、歴史上、最も強く脚光を浴びたのが南蛮貿易の時代。オランダやポルトガルなど欧州から人や文物が流入し、異国情緒とともにキリスト教が定着した。禁教令以降は平戸藩の城下町として栄えるなど、島にはさまざまな時代の香りが層をなして現代に残る。また、平成30年(2018)7月には、「春日集落と安満岳」と「中江ノ島」が「長崎と天草地方の潜伏キリシタン関連遺産」(P.26)として、世界遺産に登録された。

ACCESS

長崎駅からはバスで約3時間30分(佐世保駅で乗り換え)、車で約2時間。電車では、松浦鉄道・佐世保駅からたびら平戸口駅まで約1時間20分、駅から平戸市街までタクシーで10分ほど。

⇧鮮やかなモスグリーンの外観が印象的

丘の上に建つ教会 聖堂脇にはザビエル像を建立

平戸ザビエル記念教会

ひらどザビエルきねんきょうかい

昭和6年(1931)に献堂された教会で、ザビエルが平戸を拠点に宣教した昭和46年(1971)に像を建立。「聖フランシスコ・ザビエル記念聖堂」から近年、現在の名称に改めた。

MAP 付録P.11 D-2

☎0950-23-8600(平戸観光協会)
所平戸市鏡川町259-1 開内覧8:00～16:00
休無休(ミサがある場合は見学不可)
料無料 交松浦鉄道・たびら平戸口駅から車で10分 Pあり

日蘭貿易の象徴として栄えた 商館倉庫を忠実に再現

平戸オランダ商館

ひらどオランダしょうかん

長崎の出島以前に貿易の場として栄えた平戸のオランダ商館を復元。館内に当時の貿易品など史料を展示している。

MAP 付録P.11 E-2

☎0950-26-0636
所平戸市大久保町2477
開8:30～17:30 休6月第3火・水・木曜
料310円 交松浦鉄道・たびら平戸口駅から車で15分 Pなし

⇧寛永18年(1641)に取り壊された商館を復元

⇦建物全体が橙色に染まる夕暮れどきに訪れるのもおすすめ

市街を一望する
藩主・松浦家の居城

平戸城

ひらどじょう

MAP 付録P.11 E-3

☎0950-22-2201 所平戸市岩の上町1458 開8:30～17:00 休12月30・31日 料520円 交松浦鉄道・たびら平戸口駅から車で10分 Pあり

享保3年(1718)に5代藩主・松浦棟(まつらたかし)が幕府の許可を得て築いた平戸城を復元。2021年4月にリニューアルし、平戸の歴史を楽しく学べる施設になった。

平戸城から望む平戸港

平戸藩との縁が深い山鹿流により建造。現在の城は昭和37年(1962)に平戸市が復元した

平戸の歴史を物語る
松浦家伝来の史料を展示

松浦史料博物館

まつらしりょうはくぶつかん

収蔵品は3万点以上にのぼる

明治26年(1893)、平戸藩主・松浦家の邸宅として建てられた屋敷をそのまま博物館として利用している。

MAP 付録P.11 E-2

☎0950-22-2236 所平戸市鏡川町12 開8:30～17:30 休無休 料660円 交松浦鉄道・たびら平戸口駅から車で15分 Pあり

「西の高野山」と称される
三重大塔が見事な寺院

最教寺

さいきょうじ

弘法大師の霊場でもあり、昭和63年(1988)に空海(弘法大師(こうぼうだいし))の1150年御遠忌(ごおんき)に建立された三重塔が見事。

MAP 付録P.11 E-4

☎0950-22-2469 所平戸市岩の上町1205 開8:30～17:00 休木曜 料400円 交松浦鉄道・たびら平戸口駅から車で10分 Pあり

高さ33.5mの塔から平戸市街地を一望できる

東洋でも指折りといわれる
田園に建つ大規模な教会

紐差教会

ひもさしきょうかい

ロマネスク様式の大きな教会で船底天井とステンドグラス、花柄の装飾など鉄川与助(てつかわよすけ)設計の特徴が見られる。キリスト教と日本の仏教的な空間が融合する印象的な教会。

MAP 本書P.2 C-2

☎0950-28-0168 所平戸市紐差町1039
開8:00(日曜11:00)～15:00
休無休(ミサや結婚式で見学不可の場合あり)
交松浦鉄道・たびら平戸口駅から車で30分
Pあり

八角ドームの鐘楼が荘厳

キリスト教信者が移住してきた田平(たびら)地区

潜伏キリシタンの多かった長崎の出津(しつ)(外海(そとめ)地区)や佐世保の黒島から、信者が移住してきた田平地区。世界遺産にも関連する、歴史的に重要なエリアだ。

田平天主堂 要事前連絡

たびらてんしゅどう

MAP 本書P.3 D-1

八角形のドームの鐘塔と本格的なリブ・ヴォールト天井

大正7年(1918)に鉄川与助の設計で完成。赤レンガにススを塗った黒レンガでの装飾など、与助のレンガ造り教会の最高峰とも。司祭館なども保存され、国の重要文化財に指定されている。

☎095-823-7650
(長崎と天草地方の潜伏キリシタン関連遺産インフォメーションセンター)
所平戸市田平町小手田免19
開9:00～17:00 休無休
交松浦鉄道・たびら平戸口駅から車で10分
Pあり

3層の塔屋と、一番上の八角ドームが特徴

平戸

伝統と確かな技術に裏打ちされた日常の美

波佐見 はさみ

波佐見焼のルーツは慶長（1596〜1615年）の時代にまで遡る。その伝統と実用性に宿る美しさが新たな脚光を集める陶器の街。

江戸の世から暮らしに欠かせぬ 波佐見焼に機能美を見る

江戸時代、シンプルで丈夫な波佐見焼は庶民の日常になくてはならない日用品だった。その長い伝統と、現代の暮らしにも合う抑制のきいた美しさが今また脚光を浴び、産地、波佐見にも注目が集まっている。また、焼物に関するスポットのほかにも、棚田や桜、史跡に温泉と景勝や見どころは多い。

ACCESS

長崎駅からはJR快速シーサイドライナーで約1時間30分、川棚駅で西肥バスに乗り換えて約20分。車の場合は長崎自動車道、西九州自動車道経由で波佐見有田ICまで約55分、そこから5分ほどで市街に着く。

←波佐見焼のことを知るなら、まずは波佐見やきもの公園を訪れたい

ろくろや絵付け体験と展示見学
波佐見と世界の焼物を知る

波佐見やきもの公園

はさみやきものこうえん

陶器まつりの会場となる公園。波佐見焼の歴史や技術に関する展示見学や絵付け・ろくろ体験が可能な陶芸の館と、各時代に使われてきた世界各地の窯が見られる広場は一見の価値あり。

波佐見 MAP 付録P.14 A-4

☎0956-85-2290（波佐見町観光協会）
所 波佐見町井石郷2255-2
開 9:00〜17:00
交 波佐見有田ICから車で5分　Pあり

↑中国やトルコ、イギリスなど、世界各地で使われてきた12の窯が見られる広場

←↑山から流れてくる豊富な水が田を潤す

季節により変化する景勝
日本の棚田百選のひとつ

鬼木棚田

おにきたなだ

虚空蔵火山の麓に広がる。石垣のあぜが曲線を描き、山々を背景に段々の田んぼが連なるさまが美しい。毎年9月には鬼木棚田まつりが催され大勢の人で賑わう。冬の雪景色も評判。

波佐見 MAP 付録P.14 C-3

☎0956-85-2290（波佐見町観光協会）
所 波佐見町鬼木郷
交 波佐見有田ICから車で20分
Pあり

散策前に立ち寄りたい
ギャラリー兼情報拠点

陶芸の里 中尾山交流館

とうげいのさと なかおやまこうりゅうかん

中尾山の16の窯元作品を展示・即売している。情報スペースも兼ねており、窯元めぐり前に立ち寄りたい。近隣にある中尾山伝習館では陶芸づくり体験が泊まり込みでできる。

↑館内では中尾山の歩みを紹介。歴史的陶磁器も展示されている

波佐見 MAP 付録P.14 C-3
☎0956-85-2273
所 波佐見町中尾郷157
開 9:00〜17:00 休 火曜
交 波佐見有田ICから車で15分
P あり

↑お気に入りの作品を見つけて、窯元めぐりに出かけてみたい

風情ある建物で見つける
ぬくもりのある焼物

うつわ処・赤井倉

うつわどころ・あかいぐら

中尾山に残る明治時代の日本家屋をギャラリーとして利用。建物のたたずまいを楽しみながら、お気に入りの器を探そう。骨董品や掘り出し物もある。

波佐見 MAP 付録P.14 C-3
☎0956-85-3359
所 波佐見町中尾郷929
営 10:00〜17:00 休 水曜 交 波佐見有田ICから車で15分 P あり

↑江戸末期の陶磁器卸商・奥川陶器ゆかりの建物で国登録文化財

↑建物奥には風情ある庭園が。廊下にも骨董品が並ぶ

↑明治23年(1890)建築の建物。器の展示がセンスあふれる

←かわいらしいふくろうの飯碗。1232円

↑ペアで使いたいマグカップ1個1584円

←波佐見焼藍色の径21cmプレート2464円

シンプルなのに個性的
日常を彩る器の数々

白山陶器本社 ショールーム

はくさんとうきほんしゃショールーム

暮らしになじみつつ、どこか個性的、窯元ならではのオリジナリティを大切にする白山陶器のショールーム。製造中の商品がほとんど揃う、ファン垂涎のスペース。

波佐見 MAP 付録P.14 C-4
☎0956-85-3251
所 波佐見町湯無田郷1334
営 9:00〜16:00 休 木曜、第2日曜、ほか不定休あり 交 波佐見有田ICから車で10分 P あり

↑白山陶器は、数々のグッドデザイン賞やロングライフデザイン賞を受賞

↑工場併設のショールームであればこその充実のラインナップ

↑ゆるやかな曲線によるほどよい深みが使いやすく、ブルーの縞模様が爽やか。重ね縞1100〜7150円

↓カラフルな色合いと平たい形状が独特な平茶碗。柄の種類も多様なので、家族で揃えても。各3300円

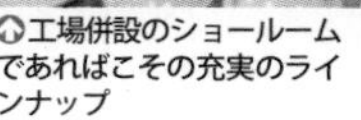

←墨色と白磁のコントラストが美しい。すみのわ汁碗1760円(左)、丼2640円(中)、小丼2200円(右)

花や自然をテーマにしたデザインと豊かな彩りが魅力(NISHIYAMA Gallery)

陶芸の里で出会うシンプルで美しい器や雑貨

暮らしに添えたい波佐見焼

庶民の器として古くから愛されてきた波佐見焼。お気に入りの一点を自宅にも。

波佐見焼とは？

慶長4年(1599)、藩主・大村喜前が朝鮮から連れ帰った陶工が造った登り窯がルーツ。巨大窯による大量生産能力、有田焼の下請けとしても知られる技術力、発注主の多様な要望に応える柔軟性で、昔も今も日常の暮らしを彩る食器として人気が高い。

NISHIYAMA Gallery

ニシヤマ ギャラリー

波佐見 MAP 付録P.14 B-2

カラフルに、ナチュラルに食卓に並べて楽しい器たち

創業150年を超えた陶磁器メーカーのギャラリー。自然をモチーフにした北欧風デザインや、赤や青、グレーなど鮮やかな色彩の器は幅広い世代に人気がある。シリーズものの限定色など、ここでしか手に入らない商品にも出会える。

☎0956-85-3024(西山本社)
所波佐見町折敷瀬郷1087 営10:00～17:00
休日曜 交波佐見有田ICから車で2分
Pあり

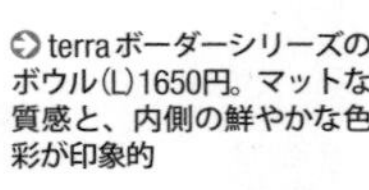

terraボーダーシリーズのボウル(L)1650円。マットな質感と、内側の鮮やかな色彩が印象的

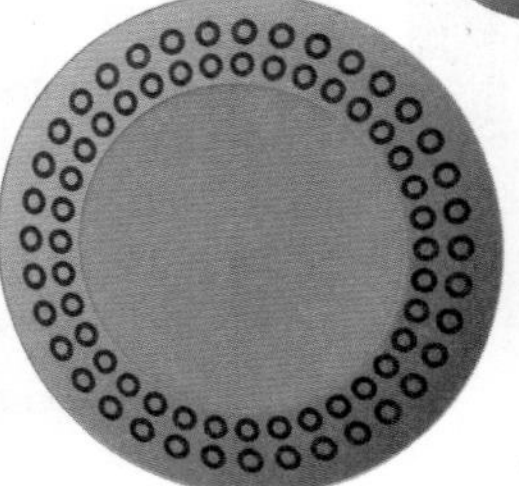

terraセルクルの25cmプレート3800円

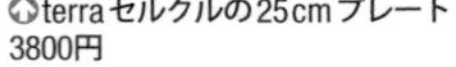

フロールシリーズのデザインは、大人の女性が森の中でゆっくりすることをイメージしている。ボウル1760円

フォレッジビスクの18cmプレート1980円

人気のデイジーシリーズ。18cmプレート1936円(上)とポット5082円(下)

センティアシリーズ。25cmプレート4180円、ボウル小880円、ボウル中1600円

ギャラリーとっとっと

波佐見 MAP 付録P.14 C-3

カンナを駆使した白磁で有名一真窯のギャラリー

30種ものカンナを用い白磁にリズミカルな模様を刻むのが特徴。中で火を灯すと模様が透けるほどの繊細さで、一見シンプルな器に高度な職人技が宿る。創造力が刺激される器で、組み合わせやアイデアにより多彩に使えるのも魅力。

☎0956-85-5305(一真窯)
所波佐見町中尾郷639-1
営10:00～17:00
休不定休
交波佐見有田ICから車で15分　Pあり

↑白磁手彫りシリーズ 丸カップ1650円(上)、スクエア皿13.5cm 1650円～(下)

康創窯 Gallery SO

こうそうがま ギャラリー ソウ

波佐見 MAP 付録P.14 C-3

色彩で表現する器の美しさ使うほどに愛着わく染付けも

伝統を大切にしながらも、現代の暮らしに合うエッセンスを加えたモダンな器づくりをめざす。緑やイエローなどのヴィヴィッドカラーシリーズは食卓に元気を届けてくれそう。オーソドックスな波佐見焼である染付けの器もある。

☎0956-85-7268
所波佐見町永尾郷24-7
営8:30～17:30　休土・日曜、祝日
交波佐見有田ICから車で10分　Pあり

↑鮮やかな色味がきれいなヴィヴィッドカラーシリーズ。和食にも洋食にもマッチする浅黄なぶり丼4620円(上)。緑交趾5寸浅鉢3696円(下)

↑波佐見町郊外にあるモダンなギャラリーは気軽に立ち寄れる雰囲気

↑シンプルな白地に水玉の伝統的な染付け。取っ手の色がアクセントに。二色丸紋スープカップ＆ソーサー4620円

マルヒロ

波佐見 MAP 付録P.14 C-2

伝統の和にモダンなデザインバラエティ豊かな3ブランド

HASAMI、BARBAR、MYSTERY CIRCLEの3つのブランドがあり、それぞれにポップでモダンなアイテム、歴史を感じる和食器、バラエティ豊かな蕎麦猪口など、マルヒロ流に仕上がった、さまざまなデザイン、価格帯の商品が揃う。

☎0956-56-7307
所波佐見町湯無田郷682
営10:00～18:00　休不定休
交波佐見有田ICから車で5分　Pあり

↑スタッキングできるブロックマグは日常のさまざまなシーンで使える。豊富なカラーも魅力。1個1760円

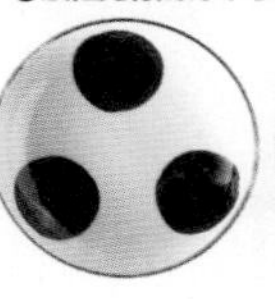

←いろは 中鉢。丸文(左)、菊文(右)各1980円

陶房 青

とうぼう あお

波佐見 MAP 付録P.14 C-3

日々の暮らしを彩る器の数々遊び心あふれる絵付けも素敵

シンプルに単色の釉薬で色付けした皿や、絵付け、色絵など多種多様だが、いずれも波佐見焼ならではの確かな技術と柔軟なデザイン力が感じられるものばかり。奇をてらわず、日々の生活をさりげなく飾る日常の逸品がずらりと並ぶ。

☎0956-85-4344
所波佐見町中尾郷982
営8:00～17:00　休不定休
交波佐見有田ICから車で10分　Pあり

↑独自に調合した釉薬の淡いブルーが美しい青白シリーズのグラス。大2640円(左)、小2200円(右)

→オリーブ柄のマグカップ3850円

↑温かみのある普段使いの器が並ぶギャラリー

古い製陶所をリノベーション

西の原
にしのはら

かつては江戸時代から続く波佐見の製陶所であった地。器や雑貨の買い物のあとは、カフェでのんびり過ごしたい。

旧製陶所を利用した注目のリノベスポット

窯を造るのに最適な地形であったため老舗の製陶所が窯を設けるなど、焼物で栄えた街。現在では陶器を扱うお店やカフェなどが集まる。

所波佐見町井石郷2087-4
営休店舗により異なる
交波佐見有田ICから車で15分
Pあり

製陶所の出荷事務所利用 建物自体もレトロで素敵

南創庫
みなみそうこ

波佐見 MAP 付録P.14A-4

小物も多く、気軽に使えるアイテムが充実

温かみを感じる波佐見の食器を販売。事前予約をすれば、カラフルなシートを自由に貼ってオリジナル食器を制作する切り絵付け体験も可能。

☎0956-76-7214
営11:00～18:00 休水曜

「食卓テーブルに植物を」がテーマの卓上用植木鉢。table pot ボーダー2970円

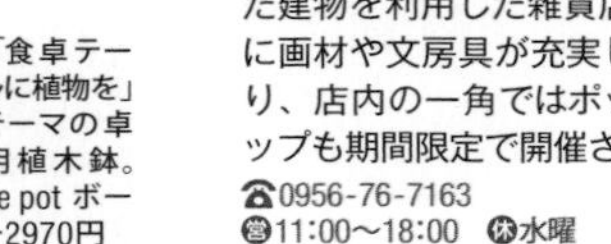
鮮やかだが、やわらかな発色がキュート。楕円プレート大 各3520円

創作意欲を刺激するお店 テーマは「表現する喜び」

モンネポルト

波佐見 MAP 付録P.14A-4

併設されているギャラリーでは、展覧会やワークショップイベント等が行われる

ろくろ場として使用されていた建物を利用した雑貨店。特に画材や文房具が充実しており、店内の一角ではポップアップも期間限定で開催される。

☎0956-76-7163
営11:00～18:00 休水曜

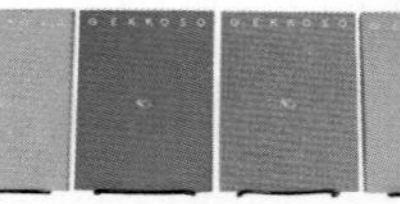
紙の厚さに種類があるので、好みの物を選ぶことができる。月光荘スケッチブック440円～

暮らしにずっと寄り添う 愛着わく雑貨をセレクト

HANAわくすい
ハナわくすい

波佐見 MAP 付録P.14A-4

「ずっと使えるもの」をコンセプトに、生活道具を揃えるセレクトショップ。使い勝手がいいもの、作家の顔が見える品にこだわる。

☎0956-85-8155
営11:00～18:00 休水曜

入口へと続くアプローチ。店内は製陶所の絵付け場として使われていた

レトロな空間で味わう 体にやさしい手作り料理

monne legui mooks
モンネ ルギ ムック

波佐見 MAP 付録P.14A-4

日替わりランチセットのひとつ、揚げ茄子とチンゲン菜のたけのこ肉みそごはん1450円～(サラダとドリンク付)

店内にはどこか懐かしい居心地のよい空間が広がる。料理は作り手の顔が見える安心食材を使い、だしから手作り。波佐見焼の器も食事とともに楽しみたい。

☎0956-85-8033
営12:00～18:00 休火・水曜

昭和初期に建てられた製陶所事務所を利用。木のテーブルなどの風合いもよく、落ち着いて食事が楽しめる

レトロな雰囲気の建物

周辺の街とスポット
AROUND HASAMI

400年の伝統が息づく街、有田焼の里へ

有田 ありた

日本で初めて磁器が本格的に焼かれた地として有名な有田。裏通りにはトンバイ塀が続き、表通りには美しい町家が立ち並ぶ。

トンバイ塀は登り窯の材料である耐火レンガを赤土で固めたもの

長崎県と接する佐賀西部にある日本磁器発祥の地

波佐見の北西に位置する街。やきもの専門の美術館をはじめ、有田焼を扱う店や、食事・スイーツを有田焼で提供する飲食店、境内随所に磁器を配した神社や絵付け体験のできる施設など陶磁器の町らしいスポットが点在している。

information

有田観光協会 ☎0955-43-2121
交佐世保中央ICから車で波佐見有田IC経由で25分

陶器の鳥居がシンボル

陶山神社
とうざんじんじゃ

MAP 付録P.14 B-1
☎0955-42-3310
所佐賀県西松浦郡有田町大樽2-5-1 開休料参拝自由
交波佐見有田ICから車で10分 Pあり

応神天皇を主祭神に有田焼の祖・李参平を祀る神社で万治元年(1658)頃建立されたという。鳥居や欄干、水甕など、有田の技術の粋を集めた陶磁器が配されている。

白磁に唐草模様が見事な鳥居

境内には500本の桜があり、桜の名所としても知られる

見学、体験、買い物もできる

有田ポーセリンパーク
ありたポーセリンパーク

ドイツのツヴィンガー宮殿を模した建物を中心に、陶器作り体験ができる有田焼工房や、みやげ屋、天狗谷古窯を再現した登り窯などがある。

MAP 付録P.14 B-2
☎0955-41-0030
所佐賀県西松浦郡有田町戸矢乙340-28
営9:00~17:00(施設により異なる)
休無休 料入園無料(陶芸体験は有料)
交波佐見有田ICから車で3分 Pあり

有田焼工房では絵付けや手びねり、ろくろの陶芸体験ができる

バロック庭園も見どころ

有田焼の繊細で雅な世界が楽しめるショップ

有田に来たらぜひ陶磁器の名窯を訪れて、お気に入りの逸品を見つけたい。

ARITA PORCELAIN LAB
アリタ ポーセリン ラボ

MAP 付録P.14 B-1
☎0955-29-8079
所佐賀県西松浦郡有田町上幸平1-11-3
営11:00~17:00 休火曜 交波佐見有田ICから車で10分 Pあり

伝統を踏襲しながらも、シンプルで飽きのこないモダンなデザインの和食器を得意とする。サイズや柄もバラエティ豊富。

プラチナとマットな白磁がモダンなジャパンスノーシリーズ

深川製磁本店
ふかがわせいじほんてん

MAP 付録P.14 B-1
☎0955-42-5215
所佐賀県西松浦郡有田町幸平1-1-8
営9:00~17:00
休無休
交波佐見有田ICから車で15分 Pあり

大正期建設の洋館で1階がショップ、2階は参考館。世界に名だたる窯元の店で、青の絵付けはフカガワブルーと呼ばれる。

桜小紋外赤紅茶碗皿13万2000円(左)。染錦つる朝顔紅茶碗皿7万7000円(上)

香蘭社
こうらんしゃ

MAP 付録P.14 B-1

有田を代表する創業330年余の窯元。伝統工芸品から家庭用の食器まで1階のショールームに多彩に取り揃えている。

☎0955-43-2132
所佐賀県西松浦郡有田町幸平1-3-8
営9:00~17:00
休無休 交波佐見有田ICから車で15分
Pあり

伝統的な絵柄を取り入れた気品あふれる器を扱う

2階は古陶磁陳列館。数多くの貴重な展示品が並ぶ

漂う硫黄臭と湯けむりに圧倒される「雲仙」を歩く

雲仙 うんぜん

もうもうと噴気の立ち昇る「地獄」の周りには、湯宿も多く温泉地として多くの人が訪れる。自然の猛威を間近に感じながら、湯けむり散歩を楽しむ。

地球の営みと自然の豊かさを体感 火山の恵み、温泉に癒やされたい

島原半島に位置する雲仙は、温泉と自然に恵まれた景勝地。地面から火山性の白煙がもうもうと立ち昇る地獄に、九州の高山に咲くミヤマキリシマなど、雲仙特有の景色や自然が楽しめる。もちろん、温泉は質も高く、湯量も豊富。さらには制作体験もできるガラスの美術館や、四季折々の景色が美しい展望所など、多彩な楽しみ方のできるエリアだ。

ACCESS

長崎駅から長崎県営バス・雲仙行きで約1時間40分、終点下車、またはJR特急かもめで諫早駅まで行き、島鉄バス・雲仙行きに乗り換え約1時間50分、終点下車。長崎市街から雲仙市街まで、車で国道34号、国道57号経由で約1時間10分。

↻高台から見下ろしたり、遊歩道を歩いたりして、壮大な雲仙地獄を五感で楽しみたい

硫黄の匂いと白煙が覆う一帯は 温泉の熱と酸性水で白く変色

雲仙地獄

うんぜんじごく

橘(たちばなわん)湾海底のマグマ溜まりから湧き出す高温のガスと、温泉の水蒸気があたりを覆う。地熱で足を温める足蒸しや、雲仙地獄で作る温泉たまごを販売する雲仙地獄工房など観光施設も充実。

MAP 付録P.18 C-2

☎0957-73-3434(雲仙観光局)
所雲仙市小浜町雲仙
交島鉄バス・お山の情報館下車、徒歩1分
Ⓟあり

↑最も激しく噴煙を上げるエリア。大叫喚地獄(だいきょうかんじごく)

↑粘着性のある土がガスに噴き上げられて山型になる泥火山(でいかざん)

世界のアンティークガラス 300点を展示

雲仙ビードロ美術館

うんぜんビードロびじゅつかん

長崎は日本のガラス作りの発祥地。ボヘミア・ヴェネツィアなど世界の古ガラスの名品を展示。工房ではサンドブラストによるグラス作り、ガラスのアクセサリー作り体験も楽しめる。

MAP 付録P.18 B-3

☎0957-73-3133 所雲仙市小浜町雲仙320
開9:30〜17:00(入館は〜16:40) 休水曜
料700円 交島鉄バス・小地獄入口下車、徒歩1分 Ⓟ50台

↑イヤリングやネックレスも作ることができる

↑各種ガラスを販売するミュージアムショップも併設している

↑歴史や自然に関する映像資料もある

↑フリーWi-Fi、休憩スペースも用意

最新の自然情報を提供 雲仙の火山と温泉について紹介

雲仙お山の情報館

うんぜんおやまのじょうほうかん

昭和9年(1934)、日本で初めて国立公園に指定された雲仙のインフォメーション施設。雲仙と島原(しまばら)半島の地形や歴史、自然についての情報のほか、火山や温泉に関する展示も行う。

MAP 付録P.18 B-3

☎0957-73-3636 所雲仙市小浜町雲仙320
開9:00〜17:00 休木曜(祝日の場合は翌平日) 料無料 交島鉄バス・お山の情報館下車、徒歩1分 Ⓟあり

↑吉田松陰も入ったという小地獄温泉

↑循環なし。正真正銘のかけ流し天然温泉だ

木造施設もレトロな雰囲気 美肌の天然湯を日帰りで満喫

雲仙小地獄温泉館

うんぜんこじごくおんせんかん

1日に約440tと雲仙でも最大の湧出量を誇る天然温泉。泉質は単純硫黄温泉で白く濁っている。浴槽には湧き出たばかりの新鮮な温泉湯が注がれる、マニアも唸る秘湯。

MAP 付録P.16 A-4

☎0957-73-3273(青雲荘)
所雲仙市小浜町雲仙500-1 営10:00〜19:00
休無休 料500円 交島鉄バス・小地獄入口下車、徒歩10分 Ⓟあり

花や新緑、紅葉、冬の樹氷など季節で表情が一変

展望所は普賢岳の5合目
手前の山々から天草まで一望

仁田峠・仁田峠展望所

にたとうげ・にたとうげてんぼうしょ

妙見(みょうけん)山頂と仁田峠を結ぶロープウェイかスカイラインを車でアクセス。どちらも眺望の良いルートで、四季折々の景色が楽しめる。

MAP 付録P.16 B-3

☎0957-73-3572(雲仙ロープウェイ) 所雲仙市小浜町雲仙551 開展望所8:00～18:00(11～3月は～17:00)、ロープウェイ8:31～17:23(冬期は～17:11) 休荒天時 料展望所100円(環境保全金)、ロープウェイ往復1300円 交雲仙バス停から車で20分 Pあり

立ち寄りスポット

雲仙銘菓といえばここ

遠江屋本舗

とおとうみやほんぽ

小麦粉、卵、砂糖に、普賢岳の恵み温泉水を入れた生地を金型で手焼きする湯せんぺいの老舗。湯せんぺい付きソフトクリームも美味。

MAP 付録P.18 B-2

☎0957-73-2155 所雲仙市小浜町雲仙317 営8:30～19:00 休木曜 交島鉄バス・雲仙前下車、徒歩1分 Pなし

土・日曜、祝日は実演販売を行う

焼きたて1枚100円

源泉かけ流しの足湯が楽しめる

お山のカフェレストラン グリーンテラス雲仙

おやまのカフェレストラン グリーンテラスうんぜん

陽光差し込む店内。地元のブランド牛を使った料理が人気メニュー。

MAP 付録P.18 C-3

☎0957-73-3277 所雲仙市小浜町雲仙320 営11:00～15:30 休不定休 交島鉄バス・雲仙お山の情報館下車、徒歩1分 Pあり

雲仙牛のオムハヤシ(チーズ入り)1670円

山奥の温泉街で
過ごす贅沢な時間

湯けむりの街でくつろぐ

クラシカルなホテルからこだわりの料理が味わえる和旅館まで、
もてなしのすべてが揃った温泉街ならではの滞在を満喫できる。

九州では唯一の
クラシックホテル

雲仙観光ホテル

うんぜんかんこうホテル

MAP 付録P.18 B-3

昭和10年(1935)、避暑地として外国人の人気を集めた雲仙で開業。当時の外観や印象的な梁、扉、インテリアなどはそのままに、利便性も確保する。風呂は源泉かけ流しの温泉で、料理の質も高い、居心地抜群のホテルだ。

☎0957-73-3263

所雲仙市小浜町雲仙320 交島鉄バス・小地獄入口下車、徒歩1分 Pあり

in14:00 out11:00 室39室

予算1泊2食付3万9750円～

昭和天皇・皇后両陛下も利用された特別室

100年余の歴史が詰まった
大人のためのリゾートホテル

雲仙九州ホテル

うんぜんきゅうしゅうホテル

MAP 付録P.18 C-3

大正6年(1917)に洋式ホテルとして創業。その後、旅館としても営業した歴史がある。平成30年(2018)に和洋折衷、新旧融合が魅力のホテルに生まれ変わってリニューアルオープン。館内は大人の上質感が漂い、ゆったりと過ごせる。

☎0957-73-3234

所雲仙市小浜町雲仙320

交島鉄バス・お山の情報館下車すぐ Pあり

in15:00 out11:00 室25室

予算1泊2食付3万950円～

宿泊棟にある客室21室は雲仙地獄を望む

大自然、日本の四季、
日本の文化が満喫できる

雲仙温泉 旅亭 半水盧

うんぜんおんせん りょてい はんずいりょ

MAP 付録P.18 B-4

日本で最初に誕生した雲仙国立公園の大自然に囲まれて、静寂なひとときを過ごすことができる。料理は四季折々の本格懐石料理。食事は部屋食なので、会話も楽しみながら、料理を堪能できる。

☎0957-73-2111

所雲仙市小浜町雲仙380-1 交島鉄バス・白雲の池入口下車、徒歩1分 Pあり

in15:00 out11:00 室14室

予算1泊2食付7万9350円～

雲仙の白濁した湯は東西2カ所の大浴場で

風流な景色に心が癒やされる水の都の城下町散歩

島原 しまばら

五重の天守をいただく島原城と、街中いたるところに湧く清らかな水。江戸時代そのままの風情を今に残す島原を歩く。

武家が暮らした街並みと湧水流れる清涼な風情に安らぐ

城下町の面影と歴史をたどってみたり、あるいは澄んだ水に触れ、名水をたっぷり使った郷土の甘味に舌鼓を打ってみたり。島原は街並みが美しく独特で、さらには街の規模も散歩にピッタリのサイズ。半日から一日かけてゆっくり散策するのに最適な街だ。疲れを癒やす足湯もあるので、ここに集う地元の人々と会話してみるのも旅の醍醐味だ。

ACCESS

長崎駅からJR特急かもめで諫早駅まで行き、島原鉄道に乗り換えて約1時間40分、島原駅下車。長崎市街から島原市街まで、車で国道34号、国道251号経由で約1時間30分。

←街のランドマークである島原城を中心に、武家屋敷のある風景や豊かな名水を満喫したい

石垣の高さと美しさは圧巻 4氏19代の居城として活躍

島原城

しまばらじょう

元和(げんな)4年(1618)から約7年の月日をかけ、松倉豊後守重政(まつくらぶんごのかみしげまさ)により築城。明治時代になって廃城となり、建物は撤去された。現在は天守、櫓、長塀が再建され、長崎県の史跡に指定されている。天守閣ではキリシタン、藩政時代の郷土、民俗に関する資料を展示。2024年には築城400年を迎える。

↑4万石の藩としては破格の壮麗な城

MAP 付録P.19 E-2

☎0957-62-4766(島原城天守閣事務所) 所島原市城内1-1183-1
開9:00~17:30 休無休
料700円(島原城入館料)
交島原鉄道・島原駅から徒歩10分
Pあり

↑5重5階の天守は破風を造らず、唐造り、南蛮造りと呼ばれる個性的な形状をしている

←城内の天草四郎像。キリシタン弾圧のほか、築城のための重税なども一揆の理由であったとされる

江戸期の面影残す武家屋敷の街並み

武家屋敷

ぶけやしき

島原城築城の際、外郭の面に接して扶持(ふち)取70石以下の武士の住まいが建設された。鉄砲を主力とする徒士(かち)の住居であったことから鉄砲町とも呼ばれる。現在、山本邸、篠塚邸、鳥田邸が見学可能。

MAP 付録P.19 D-1

☎0957-63-1111(しまばら観光課)
所島原市下の丁 開9:00~17:00
休無休 料無料
交島原鉄道・島原駅から徒歩10分 Pあり

↑通りには湧水を流し続けている水路が現存。生活用水として利用していた

母屋から庭を眺めると、まるで池に浮かんでいるかのよう

国の登録有形文化財、登録記念物にも指定

湧水庭園 四明荘

ゆうすいていえん しめいそう

明治後期から大正初期ごろに造られたという国の登録記念物。湧出量は1日3000tという豊かな水を利用した庭が見事で、池に張り出すように造られた屋敷からの眺めは格別。

MAP 付録P.19 F-3

☎0957-63-1121 所島原市新町2-125
開9:00〜18:00 休無休 料400円
交島原鉄道・島原駅から徒歩7分 Pあり

池には色鮮やかな錦鯉が。水があまりに透明なため、光の加減によっては鯉が宙に浮かんでいるようだと話題になったほど

しまばらゆうすいぐん

島原湧水群

湧出量は1日あたり20万tで、環境省選定の名水百選にも数えられている。市内のいたるところから水が湧き出ており、湧水地は約70カ所。(写真:鯉の泳ぐまち)

街の人々が世話する色鮮やかな錦鯉

鯉の泳ぐまち

こいのおよぐまち

豊かな湧水に恵まれた島原では民家前の水路に鯉が泳いでいる。澄んだ水の中を泳ぐ色とりどりの鯉の姿は水の都の名にふさわしい風情。

MAP 付録P.19 F-3

☎0957-63-1111(しまばら観光課)
所島原市新町2
交島原鉄道・島原駅から徒歩7分 Pなし

たくさんの鯉が泳ぐ

立ち寄りスポット

島原の郷土料理 具雑煮に舌鼓

姫松屋 本店

ひめまつや ほんてん

島原の乱で、一揆軍が貯蔵の餅に山海から集めた食材を加えて食した兵糧がルーツとされる具雑煮の名店。鶏肉、穴子に野菜と13もの具材が入る。

MAP 付録P.19 E-2

☎0957-63-7272
所島原市城内1-1208 営11:00〜19:00(LO18:00) 休第2火曜(月により変更あり) 交島原鉄道・島原駅から徒歩7分 Pあり

上品なだしと多彩な具材の旨みをたたえた餅が美味。並サイズ980円

名物かんざらしでちょっとひと休み

しまばら水屋敷

しまばらみずやしき

明治期建造の和洋折衷、木造の邸宅。庭の湧水と古い屋敷に流れるゆったりとした時間にくつろぐ癒やしの茶房だ。2階には主人収集の招き猫を展示。

MAP 付録P.19 E-3

☎0957-62-8555 所島原市万町513
営11:00頃〜16:00頃(かんざらし売り切れ次第閉店) 休不定休 交島原鉄道・島原駅から徒歩7分 Pなし

冷たいシロップに白玉が浮かぶかんざらし。抹茶とのセット880円

異国情緒と絶景に包まれてくつろぐ 長崎のホテル

歴史と文化の街だけあって、ホテルのレベルも屈指。癒やしのリゾート、小さな洋館ホテル、快適な大型ホテルなど、多彩で魅力的な宿が揃う。

全客室がオーシャンビュー
長崎の夜景に酔う大人の休日

ガーデンテラス長崎ホテル&リゾート

ガーデンテラスながさきホテル&リゾート

稲佐山 MAP 付録P.3 D-4

長崎港を望む稲佐山(いなさやま)の中腹に建つラグジュアリーホテル。設計は世界的建築家・隈研吾(くまけんご)氏が手がけ、洗練された非日常空間で心身を癒やせる。客室は窓が大きくとられ、街と海が一望できる。宿泊者専用のビューテラスには、屋外プールやジム・サウナなどもある。

1.全客室とも広々としたミニマルな造りでくつろぎ感が高い。テラスからは長崎の夜景を一望できる 2.鮨ダイニング「天空」ほか、洋食など各種レストランが揃う 3.4～10月は長崎港を望む宿泊者専用屋外プールで、極上の休日に浸れる

HOTEL DATA

☎095-864-7776
所 長崎市秋月町2-3 交 JR長崎駅から車で15分(長崎駅から無料送迎あり) P あり in 16:00 out 12:00 室 36室(全室禁煙・テラス付) 予算 1泊朝食付4万3000円～

観光スポットも間近!
旅を彩る南山手の癒やし空間

ANAクラウンプラザホテル長崎グラバーヒル

エーエヌエー クラウンプラザホテルながさきグラバーヒル

南山手 MAP 付録P.8 B-2

大浦天主堂、グラバー園が徒歩3分以内の好立地。客室はデラックス、スーペリア、スタンダードに分かれ、南欧風のインテリアが心地よい。トルコライスやちゃんぽんなど、この街ならではの食スポットも充実。

1.路面電車の大浦天主堂電停からすぐの場所に建ち、アクセスも良い 2.レストラン「パヴェ」では長崎の旬が詰まった料理を 3.各タイプの客室とも、南欧風の内装とリネンが温かみを醸す

HOTEL DATA

☎095-818-6601
所 長崎市南山手町1-18 交 大浦天主堂電停から徒歩1分 P あり in 15:00 out 11:00 室 215室
予算 1泊朝食付1万1200円～(ツイン)

南山手の瀟洒な洋館ホテルで
長崎の歴史と文化に浸る

セトレ グラバーズハウス 長崎

セトレ グラバーズハウス ながさき

南山手 MAP 付録P.8 B-2

外国人居留区・南山手に建つ美しい洋館に、南欧風の全22室を持つ。「長崎を知る、遊ぶ」をコンセプトに、街の歴史や文化を映す内装やもてなしを追求。長崎の季刊誌『樂(らく)』とのコラボによる大人の空間、樂ラウンジも評判だ。

HOTEL DATA

☎095-827-7777
所長崎市南山手町2-28 交大浦天主堂電停から徒歩5分
Pあり(要予約) in15:00 out11:00 室22室
予算1泊2食付1万6500円～

1.ラウンジでは飲み物や書籍で憩える 2.客室には西欧のアンティーク家具が配されている 3.大浦天主堂やグラバー園までは徒歩2分の距離 4.和食・中華・洋食の料理を融合したディナーが好評

海を感じる多彩な風呂と
食事が高評価の館

平戸海上ホテル

ひらどかいじょうホテル

平戸 MAP 付録P.11 F-1

平戸瀬戸の海辺に建ち、全客室がオーシャンビュー。浴槽の周囲を魚が泳ぐ「水族館大浴場・龍宮」や「海望露天風呂」、貸切風呂が、特に家族連れに大人気。平戸の天然釜炊き塩を用いた、豪快な海鮮料理も楽しみだ。

1.客室は和室、和洋室、洋室と豊富。全室からロマン漂う海を眺められる 2.夕食は平戸の山海の幸を使った日本料理

HOTEL DATA

☎0950-22-3800
所平戸市大久保町2231-3
交松浦鉄道・たびら平戸口駅から車で10分(平戸桟橋から無料送迎あり) Pあり
in15:00 out10:00 室95室
予算1泊2食付1万1150円～

喧騒を離れ
「上質な寛ぎの時間」

オリーブベイホテル

西海 MAP 付録P.12 A-3

全32室と小規模ながら、洗練された空間とおもてなしを誇るスモール＆ラグジュアリーなデザイナーズホテル。佐世保から船と徒歩で30分ほど、ハウステンボスからは車で35分とアクセスも気軽。極上の旅を演出する。

HOTEL DATA

☎0959-34-5511
所西海市大島町1577-81
交佐世保新みなとターミナルから大島行き高速船で23分、大島港から徒歩20分(無料送迎あり、要予約) Pあり
in15:00 out11:00 室32室
予算1泊2食付3万4000円～

1.ホテルの設計は世界的な建築家の隈研吾氏によるもの 2.スタイリッシュな空間を満喫できる客室 3.水底の白バラが美しい屋外プール

九州最西端・長崎へ。各地から空路、陸路が整備されている

長崎へのアクセス

飛行機は東京、愛知、大阪、神戸、沖縄から。陸路は山陽新幹線を使って博多まで行き、特急「リレーかもめ」に乗り換える。車なら、福岡ー長崎間は2時間ほどの距離だ。目的に合わせて交通手段を選ぼう。

飛行機でのアクセス

空港は大村湾に浮かぶ「長崎空港」

長崎空港は県央に位置し、長崎市街、佐世保・ハウステンボス・平戸・西海、雲仙・島原の各方面への道が延びる。各目的地へ出発の基点になる。

出発地	便名	便数	所要時間	運賃
羽田空港	ANA／JAL／SNA／SKY※	17便／日	2時間10分	4万5540円～
成田空港	JJP	1便／日	2時間20分	6280円～
中部空港	ANA	2便／日	1時間35分	3万7100円～
伊丹空港	ANA／JAL	8便／日	1時間20分	3万30円～
関西空港	APJ	1便／日	1時間20分	4590円～
神戸空港	SKY	3便／日	1時間10分	1万4900円～
那覇空港	ANA(季節運航)	1便／日	1時間30分	要問い合わせ

※SNA＝4万6600円～、SKY＝2万70円～(神戸経由便で3時間)

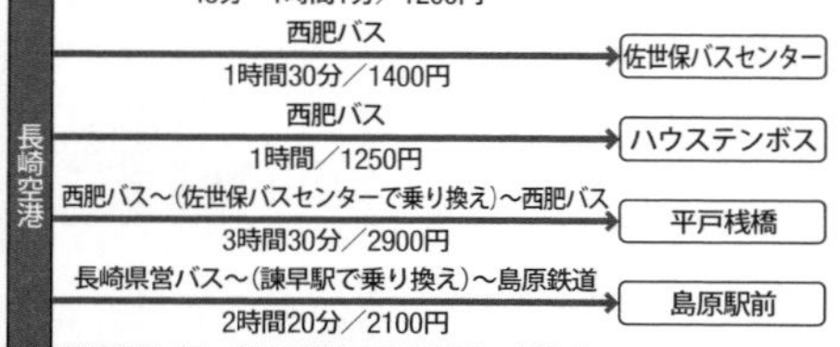

空港からのアクセス／車

長崎空港

- 長崎道大村IC～ながさき出島道路 → 長崎市街　約40分／1030円／39km
- 長崎道大村IC～西九州道佐世保中央IC → 佐世保　約1時間／1930円／64km
- 長崎道大村IC～長崎道東そのぎIC～国道205号 → ハウステンボス　約50分／530円／39km
- 長崎道大村IC～西九州道佐々IC～国道204・383号ほか → 平戸　約1時間40分／1930円／96km
- 長崎道大村IC～諫早IC～国道34・57号 → 島原　約1時間30分／470円／64km
- 長崎道大村IC～諫早IC～国道34・57号ほか → 雲仙温泉　約1時間10分／470円／54km

車でのアクセス

九州道「鳥栖JCT」から1時間30分！

九州各地からは、鳥栖JCTを基点に長崎自動車道を通り、各方面を目指そう。佐世保やハウステンボス方面へは武雄JCTから西九州道へ。島原方面へは諫早ICから国道34・57号へ。

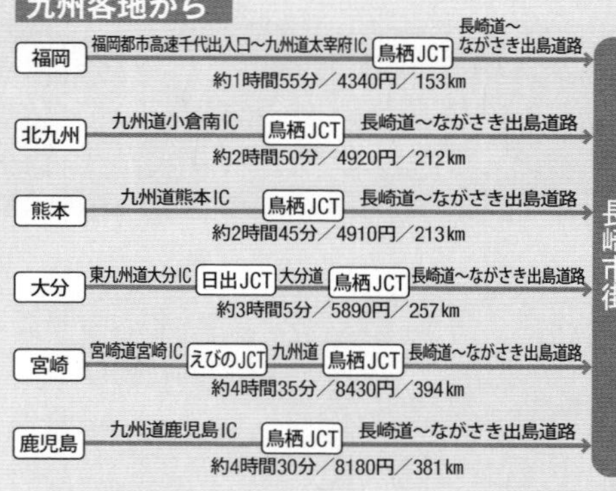

鉄道・バスでのアクセス

旅行者にうれしいお得なきっぷもある

博多から長崎まではJR特急リレーかもめと西九州新幹線かもめ（武雄温泉駅乗り換え）で約1時間30分。博多までは東海道・山陽新幹線で向かうか、飛行機で福岡空港へ向かう（地下鉄5分ほどで博多駅）。

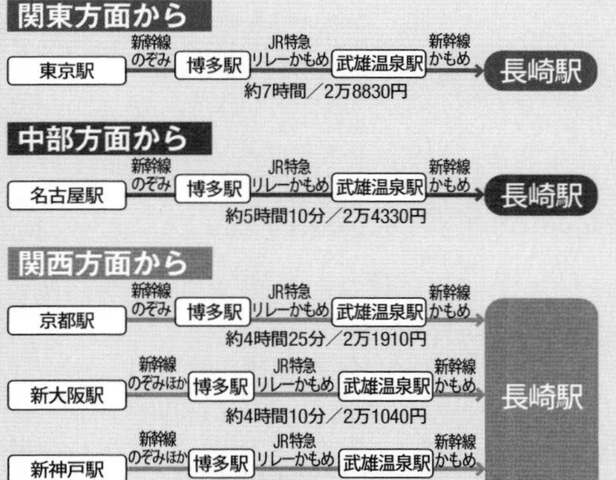

京都駅八条口 ※運休中　オランダ号（近鉄バス） 約12時間／6900円～ ※夜行1便のみ

大阪駅前（東梅田駅） ※運休中　オランダ号（近鉄バス） 約10時間30分／6900円～ ※夜行1便のみ

→ 長崎駅前南口

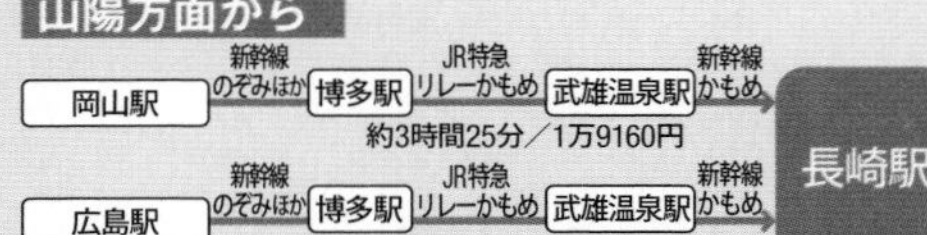

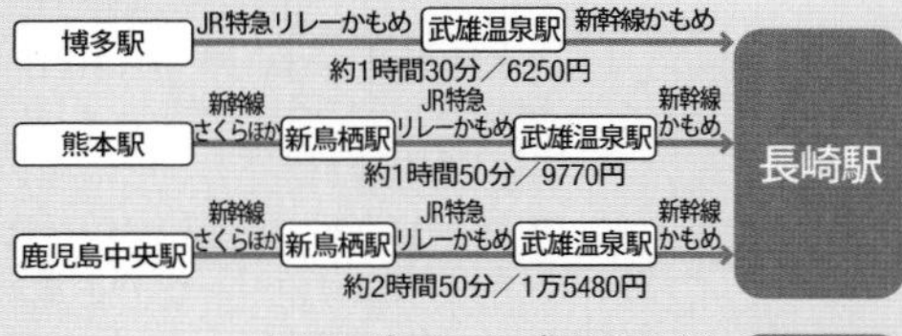

博多バスターミナル　九州号スーパーノンストップ便（九州急行バス） 約2時間30分／2900円

熊本駅前　りんどう号（九州産交バス・長崎県営バス） 約3時間55分／4200円

宮崎駅　※運休中　ブルーロマン号（宮崎交通・長崎県営バス） 約5時間33分／6810円

→ 長崎駅前

フェリー・高速船で離島へ

長崎各地と五島列島をつなぐ航路も充実

五島の各島々をつなぐ船は主に長崎港や佐世保港から就航している。高速船も出ているので、移動時間の短縮にも。

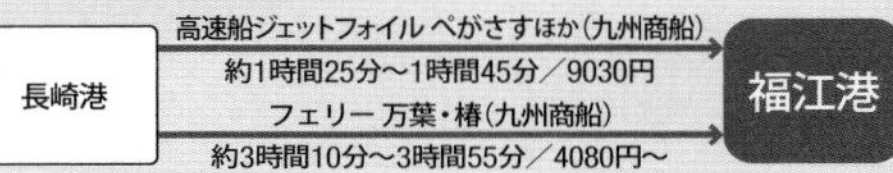

上五島へ

長崎港 → 奈良尾港
- 高速船ジェットフォイル ぺがさすほか（九州商船） 約1時間10分～2時間10分／9030円
- フェリー 万葉・椿（九州商船） 約2時間35分／4080円～

長崎港 → 有川港
- 高速船シープリンセスほか（九州商船） 約1時間45分／5460円

佐世保港 → 有川港
- 高速船びっぐあーす2号ほか（九州商船） 約1時間25分／6510円
- フェリー なみじ（九州商船） 約2時間35分／4240円～

小値賀島へ

佐世保港 → 小値賀港
- 高速船シークイーンほか（九州商船） 約1時間30分～2時間10分／6510円
- フェリーなみじ、いのり（九州商船） 約3時間15分／4240円～

問い合わせ先

ANA（全日空）……☎0570-029-222
JAL（日本航空）……☎0570-025-071
ソラシドエア（SNA）……☎0570-037-283
ピーチ（APJ）……☎0570-001-292
スカイマーク（SKY）……☎0570-039-283
ジェットスター（JJP）……☎0570-550-538
JR西日本お客様センター……☎0570-00-2486
JR東海テレフォンセンター……☎050-3772-3910
JR九州案内センター……☎0570-04-1717
島原鉄道……☎0957-62-2231
長崎県営バス（長崎空港リムジンバス）……☎095-826-6221
長崎バス総合サービスセンター……☎095-826-1112
西肥バス佐世保バスセンター……☎0956-23-2121
島鉄バス……☎0957-62-4705
近鉄高速バスセンター……☎0570-001631
九州高速バス予約センター（九州号）……☎092-734-2500
長崎県営バス高速バス予約センター……☎095-823-6155
九州産交バス高速バス予約センター……☎096-354-4845
宮崎交通高速バス予約センター……☎0985-32-1000
日本道路交通情報センター（長崎情報）……☎050-3369-6642
日本道路交通情報センター（九州地方高速情報）……☎050-3369-6771
NEXCO西日本お客さまセンター……☎0120-924863
九州商船予約センター……☎0570-017510

※飛行機は2023年10月の料金、鉄道は通常期に普通車指定席を利用した場合の料金（2023年10月時点のもの）です。

INDEX

長崎

歩く・観る

食べる

買う

泊まる

ハウステンボス

五島列島

佐世保

西海

平戸

波佐見

雲仙

島原

STAFF

編集制作 Editors
(株)K&Bパブリッシャーズ

取材・執筆・撮影 Writers & Photographers
ノンブル(河村規子　竹口進也)
メニィデイズ(間々田正行　熊本真理子)
江崎博子　高橋葉　永石均
田代英一　古賀由美子

執筆協力 Writers
内野究　高橋靖乃　上山奈津子　重松久美子
嶋嵜圭子　本田泉　堀井美智子　藤田佳鶴子
遠藤優子

編集協力 Editors
(株)ジェオ

本文・表紙デザイン Cover & Editorial Design
(株)K&Bパブリッシャーズ

表紙写真 Cover Photo
長崎の教会群情報センター

地図制作 Maps
トラベラ・ドットネット(株)
DIG.Factory

写真協力 Photographs
長崎県観光連盟
長崎の教会群情報センター
ハウステンボス株式会社
関係各市町村観光課・観光協会
関係諸施設
PIXTA

総合プロデューサー Total Producer
河村季里

TAC出版担当 Producer
君塚太

TAC出版海外版権担当 Copyright Export
野崎博和

エグゼクティヴ・プロデューサー
Executive Producer
猪野樹

※教会堂の写真は、カトリック長崎大司教区、おぢかアイランドツーリズムの許可を得て掲載しています。

おとな旅(たび) プレミアム
長崎(ながさき) ハウステンボス・五島列島(ごとうれっとう) 第4版

2024年1月6日　初版　第1刷発行

著　　者　TAC出版編集部(しゅっぱんへんしゅうぶ)
発 行 者　多　田　敏　男
発 行 所　TAC株式会社　出版事業部
　　　　　(TAC出版)

〒101-8383 東京都千代田区神田三崎町3-2-18
電話　03(5276)9492(営業)
FAX　03(5276)9674
https://shuppan.tac-school.co.jp

印　　刷　株式会社　光邦
製　　本　東京美術紙工協業組合

ISBN978-4-300-10989-2
N.D.C.291

本書に掲載した地図の作成に当たっては，国土地理院発行の数値地図(国土基本情報)電子国土基本図(地図情報)，数値地図（国土基本情報）電子国土基本図(地名情報)及び数値地図(国土基本情報20万)を調整しました。